本书获北京语言大学梧桐创新平台项目资助（中央高校基本科研业务费专项资金），
项目批准号 16PT06；亦获“北京市支持中央在京高校共建项目”专项资助



HANYU JINENG
JIAOXUEFA

# 汉语技能教学法

杨惠元 ◎著

北京语言大学出版社
BEIJING LANGUAGE AND CULTURE
UNIVERSITY PRESS

**图书在版编目(CIP)数据**

汉语技能教学法 / 杨惠元著. -- 北京 ：北京语言大学出版社，2019.1(2024.8 重印)
汉语国际教育本科专业课程系列教材
ISBN 978-7-5619-5426-3

Ⅰ. ①汉… Ⅱ. ①杨… Ⅲ. ①对外汉语教学—教学法—高等学校 Ⅳ. ①H195.4

中国版本图书馆 CIP 数据核字(2018)第 289279 号

汉语技能教学法
HANYU JINENG JIAOXUEFA

**排版制作**：华伦图文制作中心
**责任印制**：邝 天

**出版发行**：北京语言大学出版社
**社　　址**：北京市海淀区学院路 15 号，100083
**网　　址**：www.blcup.com
**电子信箱**：service@blcup.com
**电　　话**：编辑部　8610－82303395
发行部　8610－82303650/3591/3648
北语书店　8610－82303653
网购咨询　8610－82303908
**印　　刷**：北京市金木堂数码科技有限公司

**版　　次**：2019 年 1 月第 1 版　**印　　次**：2024 年 8 月第 7 次印刷
**开　　本**：710 毫米 × 1000 毫米　1/16　**印　　张**：19.75
**字　　数**：313 千字
**定　　价**：60.00 元

PRINTED IN CHINA
凡有印装质量问题，本社负责调换。售后 QQ 号 1367565611，电话 010-82303590

# 前　言

《汉语技能教学法》是为汉语国际教育本科专业开设的“汉语技能教学法”专业必修课编写的教材，同时也可作为从事汉语作为第二语言教学的教师、语言教学志愿者及相关专业工作者不可或缺的参考书。

## 一、课程的性质

“汉语技能教学法”是一门系统讲授汉语作为第二语言技能教学的课程，是汉语国际教育专业本科教学阶段开设的一门专业必修课。掌握汉语技能教学法也是从事汉语作为第二语言教学的教师、语言教学志愿者及相关专业工作者必备的知识与能力，对专业人才培养具有重要作用。本课程包括汉语综合课、听力课、口语课、阅读课和写作课教学中综合技能、听力技能、说话技能、阅读技能和写作技能的训练原则、重点和难点，以及教师的教学准备，通过系统介绍汉语技能教学法的基本理论、方法和大量教学案例，提高学生解决教学实际问题的能力。

汉语国际教育专业的学生将来的主要职业就是国际汉语教师。教师工作的主要场所是课堂，从事的主要工作是课堂教学。吕必松教授把对外汉语教学的全过程归纳为四大环节：总体设计、教材编写、课堂教学和语言测试。在这四大环节中，课堂教学是中心环节，是提高教学质量的关键。课堂是学生学习语言的主要场所，课堂教学是学生掌握语言知识、提高语言能力的重要途径。特别是在基础阶段，学生不参加课堂教学活动，就打不好语言基础，不能继续深造和提高。因此，作为一名国际汉语教师就必须研究课堂教学，了解课堂教学的理论和教学方法，掌握课堂教学的规律。

“汉语技能教学法”通过讲授、讨论和实际演练，帮助学生掌握汉语各技能训练的基本理论和方法，设计好课堂教学，完成课堂教学的任务，成为一名合格的国际汉语教师。

“汉语技能教学法”这门课理论性很强，实践性也很强，是一门重视理论与实践相结合的教学法课程。

## 二、教学目的

（一）通过本课程的学习，提高学生课堂教学的基本理论水平和教学能力，引导学生在课堂教学上尽快入门

这是最主要的目的。汉语国际教育专业的学生（尤其是本科生）大部分没有从事国际汉语教学的经历，他们最缺乏的是教学经验。同样，刚刚走上教学岗位的年轻教师也缺乏教学经验。一般情况下，教学经验与教学能力和教学水平成正比。

教学经验多———→教学能力强———→教学水平高

作为一名国际汉语教师，要提高教学能力，就必须不断积累和丰富自己的教学经验。

本课程通过具体的教学方法和课堂教学案例阐述汉语二语学习者各技能训练的基本理论，帮助他们获取初步的教学经验。

（二）为科学研究打好理论基础，并提供可以借鉴的研究方法

作为国际汉语教师，除了教学还要从事研究。本课程通过讲授、讨论和实际演练，为学生将来开展教学研究打下初步的理论基础，同时希望学生通过本课程的学习，掌握观察问题、研究问题、分析问题和解决问题的方法，为将来开展课堂教学研究提供可借鉴的研究方法。

## 三、教学内容

“汉语技能教学法”课程主要包括两个部分的内容：基本的教学理论和基本的教学方法。

（一）基本的教学理论

“汉语技能教学法”这门课属于教学法范畴，要揭示和说明的是汉语二语学习者各技能训练的规律，并把这些规律上升到理论水平。

说起理论，人们往往觉得非常深奥，不好理解。其实并不是所有的理论都那么深奥。特别是教学法理论，属于应用理论，如果这种理论深奥得

人们理解不了，那怎么应用呢？课堂教学的理论，都是比较通俗的。比如："精讲多练""循序渐进""教师要面对全班学生""教师要调动学生的学习积极性"等等，都是规律，都是理论。现在我们看一些理论不那么深奥，几乎已经成为共识或常识，但在没有形成共识或常识之前，人们的认识是不一致的。任何理论的形成和确立都有个过程，而且理论是在不断发展的。

根据经验，很多学生对具体的教学方法很感兴趣，可是对理论学习不感兴趣。他们总是希望少讲理论，多讲具体的教学方法。这种想法是不对的。掌握了规律，掌握了理论，方法可以自己创造；具体的教学方法介绍得再多，也只能作为参考，绝对不能生搬硬套。当然，理论讲解要尽量讲得通俗一些、有趣一些，结合实际的例子讲理论，尽量做到理论联系实际，避免枯燥乏味。

（二）基本的教学方法

这门课还重点介绍综合课、听力课、口语课、阅读课和写作课的具体教学方法以及教师的教学准备。我们介绍这些教学方法的目的是让学生增加一些感性认识，获取初步的教学经验，以便将来上课选择教学方法。

教学法对从事国际汉语教学的教师来说具有特殊的重要意义。国际汉语教学的对象是外国学生，而且大多是成年人。他们除了汉语水平以外，思维能力、认知能力一点儿也不比教师差。他们会根据以往的学习经验去评判教师的教学，教师上课认真不认真，方法恰当不恰当，上一两次课，他们就会心知肚明。教师一旦被学生认定上课不认真，方法不恰当，就会立即失去学生的尊重和信任，这是十分危险的。教师在知识方面出了错误，讲错一个词或语法点，以后还有机会弥补，学生也会谅解。但是，如果一个教师的教学没有章法，学生学不到东西，他们就会认为这个教师"不会教"。对教师来说，最可怕的就是被学生认为"不会教"，"不会教"意味着不合格。

对外国人的汉语教学不同于中国人自己的语文教学，它有着特殊的规律。不了解、不掌握这套特殊的规律，就不能取得良好的教学效果。所以在教学中，教师一定要认真备课，讲究教学方法，以生动活泼、灵活有趣的教学方法吸引学生，提高他们的学习动力和积极性。对于国际汉语教师来说，工作的难度“不在内容，而在方法”。用什么方法能在有限的时间内，使外国学生学得快点儿、多点儿、好点儿，这其中大有学问。

**四、课程的教学方法**

教学理论部分，教师提出问题，学生讨论，在讨论中，教师要以平等的身份参与进来，谈个人的看法，供学生参考。谈个人的看法，意味着有些问题最终可能不会得出统一的答案。学生可以同意教师的看法，也可以不同意。因为不同的著作、不同的专家、不同的学派有不同观点。同意这一派或是那一派，是学生的自由。教师的看法学生可以接受，也可以不接受。

教学实践部分，教师提出问题或示范，学生实际演练，教师讲评和示范，学生再演练，教师再讲评。课堂实践，教师讲一个方法时先示范，然后学生按照教师的方法演练，这个环节学生要严格按照教师的要求去做。这是因为，在课堂上学生的首要任务是继承。当然，我们并不排斥创新，学生在以后的教学中可以创新。

从教学方法可以看出，本课程课堂讨论和实践所占的比重非常大。

关于讨论，使用该书时还应注意以下两点：

1. 大学生的教学跟中小学不一样，主要是教师引导学生自己发现真理，发现规律，从而获得知识。所以学生要特别重视课堂讨论和实践。

2. 教师布置的阅读一定要认真完成，讨论时积极发言。课堂讨论和实践一起计入成绩。

一般的教师向学生传授真理，高明的教师引导学生发现真理。授人以鱼，只供一饭之需；授人以渔，则终身受用无穷。

杨惠元

2018 年 5 月

# 目　录

# 第一章　语言技能训练的几个基本理论

本章要讨论的主要问题：

1. 语言学习的过程是怎么样的？
2. 语言教学的重点是什么？
3. 为什么语言输入要大于语言输出？
4. 什么是微技能训练的理论？
5. 如何理解和贯彻“教学有法而无定法，贵在得法”？

## 第一节　语言学习与语言教学

### 一、语言学习要完成两次转化

教语言，首先要了解语言的学习过程。

#### （一）第一次转化：把语言要素转化为语言技能

学习任何语言都要首先学习这种语言的要素。语言要素包括语音、词汇、语法和文字。这是第一步，是给大脑的记忆库输入使用语言的经验成分。经验成分包括可感应的词汇、可使用的语法规则，还有目的语文化背景知识等。语言的四要素属于语言知识范畴，只学习和掌握这些知识还不算掌握了这种语言。

语言教学的最终目的是帮助学习者在一定范围内使用目的语进行交际。好比我们的目的是盖房子，只准备了沙石、木料、砖瓦还不能说房子已经盖好了，我们还需要根据图纸对这些沙石、木料、砖瓦进行加工、整理和重新排列组合，最后才能盖成房子。语言要素就好比是建筑材料，是语言交际的物质基础。

学习语言，要完成的第一次转化是把语言要素转化为听说读写等语言技能。比如：学生学了“我、学习、汉语”这些词语，别人说“我学习汉语”的时候，他能听懂这个句子；别人问“你学习什么？”的时候，他能够说出“我学习汉语”；别人写出这个句子，他能够读懂；在需要的时候，他自己也能写出“我学习汉语”。这样才算是把语言要素转化为听说读写的语言技能。

（二）第二次转化：把语言技能转化为言语交际技能

语言技能和言语交际技能不是同一个层次。还是以盖房子为例，用同样的建筑材料，盖出的房子有不同的质量和外观。有的房子既坚固、实用又美观，有的房子坚固、实用但不美观，有的房子实用、美观但不坚固。盖房子我们追求“第一个层次”，即坚固、实用又美观，言语交际也要追求最高的层次。

有两个外国学生先后去老师家做客，老师的儿子对他们说了同样的话：

①儿子：你汉语说得真不错。

学生一：哪里哪里，还差得远呢。

②儿子：你汉语说得真不错。

学生二：这都是你爸爸教得好，他是我遇到的最好的老师。

第一个学生用课文里的语言，语音、语法、用词都没有错误，但属于“第二个层次”。第二个学生的回答在这一情景中非常恰当、得体，属于“第一个层次”。言语交际的最高层次是能够针对不同的交际目的、对象、场合使用恰当、得体的语言，完美地表达思想，进行出色的交际。这就需要完成语言学习的第二次转化，把语言技能转化为言语交际技能。

## 二、用不同的方法训练不同的语言技能

这个主张是 1982 年在讨论汉语预备教育的课程设置原则时提出来的。之后，吕必松在《基础汉语教学课型设计和教材编写的新尝试》[①]一文中强调：“不同的语言技能要通过不同的方法来训练。听说读写是四种不同的语言技能，不同语言技能的习得方法不同。”他在《汉语教学中技能

① 吕必松．基础汉语教学课型设计和教材编写的新尝试[J]．语言教学与研究，1985(4)．

训练的系统性问题》[1]一文中又说:“用不同的方法训练不同的语言技能,是语言教学的基本规律之一。其道理就像吃饭必须用嘴,走路必须用腿一样明显。”

做任何事情都要从实际出发,讲究针对性。打篮球、打排球、打乒乓球、踢足球是不同的体育运动。培养篮球、排球、乒乓球、足球运动员首先都要进行体能训练和速度训练,这是基础训练,但是不同的运动员需要具备不同的运动技能,要经过不同的训练途径,进行专项技能的训练。语言教学也一样,首先要学习语言要素,相当于培养运动员首先需要进行的基础性体能和速度训练。要提高学生的听力,必须采用提高听力的训练方法;要提高学生口头表达能力,必须采用提高口头表达能力的训练方法;要提高学生的阅读能力,必须采用提高阅读能力的训练方法;要提高学生的写作能力,必须采用提高写作能力的训练方法。这些相当于培养不同运动员所要进行的专项技能训练。

在课堂教学中,有时候同样的方法也可以训练不同的语言技能。比如:听写,可以训练学生听、读、写三种技能,但是在实际运用的时候有所差别。需要强调的是,听写不一定都是写汉字,可以写序号,也可以画“√、×”或其他。

训练“听”的听写重在听,而不是写。学生可以写拼音或者选择拼音。例如:教师念“伯伯、婆婆”,学生写“bóbo,pópo”;或者,教师念“一、伯伯;二、婆婆”,学生在练习本上“bóbo”的后面写“(1)”,在“pópo”的后面写“(2)”。

训练“读”的听写重在认识汉字。例如:学生的练习本上有“己、已、巳,干、千、于,士、土、王”等,教师念“已、干、王”,学生在“已”字、“干”字、“王”字后面画“√”。

训练“写”的听写重在写汉字。教师念“学习”,学生写“学习”;教师念“休息”,学生写“休息”。

由此可见,同样的方法在训练不同的语言技能的时候,目的和侧重点是不一样的。

---

① 吕必松.汉语教学中技能训练的系统性问题[A].第五届国际汉语教学讨论会论文选[C].北京:北京大学出版社,1997.

### 三、当前语言教学的主要模式——“综合课打头，按技能设课”

#### （一）什么是“综合课打头，按技能设课”

“综合课打头”就是首先设一门综合课（也叫精读课），重点进行语言要素的教学，给学生输入一定量的语言要素作为经验成分储存在学生的大脑中，并且进行初步的听说读写技能训练。“按技能设课”是指根据学生的学习目的和要求有针对性地开设技能课。如果学生要求全面提高听说读写的能力，就开设听力课、口语课、阅读课和写作课；如果学生只要求提高听说能力，就开设听力课和口语课，重点训练听说能力；如果学生只要求提高阅读和写作的能力，就开设阅读课和写作课，重点训练读写能力。

#### （二）为什么要“综合课打头，按技能设课”

1. “综合课打头，按技能设课”的理论基础

前面我们提到“语言学习要完成两次转化”，这两次转化综合起来可以用“语言要素——→语言技能——→言语交际技能”来表示，将综合课设置为打头课，进行语言要素教学的同时，进行初步的技能训练，帮助学习者将语言能力转化为言语交际能力。

将语言能力转化为言语交际能力，其中必不可少的环节是对语言技能的训练。听说读写作为不同的语言技能要通过不同的训练方法获得。根据学生的实际交际需要，有针对性地提高某些技能，这就是为什么要“按技能设课”的原因。

2. “综合课打头，按技能设课”是在总结历史经验的基础上提出的教学模式

从1950年到现在，对外汉语教学走过了近70年的历程。70年来，人们进行了一系列的试验、探索和改革，包括教学模式、课程设置等，经过试验和评估，提出了“综合课打头，按技能设课”的教学模式。70年来，课型设计从以精读课为主的综合型教学向按语言技能划分课型演变，教材从单一的综合教材向系列专门技能型教材发展，教师的教学分工也越来越明确，开始向专业化过渡。可以说，“综合课打头，按技能设课”的教学模式反映了现阶段人们对语言教学规律的认识。

3．“综合课打头，按技能设课”符合人的大脑机制活动的规律

现代神经生理学的研究成果表明，人的大脑中有听觉性语言中枢、运动性语言中枢、视觉性语言中枢和视运动性语言中枢四个部分。这四个部分各司其职。其中，听觉性语言中枢能调整自己的语言，听取、理解别人的语言，与听到后的理解能力相关；运动性语言中枢，也叫说话中枢，能分析、综合与语言有关的肌肉性刺激，与说话能力相关；视觉性语言中枢，也叫阅读中枢，能将视觉看到的图像与大脑中长期记忆储存的信息联系起来理解，与识字、对文字符号的理解能力相关；视运动性语言中枢，也叫书写中枢，与写字、绘画等精细运动能力相关。“综合课打头，按技能设课”的教学模式既可以让各个部分得到均衡发展，也可以侧重训练某个部分，专门提高某个方面的技能。

4．“综合课打头，按技能设课”符合第二语言学习规律

成年人学习第二语言和儿童学习第一语言有相同点，也有不同点。相同点是获得语言技能的过程和顺序一样，都是按照听说读写的顺序获得的。不同点是儿童学习第一语言时每两项语言技能的获得，中间要间隔较长一段时间；成年人学习第二语言，由于他们的智力已经得到充分的发展，而且有学习和使用母语的经验，因此他们可以同时获得几种语言技能。

（三）“用不同的方法训练不同的语言技能”不等于“综合课打头，按技能设课”

“综合课打头，按技能设课”的教学模式是当前人们对语言教学规律的认识和反映，不能说这种教学模式没有缺陷、是最完美的。我们只能说按语言技能划分课型有利于用不同方法训练不同的语言技能，而不能说只有按语言技能划分课型才能用不同的方法训练不同的语言技能。是否按语言技能划分课型，要根据多种因素分析其利弊得失。用不同的方法训练不同的语言技能跟按语言技能划分课型是两个不同的论题。是不是用不同的方法训练不同的语言技能，是个是非问题；而是不是按语言技能划分课型，是一个要根据多种因素论证其利弊的问题。

国外的汉语教学周学时都比较少，往往只设一门汉语课，不具备按语言技能划分课型的条件。即使在一门课上，也要用不同的方法训练不同

的语言技能。教师具有这样的意识，才能克服在教学方法上的盲目性，增强自觉性，提高课堂教学的质量。

**四、关于课堂教学**

语言教学的四大环节是总体设计、教材编写、课堂教学和测试。课堂教学是中心环节。

（一）课堂教学是以班级授课为主要特征的教学组织形式

课堂教学是学校教学工作中基本的教学组织形式。这种组织形式的主要特征是班级授课，是一个教师面对多个学生并在教师指导下全班学生共同参与的活动。班级授课不同于个别教学，讲究全面提高教学质量。因此，在具体的教学活动中，教师既要关注“点”又要顾全“面”，既要“因材施教”又要“面对全体学生”，既要敢于培养“尖子生”又要特别关注“学困生”，让每个学生都有收获、有提高。

（二）课堂教学讲究师生互动，注重发挥双方的积极性

课堂教学是教师以教材为教学内容、以课堂为教学环境指导学生获得知识和技能的活动和过程，是教师和学生共同完成教学任务的活动和过程，是教师“教”和学生“学”相结合、相统一的活动和过程。教师、学生、教材、教学环境是构成课堂教学的四个基本要素。在这四个基本要素当中，教师和学生的关系是人与人之间的关系，是教学过程中的主体性和能动性因素。教师是“教”的主体，学生是“学”的主体，这对矛盾支配着其他矛盾的存在和发展，并且贯穿教学过程的始终。师生互动是指在课堂上教师与学生、学生与学生之间互相交流、互相影响、互相激励的活动。教育学称之为“同频共振”效应。课堂教学的四个基本要素之间的矛盾，都是围绕教师指导学生学习展开的。教师“教”得如何与学生“学”得如何跟教学质量有直接的关系。课堂教学中，只有充分发挥教师和学生双方的积极性，才能保证课堂教学的顺利进行并且提高教学的质量、效率和效果。

师生互动的积极性强调两个“欲”，即教师要有强烈的“教授欲”，学生要有强烈的“学习欲”。教师有激情，学生有兴趣，共同演绎一堂生动活泼、有声有色的语言课。

（三）课堂教学具有速成性

在课堂教学中，学生可以在相对短的时间内用相对少的精力获得人类历经几百年甚至几千年的实践才获得的知识和技能，因此任何课堂教学都具有速成性。特别是在当今，科学技术发展日新月异，新信息、新知识层出不穷。在较短的时间内用较少的精力帮助学生获得大量的新知识和新技能，这构成了课堂教学的一对尖锐矛盾。教师和学生要共同努力，解决好这一矛盾，提高课堂教学的质量、效率和效果。

（四）课堂教学具有有序性和有效性

课堂教学是完成学校教学任务和实现教学目标的重要途径。凡是课堂教学都要根据教学大纲、按照教学计划进行，要在一定时间内完成教学计划规定的教学任务。因此，课堂教学具有有序性和有效性。《礼记·大学》指出："物有本末，事有终始，知所先后，则近道矣。"所谓有序性是指教学有一定计划，要按照计划进行。先教什么、后教什么、如何安排教学环节都要符合语言教学的规律。所谓有效性是指教学要追求最佳的教学效果。为了取得最佳的教学效果，课堂教学要贯彻从易到难、由浅入深、循序渐进、急用先学和提高复现率等教学原则，教师和学生都要遵循教学规律和教学原则，不能随心所欲。

（五）传授方法，培养创新意识

古人云："授人以鱼，只供一饭之需；授人以渔，则终身受用无穷。"现代社会是信息社会，终身学习是大势所趋。在课堂上教师必须教给学生学习的方法，这样，他们走入社会，才能独立地学习、获取知识和技能。这正是"教是为了不教"的道理所在。

俗话说："师傅领进门，修行在个人。"弟子修行能否成功，前提条件是师傅能否把他领进门，能否教会他修行的方法。一般的教师向学生介绍和解释真理，优秀的教师引导学生发现真理。在课堂上，教师的讲解不但要让学生明白所讲的内容，更要让学生理解考虑问题的思路，以便今后遇到类似问题时能够使用相关的思维方法解决问题。教师在课堂上采用的练习方法，不仅是要提高学生某个方面的能力，而且要让学生学会该方法。教师在课堂上提出的问题、发出的指令应该具有导向性，能引导学生自己提问、思考和解决问题。

社会的进步和发展需要具有创新意识和创新能力的人才。课堂教学就是把一群具有青春活力的年轻人聚集在一起，指导他们互相激励，集思广益，使他们获得终身受益的智慧。教师应该鼓励学生“青出于蓝而胜于蓝”。

## 第二节 培养语感与训练思维能力

### 一、培养汉语语感

什么是语感？语感是对语言的感知，是比较直接、迅速地感悟语言文字的能力。它是对语言文字分析、理解、体会、吸收全过程的高度浓缩。语感是一种经验色彩很浓的能力，其中牵涉到学习经验、生活经验、心理经验、情感经验，包含着理解能力、判断能力和联想能力等。[①]

先说一个例子：

> 王老师遇见两个女孩，一个四岁，一个五岁，她们都穿着漂亮的衣服。王老师问四岁的孩子：“是你的衣服漂亮还是她的衣服漂亮？”这个孩子说：“我们两个的衣服一起漂亮。”那个五岁的孩子忙说：“不能说‘一起漂亮’，要说‘都漂亮’。”王老师问她为什么不能说“一起漂亮”，五岁的孩子想了半天，摇摇头说：“不知道。”

这个事例告诉我们：(1)四岁孩子说出病句说明母语的语感不是天生的，而是在后天实践中逐渐建立起来的；(2) 五岁孩子凭语感能判断出“一起漂亮”的说法不对，但是说不出其中的道理，说明语感不是通过理论分析获得的。

再看下面两个例子：

> ① 这次世界杯比赛中国队大胜日本队。谁赢了？（中国队）
> 这次世界杯比赛中国队大败日本队。谁赢了？（中国队）

“大胜”是中国队赢，“大败”也是中国队赢，有规则吗？

---

① 此释义参考《辞海》对“语感”的解释。

② 昨天爬山我好容易才爬上山顶。容易吗？(不容易)
昨天爬山我好不容易才爬上山顶。容易吗？(不容易)
这次考试好容易呀！容易不容易？(很容易)

“好容易”是不容易，“好不容易”也是不容易，“好容易”又有“很容易”的意思，有规则吗？

这些句子中国人都能理解，也都会说，但讲不出道理，凭的是语感。外国人没有语感，当然理解不了。

语感是一种语言能力，是语言交际的基础。我们教汉语，重点是通过训练培养学生的汉语语感。

国际汉语教学，尤其是基础阶段，应该把重点放在让学生知道“怎么说”而不是“为什么这样说”，应该通过训练形成语感而不是大讲语言知识和语法规则。在教“问路”时，学生说：“对不起，去北京大学怎么走？”我们告诉学生，不说“对不起”，要说：“请问，去北京大学怎么走？”不必讲解为什么不说“对不起”要说“请问”。语言教学中，“知其然，也知其所以然”是对教师的要求。

语感的获得主要有两种途径：一种是“自然言语实践”，一种是“自觉言语实践”。

“自然言语实践”是通过大量地接触言语，使言语本身的规则在人的大脑中自然而然地形成，并且达到熟练的程度。儿童第一语言的语感获得就是通过这种途径。

“自觉言语实践”是人们在教学理论的指导下，有意识地学习具有典型意义的语言材料和语言知识，通过大量的语言实践总结语言使用的规律，从而达到熟练的程度。成人第二语言语感往往是通过这种途径获得的。

在第二语言习得过程中，语感是逐步建立起来的，一般经历三个阶段。第一阶段，教师向学生输入一定量的经验成分，包括可感应的词语、可使用的语法规则、关于目的语的文化背景知识等。学生知道是什么，不是什么，具有区分异同的能力。他们在用目的语表达思想时，还是要借助母语把意念转换成目的语的句子。第二阶段，通过目的语规则的学习和语言实践，学生知道应该怎么说，不应该怎么说，具有区分正误的能力，可以不通过母语翻译，运用目的语的规则直接组织句子。这是语感初步形成的阶段。第三阶段，通过大量语言实践，学生完全摆脱母语，直接用目的语思维，能够不经过思考下意识地说出正确的话语和判断别人话语的正误。这时候，语感就建立起来了。

我们主张"自觉言语实践"要向"自然言语实践"靠拢，第二语言学习向习得靠拢，通过大量的成组的语言材料的输入输出培养语感。其中，一个重要方法就是设计成组的练习。以"好容易"和"好不容易"为例：

他们好容易才找到那个体育馆。/他们好不容易才找到那个体育馆。

小王好容易才买到火车票。/小王好不容易才买到火车票。

玛丽好容易才读完这篇文章。/玛丽好不容易才读完这篇文章。

同学们好容易才做完今天的练习。/同学们好不容易才做完今天的练习。

这就是成组的练习。只有通过成组的练习和大量实践，才能从量变达到质变，最后形成语感。

学习汉语要培养学生的语音感、汉字感、词汇感、语法感、语义感、篇章感等等。教师要根据汉语的特点、利用汉语的特点培养学生的汉语语感。以词汇感为例，见表 1.1。

**表 1.1 英汉词语对比表**

| 特征 / 事物 | **公** male | **母** female | **小** young | **肉** meat |
|---|---|---|---|---|
| 牛 cattle | 公牛 bull | 母牛 cow | 小牛 calf | 牛肉 beef |
| 羊 sheep | 公羊 ram | 母羊 ewe | 小羊 lamb | 羊肉 mutton |
| 猪 pig | 公猪 boar | 母猪 sow | 小猪 piglet | 猪肉 pork |
| 鸡 chicken | 公鸡 cock | 母鸡 hen | 小鸡 chick | 鸡肉 chicken |

汉语的"公、母、小、肉、牛、羊、猪、鸡"8 个汉字，通过单独使用和双音节组合就表示了 24 个常用的概念。这些概念用英语表达，需要 23 个不同的单词。这就是汉语词汇感突出的特点：几个有限的汉字（语素）能够灵活地组成大量的词语，而且组合规律简单。以上 8 个语素还可以组成：

小公牛、小母牛、小公羊、小母羊、小公猪、小母猪、小公鸡、小母鸡等。

利用汉语的特点帮助学生扩大词汇量，进而形成语感，教学就会收到事半功倍的效果。

总之，学生建立了目的语的语感，语言能力就会有一个质的飞跃。

**二、训练思维能力**

语言和思维是两种紧密联系在一起的社会现象，是相互依赖的。思维离不开语言，语言是思维的工具；语言也离不开思维，没有思维，语言是不存在的。两者互相作用、互相促进，也互相制约。

第二语言教学，要提高学生听说读写的能力，训练学生的思维能力是关键。

在真实的交际中，听从来不是被动的行为，听话人总是顺着说话人的话语思考，一边听一边想。有时候说话人的话语还没说出来，听话人已经知道他要说什么了。边听边理解，理解就是思维。说话时，说话人总是先想后说或者边想边说，只有想出来才能说出来，只有想得对才能说得对，想就是思维。阅读时，人们也是边读边想，理解文章的意思，没有人阅读时不思考，思考就是思维。写文章更是离不开思维，从构思主题，到谋篇布局，到遣词造句，都是思维。文章写得好坏，思维是关键。

可见，语言和思维关系十分密切，听说读写跟思维直接相关。

第二语言教学，包括国际汉语教学的效率不高，原因之一是我们的教学理念不够科学，不够坚定，换句话说，我们没有抓住教学的根本，或者没有始终如一地抓住教学的根本。这个根本就是：语言教学必须"启迪学生思维，开发学生的语言潜能"。语言理解和表达的根本在于思维，提高语言技能和言语交际技能的根本也在于思维。要提高语言学习和语言教学的效率，就必须训练学生的思维能力。

在教学中普遍存在的一个问题是：学生在课堂上的被动吸收远远多于主动思考，往往是教师说得多，学生练得少，甚至有时候教师提出问题，不是启发学生思考，而是代替学生回答，剥夺了学生思维的权利。类似的情况还有：有的教材语法切分得又细又碎，教师在教的时候也是掰开揉碎，精讲细讲，结果教到后面都忘了自己前面教过什么，学生也不记得，浪费了宝贵的课堂时间；有的教师设计过多的机械性重复练习，学生鹦鹉学舌，完全不知道为什么这样说；有的教师提出的问题过于简单、直白，学生不经过思考就能回答出来，可是学生没有任何实际的收获。要解决以上问题，关键在于教师要明确语言教学重在训练学生的思维能力，要有意识地“启迪学生思维，开发学生的语言潜能”。

汉语作为第二语言教学的对象大多是成年人，他们大脑中已经储存了一套比较完整的母语系统和概念，具备了成熟的思维、认知和理解能力，有着丰富的外语学习经验、有效的学习技巧和学习策略，并且具有一定的社会生活经历及跨文化交际体验。他们能够自觉地将目的语跟自己的母语进行对比，具备足够的知识和能力来比较两个语言系统，也就是说，他们具有学习第二语言的潜能。这就使我们提出的“启迪学生思维，开发学生的语言潜能”成为可能。以“饭馆吃饭”为例，他们大脑里已经有了在饭馆吃饭的图式——找座位、点菜、上菜、品评、结账等，还有母语中相关的词语——包间、菜单、杯子、饮料、凉菜、热菜、主食、好吃、买单等。我们在教“在饭馆吃饭”时，要充分利用学生大脑中的已有图式，重点教一些汉语的基本句式、词语，提示他们两种图式之间不同的部分，比如付小费、找零钱、筷子、刀叉等，调整他们原有的概念，使之“中国化”。

语言教学，包括国际汉语教学应该重视和利用学生的认知系统，引导学生关注汉语信息传递的过程和方法，注意旧概念与新概念、旧规则与新规则之间的相互联系，区分异同，举一反三。

思维具有多种形式，我们在教学中常用到的主要有求同思维、求异思维、形象思维和逻辑思维四种形式。

（一）求同思维

求同思维是教师引导学生寻求新知与已知之间相同点和相似点的思维。比如：今天的生词是“休息”，以前学过“学习”。教师要引导学生发现和理解：

“休息”和“学习”的声母都是“x”，“息”和“习”的韵母都是“i”。这样，“休息”的发音就很容易学会了。

“我在宿舍学习”和“我在宿舍休息”，“我学习了两个小时”和“我休息了两个小时”都可以说，这是用法的相同点。学生会说“我在宿舍学习”，那说出新句子"我在宿舍休息"就不难了。

（二）求异思维

求异思维是教师引导学生寻求新知和已知之间的不同点的思维。辩证唯物主义认为，人们认识事物不仅要找出相同点，即事物的共性，更重要的是找出不同点，即事物的个性，因为个性决定着此事物与彼事物的区别。

学生学习汉语，必须了解汉语与自己母语的区别，了解汉语的特点，特别是汉语有、母语无的语言现象，比如：汉语中的"把"字句、兼语句、意义被动句和多重复句等。再如：

英语说"We finished lesson seven today"，汉语说"我们今天学完了第七课"。"finished（完）"在汉语里不能单独做谓语，前边必须有其他动词。英语说"I met Mr. Yang at Wangfujing"，汉语说"我在王府井遇见了杨老师"，在汉语里，地点状语"在王府井"要在动词"遇见"的前边。

学习汉语，还要注重汉语内部语音、词汇、语法、汉字间的对比。以"休息"和"学习"为例：

"学习"的"学"韵母是"üe"，"休息"的"休"韵母是"iu"；"学习"是两个二声，"休息"是一声加轻声。"学习"可以带宾语，说"我学习汉语"，"休息"不能带宾语。

以意义被动句和"把"字句为例：意义被动句的施事主语不出现，是说话人和听话人共知的不需明说或者说话人和听话人不知道、不关心的；"把"字句出现施事主语，是说话人告诉听话人的第二话题，是听话人也关心、也想知道的。

学生只有了解了这些新知和已知的区别，才能真正掌握新知，变新知为已知。

（三）形象思维

形象思维是教师引导学生用头脑中已有的图式理解新知的思维。第二语言教学中提倡教师带教具进课堂。所谓的教具就是实物、图片、卡片、幻灯片、视频或音频材料等，教师还可以充分利用教材中的插图。有了这些教具，教师就能引导学生利用头脑中已有的图式进行形象的联想，这种联想比通过翻译进行的联想更真实、准确、深刻。比如：教师指图片上的形象，学生说出苹果、葡萄、橘子、香蕉等；教师指图片上的人物，学生可以说出他是谁，他在做什么；教师指着课文的插图，学生可以复述课文，讲述一个完整的故事。

第二语言教学还主张把课堂变成学生的准交际场所，扮演各种角色进行表演。比如：扮演售货员和顾客表演"买东西"，扮演医生和病人表演"看病"，扮演路人表演"问路"等。这些活动可以引导学生进行形象思维，提高学生的学习兴趣，调动学习积极性，还能活跃课堂气氛，从而提高课堂教学的效率和效果。

（四）逻辑思维

逻辑思维是教师引导学生按照事物发展的客观规律寻求新知的思维。《礼记·大学》道："物有本末，事有终始，知所先后，则近道矣。"做任何事情都要注意先后顺序，说话也要讲究先说什么、后说什么、什么是重点、什么需要强调，这些都是有规律的。掌握了这些规律就合乎逻辑，就能顺利完成交际任务。

在说话训练和写作训练中，教师展示一些杂乱无章的词语或句子，让学生根据新学习的语法把词语排列组合成句子，把句子排列组合成语段或篇章后再说出来或者写出来。无论是说还是写，都要主题明确、内容集中、条理清楚、层次分明，这就是逻辑思维训练。同样，在听力训练和阅读训练中，一篇课文听到或读到一定的地方，教师突然停下来，让学生说出后边合乎逻辑的结果、原因、目的、背景等，这也是逻辑思维训练。

在课堂上，既要引导学生进行求同、求异思维，也要引导其进行形象思维和逻辑思维。让学生的思维始终处于积极、亢奋的状态中，课堂气氛就会动中有节、乱中有序，学生的开口率就会提高，教学效果就会非常理想，这也是以学生为中心的体现。下面以讲练生词"赢"的音形义用为例，说明如何启迪学生思维，开发语言潜能。

1. 音：回忆学过的读"yíng"的汉字——欢迎的"迎"，营业员的"营"。

练习发音和声调：应、赢、影、映——→赢。

2. 形："赢"字五个部分——亡、口、月、贝、凡。

首先让学生回忆跟这五个部分有关的词语：

亡:忙、忘

口:可以、右边、只是

月:朋友、衣服、脸、星期

贝:售货员

凡:几和凡(近似,有差别)

练习写汉字:教师一边说“亡、口、月、贝、凡”,一边板书。让学生模仿,注意字的间架结构。

**通过求同思维引导学生寻求新知与已知之间的相同点和相似点,可以化难为易;通过求异思维引导学生寻求新知与已知之间的不同点,可以较容易地掌握新知,变新知为已知。**

3. 义:赢(to win)跟输(to lose)相对,互为反义。用汉语解释:

教师出示一张中国队和日本队足球比赛的图片。介绍情景说:“中国队和日本队进行足球比赛,中国队5分,日本队3分。”然后自问自答:

谁赢了? 中国队“赢”了。

谁输了? 日本队“输”了。

教师换一个情景:“中国队和日本队进行足球比赛,中国队2分,日本队4分。”然后让学生答:

谁赢了? 日本队“赢”了。

谁输了? 中国队“输”了。

**此练习通过图片和问答训练学生的形象思维和逻辑思维能力。**

4. 用:将表达比赛“赢”的三个常用句型展示出来并练习。

常用句型(1):

教师:昨天的比赛中国队5分,日本队3分。谁赢了?

学生:中国队赢了。

教师板书:(1)中国队赢了。

替换练习:要求学生用“你、我们、他们、老师、约翰、玛丽……”替换画线处的“中国队”。

常用句型(2):

教师：中国队几比几赢了？

学生：中国队 5∶3 赢了。

如果学生说："中国队 3∶5 赢了。"要启发他们改正，说出正确的句子。然后教师板书：(2)中国队 5∶3 赢了。

替换练习：要求学生用"他们 3∶2、中国队 4∶3、中国学生 2∶1……"替换画线处的"中国队 5∶3"。

常用句型(3)：

教师：中国队赢了几分？

学生：中国队赢了两分。

教师板书：(3)中国队赢了两分。

替换练习：要求学生用"三分、一场、两个球"替换"两分"。

此练习通过板书和问答训练学生的形象思维和逻辑思维能力。

学生学会了用汉语进行思维，可以尽快地摆脱母语的影响，有助于记忆、模仿、理解、活用目的语并形成语感，提高教学效果。

## 第三节　语言输入大于语言输出

不少教师有这样的困惑：某个语法点或词语明明讲清楚了，也带领学生练习了，可是为什么他们还不会说不会用呢？教师教了，学生学了(输入)，就一定能够掌握(输出)。这其实是认识上的一个误区。

### 一、初级阶段学习语言的规律是输入大于输出

初级阶段：学＞会⟶中级阶段：学＝会⟶高级阶段：学＜会

任何学科在初级阶段，受多种因素的影响，都是学的多会的少，无法做到老师教的完全掌握。经过教和学双方的努力，到中级阶段，才能做到学多少会多少。到高级阶段，学生能够举一反三了，就可以做到学的少会的多。这时就可能出现"青出于蓝而胜于蓝"的情况。

国际汉语教学主要处于外国人学汉语的初级阶段，学的多会的少是必然的。儿童学习第一语言的经历也是符合上述规律的。儿童学习第一语言基本上也分三个阶段：第一阶段(11 个月—3 岁)，父母有意识地教授

母语，儿童反复地听和模仿。根据研究，儿童听和模仿的次数跟他们最终学会的比例大约是 50∶1。也就是说，儿童经过 50 次的听和模仿才能学会某个词语或一个短句。第二阶段(3 岁—6 岁)，这是儿童学习语言的最佳年龄，基本上是学一句会一句，学多少会多少。第三阶段(6 岁以后)，儿童真正掌握日常口语是在五六岁以后，进入小学开始学习书面语，随着认知能力的提高，多数儿童可以举一反三，达到学的少会的多的效果。

因此，“输入大于输出”是语言学习初级阶段的普遍规律。所谓“输入”，不是让学生被动地听老师讲课，而是让学生接触大量的语言材料，并且把接触的语言材料作为经验成分储存在大脑中。

在语言学习的初级阶段，不但输入要大于输出，而且输入要先于输出，输入为了输出。学习语言，总是先听(输入)后说(输出)，先读(输入)后写(输出)，听(输入)是为了说(输出)，读(输入)是为了写(输出)。听和读是输入语言信息，说和写是输出语言信息。它们的关系好比挣钱和花钱。过日子必须挣钱先于花钱，并且“挣”要多于“花”，而不是相反；挣钱不是目的，“挣”为了“花”，挣钱是花钱的基础和前提。同样的道理，听和读应该先于说和写，而且要多于说和写；听和读为了说和写，是说和写的基础和前提。这也是语言学习的规律。

## 二、如何贯彻“输入大于输出，输入先于输出，输入为了输出”原则

### (一) 正确认识“输入”和“输出”的关系

要贯彻“输入大于输出，输入先于输出，输入为了输出”原则首先从教学的管理者到教师必须认识到：

听力训练和阅读训练是第一性的，口语训练和写作训练是第二性的；提高聆听理解能力和阅读理解能力是第一性的，提高口头表达能力和书面表达能力是第二性的。

在传统的语言教学中，说总是重于听。人们重表达甚于理解，重输出甚于输入。这实际上是反其道而行。从根本上说，学生语言水平的提高是靠输入的不断积累，语言能力的提高是靠不断地实践和练习。说到实践，不能认为只有输出才是实践。听和读的练习、理解的练习、输入的练习也是实践，而且是更重要的实践。输入的不断积累指的就是这种实践。语言

教师的第一职责是指导学生不断输入可懂的语言信息，为他们提供输入语言信息的条件和机会。只有语言信息的输入积累到融会贯通的程度，学生才能自由地表达思想。语言学习是一个漫长的量的积累过程，没有足够的积累，是不可能完成从语言理解到语言运用的转化的。学生只有通过听和读输入大量的语言材料，才能逐渐形成语感，最后转化为语言运用的能力。只重视输出表达是追求短期效应，重视并实践"输入第一"才是科学的语言学习过程。因此，必须从根本上扭转只重视说而轻视听和读的倾向。

输入第一，不是排斥输出。听说读写毕竟是四种不同的语言技能。大脑中储存了大量的语言信息，不一定会说、会表达。说和写要经过专门的训练，输入和输出要有机地结合。

输入为了输出，是输出的基础和前提，但是这种关系不是绝对的，而是相对的。例如：在听力训练中，听为了输入，说也为了输入；在说话训练中，说为了输出，听也为了输出。从根本上讲，听为了说，输入为了输出。但是具体到听力训练，听为了理解，理解为了记忆，记忆就是把输入的语言信息储存在大脑中。因此，听力训练应当采用以听为主、听说结合、听读结合、听写结合、听做结合的综合训练方法。以听为主，学生通过听语言材料输入大量的词语、语法规则、文化知识等语言信息，反复输入、使用这些词语和语法点，使其具有可感应性和可使用性，这样才能作为经验成分储存在大脑中。可见，语言信息不是一次输入就能完成的。反复输入、使用包括说、读、写、做等活动和练习。听和说的关系最为密切，在听力训练中离不开说。听力训练中的说有两个作用，一是帮助记忆，二是检查听的质量，归根到底是为了输入，而不是为了表达思想。

总的来说，听的活动和练习多于说的活动和练习，但是具体到说话训练，学生要以说为主、以输出和表达为主。说话训练应当采用以说为主、先听后说、先读后说、说写结合的综合训练方法。以说为主，强调学生要说得多、说得对、说得好，讲究单位时间内学生的开口率。说话训练中学生要先听、先读，这是为说提供话题、准备语言材料和交际的模式，是说的基础和前提。

（二）改革课程设置

在语言教学的初级阶段，加强听力教学和阅读教学，提高听和读的要求，降低说和写的要求，这样可以扩大输入量，使学生接触大量的语言材料。

按技能设课从初级班开始，初级班不但开设听力课，而且要增加听力课的课时，这样才能增加学生听的活动和练习，让输入大于输出。这里所说的“听的活动”，不是听教师讲解语音、词汇、语法等语言知识，也不是听教师分析课文、介绍文化背景，而是让学生听大量适合其语言水平的有声语言材料，了解中国人在什么情况下对什么人说什么话，输入典型环境中的言语交际模式，培养学生的汉语语感。听的活动多，说的活动少，学生在单位时间里接触的语言材料就多，词汇和语法点的复现率就高。高复现率帮助学生输入更多的词语、语法点，进而作为经验成分储存在大脑记忆库中。大脑中储存的经验成分越多，越有利于解码和编码，越能促进语言能力的提高，最终形成一种听说互相促进的良性循环。

（三）提高复现率，克服自然遗忘

对学生来说，“学”主要是接受语言经验成分的输入，理解语言材料中的信息；主要是弄清楚“是什么”，而不是“为什么”。当语言材料的输入达到一定的量，语言形式和规则的内化就在大脑中自然地发生了，输出也就容易了。

但在实际的语言教学中，一个词或语法点，必须在教师指导下经过反复操练，学生才能掌握。可能过一段时间又遗忘了。这是正常的。学生并不是一学就会，学一遍就永远记住。因此，复现知识是至关重要的。向学生输入大量语言材料，就是要提高词语、语法规则和文化背景知识的复现率。教师想让学生学会什么、掌握什么，就要有目的地提高复现率，大量地、反复地刺激学生大脑的语言中枢。

提高复现率要在不同的语境中进行，即在不同的时间、地点听不同的人说，在不同的文章中看到同一个词语或句子，这在心理学中称为“复述”。复述分为再认复述和回忆复述，再认复述指的是听和读，回忆复述指的是说和写。它们之间的关系可总结如下：

复述
- 再认复述
  - 听
  - 读
- 回忆复述
  - 说
  - 写

要克服遗忘就需要了解遗忘的规律。德国的心理学家艾宾浩斯以自己为被试,记忆由若干字母组成的无意义的音节,用节省法计算保持和遗忘的数量,发现遗忘在学习之后立即开始,而且遗忘的进程是不均匀的。实验结果如表 1.2。

**表 1.2 遗忘时间间隔与记忆量关系**

| 时间间隔 | 20 分钟 | 1 小时 | 9 小时 | 24 小时 | 2 天 | 6 天 | 31 天 |
|---|---|---|---|---|---|---|---|
| 记忆量(%) | 58.2 | 44.2 | 35.8 | 33.7 | 27.8 | 25.4 | 21.1 |

将上述节点描绘成一条曲线,就是著名的艾宾浩斯遗忘曲线,具体见图 1.1。

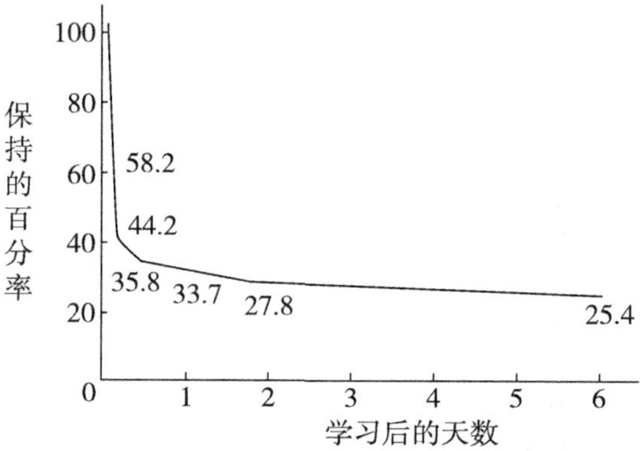


**图 1.1 艾宾浩斯遗忘曲线**

实验结果证明长时记忆的遗忘规律是先快后慢。记忆的最初阶段,遗忘速度很快,后来逐渐减慢,到了相当长的时间后,几乎就不再遗忘了。这就是遗忘的发展规律。根据这个规律,在学习的时候一定要趁热打铁,及时复习,之后要不断复习,先勤后疏,慢慢拉大复习的时间间隔。

(四)编写和出版适合初级水平学习者的视听材料和课外读物

学习语言仅靠课堂教学是远远不够的,课后的练习和实践是课堂教学的延伸,学习者应该充分利用课堂以外的各种机会进行语言实践,多听、多读、多说、多练。

为汉语初学者编写的课外读物,不仅要数量丰富,而且要生动有趣、通俗易懂、有价值。生动有趣的内容学生才爱读,才能培养学生的阅读兴趣;通俗易懂是指为初学者编写的读物要适合他们的语言水平,要保证是可懂性输入;有价值是指读物的内容要跟学生的思想、学习、生活等实际的语言交际息息相关。学生在课后有大量读物可读,有大量的视听材料可听可看,可以大大增加语言信息的输入量,对汉语语感的形成意义重大。

目前,为汉语初学者编写的课外读物和视听材料较少,因此,当务之急是编写和出版大量的适合初级水平学习者的视听材料和课外读物,以满足他们在课外学习和使用的需要。

## 第四节 微技能训练

### 一、微技能训练的理论基础是信息论、控制论和系统论

听说读写是四项基本的语言技能,每一项语言技能都包含一些小的技能,我们称之为"微技能"。

微技能训练以信息论、控制论和系统论为理论依据,简称"三论"。

所谓信息论,是说人们要做好一件事,就要掌握跟这件事有关的全部信息,包括历史、现状以及发展变化的情况等。特别是当今信息社会,处处离不开信息。比如:要从北京坐飞机去香港,就必须掌握航班的全部信息,如每天有几班,都是什么时候出发、什么时候到达,是什么航空公司,票价如何,等等,然后选择一个最适合自己的航班。除此之外,还要知道从住处怎么去机场,到第几航站楼办理登机手续,怎么托运行李,等等。如果其中有任何一个信息不了解或出现差错,就不能顺利出发。

我们教汉语,就必须掌握跟汉语有关的全部信息,包括汉语的语言要素——语音、词汇、语法和汉字,还要掌握如何训练语言技能和言语交际技能。

所谓控制论,是说人们要做好一件事,就要控制自己的思想和行为。写汉字,要控制好笔画和笔顺,如:横要平,竖要直;横竖的长短;横折、竖钩等笔画在哪里拐弯;字的间架结构比例要协调等。这样写出的字才正确美观。

在课堂教学中,教师要控制教学的内容、教学的节奏和学生的活动,

还要控制讲解的深度和广度、练习的数量和难度、讲解和练习的时间比例等。只有控制得恰到好处，课堂教学才能取得良好的效果。还需强调的是，教师在课堂上必须有控制地使用外语，课堂用语尽量不使用外语，让学生直接听汉语，但在讲解生词和语法的时候可以适当地使用外语。

系统论认为，世界上的万事万物都成系统。一个大系统下面有若干子系统，一个子系统下面又有更小的微系统。语言教学也不例外。语言教学要教授语言要素、语言技能和言语交际技能。具体如图 1.2 所示。

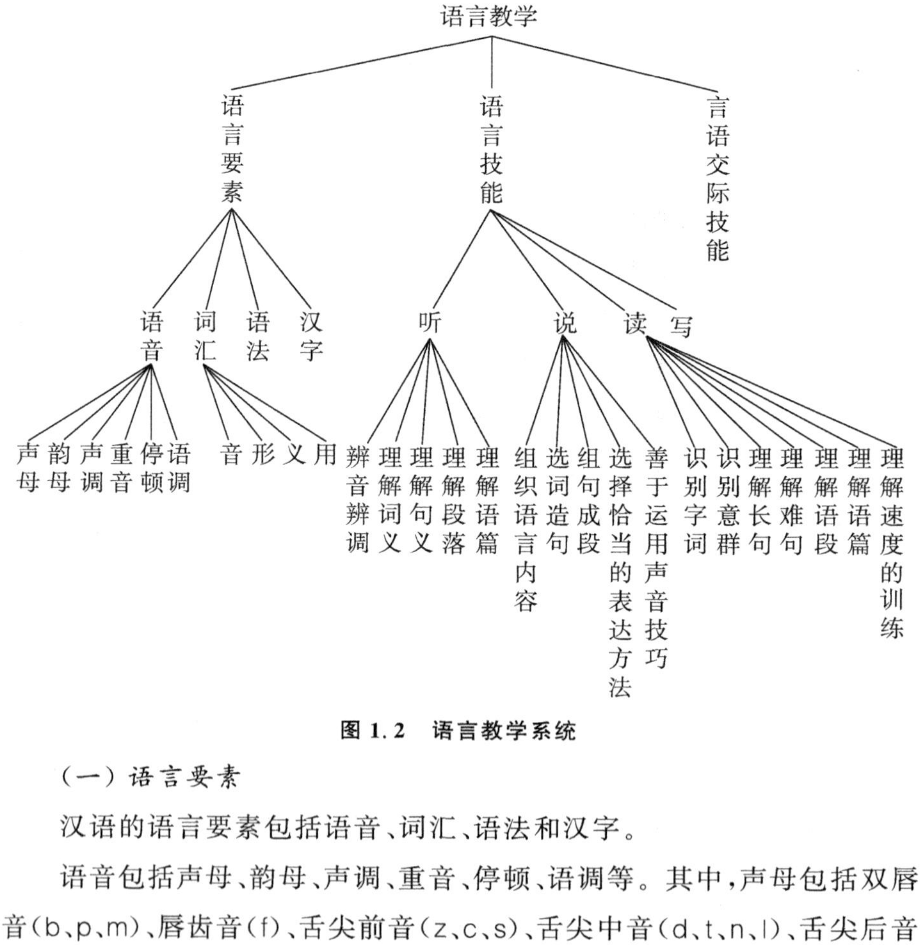


**图 1.2 语言教学系统**

(一) 语言要素

汉语的语言要素包括语音、词汇、语法和汉字。

语音包括声母、韵母、声调、重音、停顿、语调等。其中，声母包括双唇音(b、p、m)、唇齿音(f)、舌尖前音(z、c、s)、舌尖中音(d、t、n、l)、舌尖后音(zh、ch、sh、r)、舌面音(j、q、x)、舌根音(g、k、h)，韵母包括单韵母(a、o、e、ê、i、u、ü、-i[ɿ][ʅ]、er)、复韵母(ai、ei、ao、ou、ia、ie、iao、iou、ua、uo、uai、uei、üe)、鼻韵母(an、en、ang、eng、ong、ian、in、iang、ing、iong、uan、uen、uang、ueng、üan、ün)等，声调包括四个基本声调(第一声、第二声、

第三声和第四声）和轻声、变调等。

汉语的语音还包括重音、停顿、语调等，这里从略。

词汇包括词的音、形、义、用。学习词首先要掌握词的发音，会念、会说；其次要掌握词形，认识汉字，会念、会写；再次要懂意思，知道这个词表达的信息；最后要会用，知道词的词性和在句子中做什么成分。

语言教学中所谓的语法是指教学语法，即教学生按照汉语的规则把词语组成句子，把句子组成语段，把语段组成语篇，它跟理论语法有很大差别。

（二）语言技能

语言的四项基本技能是听说读写。其中，听即聆听理解，包括辨音辨调、理解词义、理解句义、理解段落、理解语篇等；说即口头表达，包括组织语言内容、选词造句、组句成段、选择恰当的表达方法、善于运用声音技巧等；读即阅读理解，包括识别字词、识别意群、理解长句、理解难句、理解语段和语篇，还包括理解速度的训练；写即书面表达，首先要会写汉字，笔画、笔顺正确，间架结构合理，其次会把词语按照汉语的规则组成句子，再次会把句子按照汉语的规则组成语段和语篇，最后掌握应用文、记叙文、说明文、议论文等各种文体的写作方法。

（三）言语交际技能

言语交际技能可分解为：准确表达的能力、流利表达的能力和得体表达的能力。这是层层递进的关系，最终让学生能够在特定的时间、地点，针对特定的对象，说出恰当得体的话语。

## 二、训练语言技能要从微技能入手

训练语言技能要从微技能入手，每一项小的技能提高了，才能从整体上提高听说读写四项基本技能。好比训练篮球运动员，打篮球是一种基本的运动技能。高明的教练训练篮球运动员，绝不是今天 5 个人跟 5 个人比赛，明天还是 5 个人跟 5 个人比赛，这样培养不出优秀的运动员。高明的教练一定要从传球、接球、上篮、抢断、投篮、扣篮、抢篮板等微技能入手，先训练运动员把这些微技能掌握牢固，再进行综合训练，把这些微技能运用到比赛中去。这样才能把他们培养成为优秀的篮球运动员。

语言教学要教语言要素、语言技能和言语交际技能，这是从大处着眼。具体到每一堂课，教语言要素，语音要从音素入手，教学生发好每个声母、韵母、声调；词汇要从每个词的音、形、义、用入手，让学生会发音、会写、懂意思、会造句；语法要从一个个具体的语法点入手，如“是”字句、“有”字句、“把”字句、“被”字句、连动句等；汉字要从笔画、笔顺、间架结构入手，让学生掌握独体字、合体字，从笔画简单的字到笔画复杂的字。

训练语言技能，提高学生听说读写的能力，首先从微技能入手并作为训练的重点，把每一项微技能训练好，然后把微技能训练与综合训练结合起来，才能从整体上提高听说读写的能力。

### 三、在微技能理论指导下训练取得可喜的成果

微技能训练的理论是在总结了多年来语言教学的实践经验后提出来的。在分技能设课教学初期，很多听力课教师都认为，学生听懂了课文就达到了教学目的，完成了教学任务。现实情况是，学生在课堂上听得懂教师说的课文，离开课堂，同样的内容听别的中国人说就听不懂了。其实，听懂课文提供的语料是每一节课的具体目的，而每一节课的具体目的应该为提高听力技能这一总的教学目的服务。再好的听力教材、再丰富的听力材料，也不能把现实生活中全部的语言都编排进去。把聆听理解微技能作为听力训练的重点，教师有意识地引导学生听课文时使用和练习，可以帮助学生在其他场合举一反三。

按照微技能训练的理论，聆听理解微技能包括：分析辨别能力、记忆储存能力、联想猜测能力、听后模仿能力、快速反应能力、边听边记能力、检索监听能力和概括总结能力等。

下面以《速成汉语初级听力教程·上册》[①]第16课《在方老师家》为例，具体说明我们是怎样训练的。

课文（一）

情景：方龙和妻子陈红商量请贝拉来家里过生日。

方　龙：明天是贝拉25岁生日，我想请她来咱们家，给她过生日。

---

① 杨惠元主编.速成汉语初级听力教程·上册[M].北京：北京语言大学出版社，2000.

陈　红：贝拉？就是那个喜欢中国画儿的意大利姑娘吧？

方　龙：对，就是她。

陈　红：那我们得好好准备一下。云天，你的房间要收拾干净，我去买水果、蜡烛和生日蛋糕。

方云天：您在家里收拾房间，我去买东西吧。

陈　红：也行。

方　龙：给云明打个电话，明天带小虎回来。

陈　红：对，人多热闹。

## 课文(二)

情景：第二天，方云明和妻子李华带小虎回来，10点钟贝拉来到方老师家，门铃响，小虎去开门。

小　虎：阿姨，你找谁？

贝　拉：方老师是住在这儿吗？

小　虎：是。爷爷，有个阿姨找您。

方　龙：贝拉，快请进！

贝　拉：方老师，您好！这花儿是送给您全家的，祝你们事事顺利，身体健康。

方　龙：谢谢！我来介绍一下，这是我爱人陈红，这是贝拉。

贝　拉：方老师，我叫她什么？叫她陈阿姨行吗？

方　龙：行。她也是老师，你叫她陈老师吧。

贝　拉：陈老师，您好！

陈　红：你好！请坐，喝点儿茶吧。

贝　拉：谢谢！

## 课文(三)

情景：方龙继续给贝拉介绍。

方　龙：这是我的大儿子方云明，他的爱人李华。

贝　拉：你们好！认识你们很高兴。

方云明：欢迎欢迎！

李　华：欢迎你来我们家。

方　龙：他就不用介绍了吧？

贝　拉：方云天，我们是老朋友了。

方云天：今天你又认识了很多新朋友。

小　虎：阿姨，你认识我吗？

贝　拉：你是小虎。

小　虎：你怎么知道？

贝　拉：你猜。

小　虎：你一定看过我的照片，是我爷爷给你看的，对不对？

贝　拉：小虎真聪明！

### 课文（四）

情景：贝拉来到方云天的房间，小虎也跟了进来。

方云天：贝拉，这就是我的房间。

贝　拉：啊，真干净！

小　虎：阿姨，他今天打扫得很干净，东西收拾得也很整齐，可是以前不这样。

贝　拉：真的吗？

小　虎：阿姨，是真的。

贝　拉：云天，你一个人住吗？

方云天：是。我哥哥和嫂子不住在这里，这个家只有爸爸、妈妈和我。爸爸、妈妈住那个房间。

贝　拉：小虎，你家离这儿远不远？

小　虎：不远，我们常常回来看爷爷、奶奶。

### 课文（五）

情景：吃饭以前，方龙一家人送给贝拉生日礼物。

方　龙：贝拉，今天是你的生日，我代表全家祝你生日快乐。这是我和陈老师送你的生日礼物——一本《现代汉语词典》。

贝　拉：太谢谢你们了，我正想买这本词典呢。

小　虎：阿姨，我爷爷说你是属猴的。我送你一张画儿。

贝　拉：这只小猴真可爱！你属什么？

小　虎：属虎。

贝　拉：怪不得你叫小虎呢。

方云天：你正在学习中国画儿，是吧？我送给你一支毛笔，你喜欢吗？

贝　拉：喜欢，太喜欢了！谢谢你们！

陈　红：这是为你准备的生日蛋糕和蜡烛。

方云天：我们一起唱《祝你生日快乐》。（唱歌）

本教材中有一些固定的人物，方龙是对外汉语教师；方云天是方龙的儿子，是学习日语的大学生，跟方龙班里的学生都很熟悉；贝拉是方龙的学生，意大利姑娘。

（一）听前练习

我们在听前练习中设计了语音练习（辨音辨调）、词语练习（辨别词语）和句子练习（为听课文做准备）。

1. 语音练习

学生听写音节：

| | |
|---|---|
| gūniang（姑娘） | gūliang（估量） |
| dàibiǎo（代表） | wàibiǎo（外表） |
| shōushi（收拾） | shōushì（收市） |
| gānjìng（干净） | gǎnjǐn（赶紧） |
| zhěngqí（整齐） | zhēnqí（珍奇） |
| rěnǎo（惹恼） | rènao（热闹） |
| shēngrì（生日） | shāngrén（商人） |
| jiànkāng（健康） | jiǎnkuàng（简况） |

（1）教师领读，学生朗读

（2）学生辨别（在练习本上画出听到的生词）

姑娘　代表　收市　赶紧　整齐　热闹　生日　健康

2. 词语练习

（1）学生听句子挑选出本课生词

① 我在北京过20岁生日。

② 那个公园人很多，非常热闹。

③ 听，门铃响了，有人来了。

④ 阿姨，你找谁？

⑤ 你属什么？我属虎。

⑥ 我买了一支毛笔。

⑦ 我在这个公司干了30年。

⑧ 你喜欢什么运动？

⑨ 我喜欢打网球。

⑩ 我不同意你去外国工作。

⑪ 爸爸给他买了一辆玩具汽车。

⑫ 当经理可以管别人还能挣很多钱。

（2）教师课前把下列词语写在黑板上或使用投影仪，课上学生朗读并指出教师念的词语

| | | | | | |
|---|---|---|---|---|---|
| 阿姨 | 聪明 | 打扫 | 带 | 代表 | 蛋糕 |
| 房间 | 房钱 | 干净 | 狗 | 管 | 过 |
| 猴 | 虎 | 花儿 | 画儿 | 健康 | 可爱 |
| 快乐 | 蜡烛 | 礼物 | 毛笔 | 热闹 | 认识 |
| 收拾 | 属 | 水果 | 顺利 | 同意 | 兔 |
| 玩具 | 网球 | 响 | 照片 | 整齐 | 挣 |

3. 句子练习

（1）学生听句子回答问题

① 方龙说："明天是贝拉25岁生日，我想请她来咱们家，给她过生日。"

明天是贝拉多少岁的生日？

方龙在哪儿给贝拉过生日？

② 贝拉是一个喜欢中国画儿的意大利姑娘。

贝拉喜欢什么？

贝拉是哪国人？

贝拉是男的还是女的？

③ 你在家里打扫房间，收拾东西，我去买水果、蜡烛和生日蛋糕。

你做什么？

我做什么？

④ 给云明打个电话，明天带小虎回来。

给谁打电话？

明天带谁回来？

⑤ 这花儿是送给您全家的，祝你们事事顺利，身体健康。

什么是送给您全家的？

祝你们什么？

⑥ 她也是老师，她姓陈，你叫她陈老师吧。

她是做什么的？

你叫她什么？

⑦ 他今天打扫得很干净，东西也收拾得很整齐，可是以前不这样。

他今天打扫得怎么样？

什么收拾得很整齐？

以前他的房间怎么样？

⑧ 我哥哥和嫂子不住在这里，这个家只有爸爸、妈妈和我。

几个人住在这里？

谁住在这里？

谁不住在这里？

⑨ 这是我和陈老师送你的生日礼物——一本《现代汉语词典》。

我和陈老师送你什么生日礼物？

⑩ 吃蛋糕以前我们先唱《祝你生日快乐》。

吃生日蛋糕以前做什么？

以上 10 个句子都是课文中的句子，学生听懂了这些句子，就为听懂课文做了准备。

（二）听时练习

接下来是最重要的听时练习，听每一段课文之前都有听前提示，比如：课文（一）听前提示"课文中有几个话题？是什么？"，学生带着问题听课文，就有注意的焦点。一段课文可以听两遍或者三遍，每一遍听完做相应的练习。练习形式可以是口头回答问题、判断句子的正误、选择正确答案等。

听前练习和听时练习主要训练分析辨别能力。

（三）听后练习

第三个环节是听后练习，设计了两个练习：

1. 学生小结

再听一遍课文，用简单的话说出本课5段课文的主要内容。

2. 学生快速回答问题

① 贝拉是哪国人？
② 贝拉喜欢什么？
③ 贝拉在哪儿过生日？
④ 贝拉给方老师全家带来了什么礼物？
⑤ 谁送给贝拉一本词典？
⑥ 方龙和陈红为什么送给贝拉词典？
⑦ 谁送给贝拉一张画儿？
⑧ 小虎为什么送给贝拉一张画儿？
⑨ 谁送给贝拉一支毛笔？
⑩ 方云天为什么送给贝拉一支毛笔？
⑪ 你属什么？
⑫ 你会唱《祝你生日快乐》吗？
⑬ 你喜欢中国画儿吗？

第一个练习训练学生概括总结的能力，第二个练习训练学生快速反应的能力。

因为是初级班听力教学，重点训练学生的分析辨别能力。教材中每一课都有辨音辨调的练习，训练学生识别汉语音调的灵敏度，培养汉语语音的音感。根据不同的课文，每堂课选择一两个微技能，按照以听为主、听说结合、听读结合、听写结合、听做结合的综合训练方法设计练习，每一项练习都有明确的目的。这样的训练是在一定教学理论指导下的训练，避免了盲目性和随意性，增强了针对性和自觉性。

## 第五节　教学有法而无定法，贵在得法

“教学有法而无定法，贵在得法”是教学法理论的一项重要内容，也是教学法的一个重要特点。

### 一、为什么说“教学有法而无定法，贵在得法”

做任何事情都要讲究方法，一旦目标、任务确定了，方法就成了关键。方法得当则事半功倍，方法不当则事倍功半。教学当然也不例外。吕必松教授强调：“为了取得良好的教学效果，所有的教学活动都应当讲究教学方法。但是教学法对语言教学，尤其是对第二语言教学，又尤其是对对外汉语教学，更具有特殊的意义。”①可是在国际汉语教学事业蓬勃发展的今天，教学方法并未引起大家的足够重视，在不同程度上影响着教学质量的提高，所以有必要重新提一提、议一议。

提高教学质量，首先必须提高教师的素质。教师的素质由多种因素构成，除了需要有比较广博的专业知识和文化知识以外，最重要的是掌握教学方法，懂得“教学有法而无定法，贵在得法”。教师即使学富五车、才高八斗，如果不懂教学方法，也不能算作一名合格的教师。尤其是在国际汉语教学中，如何把看似简单的教学内容让学生尽快掌握，并转化为他们的能力和本领，关键在于教学方法。

### 二、什么是“教学有法而无定法，贵在得法”

#### （一）“教学有法而无定法”是包含对立统一的辩证关系的教学方法

“教学有法”是指教学要遵循教学的普遍规律，掌握和运用教学的一般原理和方法，也就是注意矛盾的普遍性。教学活动是有规律可循的，教学方法的确定和选择不是随意的，有其科学的根据和理论依据。特别是

---

①　吕必松.对外汉语教学研究[M].北京：北京语言学院出版社，1993.

语言教学，语言本身是有规律的，语言学习和语言教学也是有规律的，那么课堂教学就要遵循这些规律。这些规律就是理论。只有认识和掌握了这些理论，才能遵循教学的普遍规律。比如：课堂教学的一个基本规律是“从易到难、由浅入深”，在汉语语音教学中，教“z、c、s”这一组舌尖前音的时候，有经验的教师先教“s”，再教“z”和“c”。因为“s”是清擦音，各国语言几乎都有，学生容易学，“z”和“c”是塞擦音，发音时先塞后擦，比发单纯的清擦音难得多。这就是遵循“从易到难、由浅入深”的规律。可见，选择具体的教学方法，离不开教学理论的指导。

唯物辩证法坚持两点论，既强调按照一般事物发展的普遍规律行事，又注意遵循个别事物发展的特殊规律。“教学无定法”是指选择和确定教学方法要结合实际，有针对性，不能公式化和模式化，不能生搬硬套，按照一个固定的程序运转。“教学无定法”是“教学有法”的更高层次，要求选择最优化、最有效的教学方法。任何好的教学方法都不能不分时机、不论场合、不加选择地使用。教师选择的教学方法，必须适应本班学生的特点，为本班学生所接受，并得到他们的配合。教学中常常遇到这种情况：别人用的方法明明教学效果很好，可是到自己的课堂却行不通，甚至同一种方法在甲班得心应手，教学效果很好，而在乙班却很不顺手，教学效果也不理想。这是因为，教学是一个十分复杂的过程。我们的教学对象千差万别，教学内容多种多样，课堂上出现的情况千变万化，这些都要求教师随机应变，选择适应教学对象和教学内容的教学方法。即使在别人那里已为实践证明了的好方法，在具体实施的时候也要进行改造，有所变化，有所创新。否则，再好的方法不切合本班实际也只是镜中花、水中月，无大作用。从这个角度说，教学方法又是“无定”的。

“教学有法而无定法”是包含对立统一的辩证关系的教学方法，体现了矛盾的普遍性与特殊性的有机统一。它要求教师既要遵循教学的普遍规律，掌握教学的一般原理，又要在实际教学活动中发挥创造性，不拘一格地运用各种教学方法。教学理论不断发展，教学内容不断更新，教学对象不断变化，教学环境不断改善，这么多的变量，决定了教学方法必须适应情况的变化，要选择适合具体教学对象、具体教学内容、具体教学环境的教学方法。

### （二）教学"贵在得法"的核心是教学方法既讲究科学性，又讲究艺术性

教学方法的真谛是"贵在得法"。"贵在得法"要求教师在遵循教学的普遍规律，掌握教学的一般原理的基础上，在实际的教学活动中发挥创造性，不拘一格地选择和运用各种恰当的教学方法，把科学性和艺术性统一到具体的教学活动中。教学方法的科学性和艺术性体现在法从质生、法由旨遣、法因人异、法随境迁、法重实效 5 个方面。

1. 法从质生

法从质生指教学方法是从对课程性质特点的分析中产生的，选择和使用什么样的教学方法，由这门课的性质和特点决定。大而言之，国际汉语教学属于第二语言教学。第二语言教学是培养学生语言技能和言语交际技能的实践性教学。因此教学方法要贯彻"实践第一"和"精讲多练"的原则。小而言之，听力课、口语课、阅读课、写作课四种语言技能课各有不同的性质、特点，教学方法也各不相同。比如：听力课和口语课，听和说都是处理语言的声音信号，听是听其声悟其义，说是用其声表其义。但是听是输入性的技能，属于理解和接受的范畴；说是输出性的技能，属于应用和表达的范畴。因此听力训练应当采用以听为主、听说结合、听读结合、听写结合、听做结合的教学方法；而说话训练应当采用以说为主、先听后说、先读后说、说写结合的教学方法。再比如：听力课和阅读课，听和读都是输入性技能，同属于理解和接受的范畴，但是听是输入声音信号，读是输入文字信号。听力训练必须进行大量的听音辨调的练习，而阅读训练无需进行听音辨调的练习，必须先从认读汉字开始，教给学生切分词语、意群的方法。

选择和确定教学方法还要考虑教学内容，方法跟内容有密切的关系。总的来说，教师要有控制教学内容的本领。所谓控制教学内容，是指教师能从学生的实际出发，科学地处理教材，控制好教学内容量的多少和质的难易，使学生感到量大但能吸收，稍难但能接受。具体来说，不同的教学内容讲练的方法不一样。以句型教学为例，教"把"字句的方法跟教一般动词谓语句不一样。以往教师重点讲练"把"字句的语法意义和语法结构，结果学生学了"把"字句以后大部分不会使用，不知道什么时候该用什

么时候不该用，常常出现该用的时候不用，不该用的时候乱用的情况。正确的做法是：教“把”字句应该重点讲练“把”字句的语法功能，设计情景首先让学生理解“把”字句的用法，然后练习使用“把”字句。这样做结果就会大不一样。

2. 法由旨遣

法由旨遣是指在课堂教学中，为了实现一定的教学目的，必须选择与之相适应的教学方法，教学方法要符合并服从教学目的。上口语课让学生听写生词，上阅读课让学生口头造句，这些教学方法都有悖于教学目的。为了实现教学目的，教师要精心设计课堂教学活动，选择最优化、最有效的方法。这里有个例子：两位教师教授同一篇约500字的课文，教学目的同是训练学生口头成段表达的能力。

> 第一位教师先让学生听3遍录音，接着让学生到黑板前边复述。学生甲说了8分钟，虽然说得磕磕巴巴，但基本内容复述出来了，只是有4处较大的错误。学生乙说了11分钟，不但说得磕磕巴巴，而且有10多处较大的错误。学生丙说了6分钟，只复述一半就说不下去了。教师看实在推不动，只好让学生打开书念课文。结果25分钟内全班12个学生只有3个学生进行了练习，其他学生的开口率为零。
>
> 第二位教师也是让学生听3遍录音，但是每次听之前都提出问题。教师的问题经过精心设计，引导学生理解并记忆课文的内容，每听完一遍都做问答练习。听和问答进行了19分钟，全班14个学生开口率为每人12次句。接下来教师把课文分成3段，让学生在自己的座位上复述，从水平高的学生开始，每人复述一段，共复述了5遍，全班学生都有一次练习的机会。由于前边进行了问答练习，学生复述得比较流利，并且没有较大的错误。学生复述加上教师讲评和纠正共用时27分钟，开口率为每人17次句。整个练习用了46分钟，学生的开口率为每人29次句，且课堂气氛十分活跃，时间利用得非常充分。

显而易见，第二位教师的教学方法更符合教学目的，教学效果更好。而第一位教师的方法没有达到教学目的，应该说是一次失败的练习。任何教学方法的使用都是有条件的，必须做好铺垫，具备了相应的条件之后教学方法的使用才能达到预期的目的。第一位教师没做任何铺垫，听后直接让学生复述。学生尚未理解、记住语言信息，不可能进行表达和输出；第二位教师在学生复述之前进行了大量的充分的准备工作，让学生在理解的基础上模仿、记忆、巩固，达到了预期的教学目的，出色地完成了教学任务。

3. 法因人异

凡是教学都由教和学两方面构成。教师起主导作用，学生是教学活动的主体，这已经成为共识。教师选择教学方法必须考虑教学对象，因材施教，也就是法因人异。国际汉语教学的对象大多是成年外国人。如果把成年人的外语学习与孩子学话等同起来，要求他们盲目地、机械地模仿，学生往往会感到幼稚和厌倦。即使同一个班同一国别的外国学生也要注意使用不同的方法。教师备课既要备教材，又要备学生。教师除了要了解学生的一般情况以外，还要特别了解哪些学生语言水平高、智商高、反应快，哪些一般；哪个学生听力好；哪个学生汉字写得好；哪个模仿能力强；哪个理解能力强等。教师对这些情况有了全面的了解，上起课来就会得心应手。对优等生，教师要为他们创造机会迅速成才，敢于培养尖子；对"学困生"，教师要为他们提供条件表现进步，使之受到鼓舞，而不是暴露无能。对不同学生采取不同方法可以确保课堂教学顺利进行，同时每一个学生都有机会参加难度不同的练习，在各自的水平上有所提高。

4. 法随境迁

法随境迁指教学方法受课堂环境的影响和制约，并且随着课堂情况的变化而变化。在社会大课堂里进行语言实践跟在教室上课用的方法不一样，在语言实验室上课跟在普通教室上课用的方法不一样。同是在教室上课，也会出现各种各样的情况，有些情况是事先难以预料的。教师要善于根据变化的情况及时修正自己的计划和方法，做出有效的决策。

> 有一位老师上公开课，教学内容是介绍名胜古迹。他提出一个问题："你们喜欢旅游吗？"谁知同学们异口同声地回答："不喜欢。"随堂听课的老师都很惊讶，这位教师也感到意外。但是他立即镇定下来，微笑着说："不喜欢？能说说原因吗？"一个学生说："在中国旅行

坐火车不方便，火车票不好买。”又有一个学生说：“很多地方门票外国人比中国人贵。”另一个学生说：“有的地方进门以后还得再买票。”一个学生问：“老师，您喜欢旅游吗？”同学们都笑了，这位老师也笑了，说：“你们刚才说的情况是实际存在的，有些情况我跟你们一样，也不满意。”一句话缩小了师生之间的距离，同学们都注意听，“但是，学习汉语、了解中国是你们来中国的目的。你们不是常说为了达到目的不管使用什么方法。那么为了学习汉语、了解中国，克服一些困难，多付点儿‘学费’算得了什么呢？安娜，你是学艺术的，你走进颐和园，欣赏长廊上一幅幅精美的图画，再买票进入德和园大戏台欣赏那里的歌舞表演，多花几块钱难道不值得吗？罗伯特，你是学建筑的，你要是不去故宫参观不感到后悔吗？如果为了省几块钱，不去游览这些名胜古迹，那将是终生的遗憾！我说得对不对？”同学们热烈鼓掌。

这位教师原以为同学们一定喜欢旅游，他设计的第二个问题是“去过哪些地方？”由此自然地引入课文。没想到课上出现的情况跟预料的相反。于是他随机应变，调整了原来的计划，放弃了原来设计的教学方法，改为先听取学生意见，然后引出同学们来华的目的，重新激起学生的学习兴趣，同时也自然地引入了课文。

法随境迁要求教师不但要适应环境，而且积极地利用环境。

一位教师带学生游览颐和园，走进仁寿殿，一个学生看到“光明正大”匾额念道：“大正明光。”这时教师主动讲解古建筑上匾额要从右往左念，进而解释“右为上”是中国人的传统观念，介绍中国文化的特点，同学们觉得很有收获。

5. 法重实效

选择和使用教学方法要注重实效，教学要一讲效果，二讲效率。效果和效率是检验教学方法的重要尺度。教学方法要讲究艺术性，教师要善于用灵活有趣的方法激发学生的学习兴趣和学习热情，并创造一种生动活泼、轻松友好的课堂氛围，其最终目的是取得最优化的教学效果和效率。衡量教学效率是否最优化要看单位时间里全体学生的水平和能力提高多少，是否达到预期目的。有的教师在课上对学生放任自流，不加引导，表面上看课堂热热闹闹的，实际上学生并没有收获。

选择和使用教学方法还要考虑易于操作，简便可行，避免给自己和学生带来麻烦。为了增强口语教学的真实感，让学生到黑板前边复述、对话或者表演，这本来是锻炼学生胆量、活跃课堂气氛的好方法，但是如果每个练习都让学生到前边就不合适了。因为我们大都在小教室上课，桌椅间空隙很小，学生进出很不方便，会耽误不少宝贵的课堂时间。而且有的练习难度大，学生到前边更加紧张，会加剧他们的畏难心理。让学生表演，不是不可用，而是应当慎用。有位教师在《看病》一课中进行练习时，让学生分角色表演，一人扮演医生，另一人扮演病人，一组一组地表演。他借来了不少道具，让扮演医生的学生穿上白大褂，戴上医生帽和大口罩，把听诊器挂在脖子上。这样练习生动是生动，但是扮演医生的学生"化妆"占用了不少时间，而且几个人共用一个口罩、帽子也不卫生。正确的做法是：先让学生在座位上练习，最后教师选一两组练习较好、擅长表演的学生到前边表演，既活跃课堂气氛，又起到鼓励和示范的作用。

### 三、怎样贯彻"教学有法而无定法，贵在得法"

为了提高课堂教学质量，每一门课都应该制定科学的、行之有效的课型规范。"教学有法而无定法"正是制定课型规范的理论依据。为此，必须加强理论研究，学习现代的语言教学方法。

人们掌握一种语言，不是靠教师的教，而是靠在教师指导下的练。既然是训练，就必须以科学的理论为指导，进行有意义、有价值的语言活动，避免盲目、低效或无效的语言活动。教师设计的每一项练习，采用的每一种方法，都应该以科学的理论为指导，有明确的目的性。为此必须加强理论研究。我们对教学的规律研究得越深越透彻，"教学有法"的"法"的科学性就越高。

加强理论研究，首先要研究所教课程的性质、特点和教学目的。课程的性质和特点研究透了，法从质生和法由旨遣的"法"才不会成为无源之水、无本之木。以听力课教学为例，教听力课的教师要从理论上搞清楚聆听理解的本质是什么、训练的原则是什么、教学的重点是什么、学生提高听力的难点是什么等。听力是一项基本的语言技能，它由一些微技能构成。听力教学只有把提高微技能作为重点，才能从整体上提高学生听的能力。那么听力微技能有哪些、如何训练，理论研究就要解决这些问题。其次要研究学生的心理素质和学习能力的个体差异，作为法因人异的理论依据。比如：日本学生、韩国学生、欧美学生的学习特点有什么不同，欧美学生里边美国学生、意大利学生、法国学生的学习特点又有何不同等。教学跟打仗一样，知己知彼才能百战百胜。除此之外，还要研究不同教学内容的不同教法和练法，某一种方法在什么条件下使用，需要做哪些准备和铺垫，如何选择简便易行、科学有效的现代化教学方法等。

现代化科学技术的发展日新月异，为教学手段的现代化提供了物质基础。采用现代化的教学手段，适应高标准高强度的教学要求，充分发挥声、光的作用，调动学生的多种感官，提高训练效果。这样，如何制作生动、活泼、精美的教学课件就成为每一位教师应掌握的必修课。现在，一般的教学单位都在教室里安装了电脑、投影仪等设备。实践证明：用 PowerPoint 制作的动画教学课件（即 PPT）可以活跃课堂气氛，引起学生的学习兴趣，调动学习的积极性，教师使用得当，能够取得良好的教学效果。

贯彻“教学有法而无定法，贵在得法”不只是认识问题，而且是一种重要的教学能力。能力的提高主要依靠实践。但是并不是所有的实践者都能恰当地处理好“有法”“无法”与“得法”的矛盾。只有善于总结，不断积累经验，贯彻“教学有法而无定法，贵在得法”才能如鱼得水，运用自如。

教学法是一门科学。既然是科学，总有些深奥的道理需要人们去认识、探索；但是另一方面，教学法又是通俗的。如果“方法”高深得让人难以琢磨、掌握和使用，那么“方法”也就失去了科学价值。教师是教学方法的使用者，也是教学方法的创造者。优秀的教师往往既重视总结自己的经验，又重视总结别人的经验，从经验中发现规律，把经验上升为理论，再指导自己的教学实践。

上课对教师来说是一种繁重的脑力体力结合的劳动。在课堂上，教师不仅要脑勤、眼勤、耳勤、口勤，而且要手勤，随时记下学生的问题、错误、情绪、反应等。下课后还要认真写好教学后记，把课上发生的情况，自己是怎样处理的，效果如何，下次遇到类似情况怎么办等记录下来。持之以恒，日积月累，教学经验必然会不断丰富，教学方法必然不断改进，教学效果必然越来越好。

"教学有法而无定法，贵在得法"要落实到课堂教学的每个环节、每项活动中。教师上课就像运动员参加比赛一样，临场发挥得好坏至关重要。课堂上的教学活动一个接着一个，教师的处理全在一念之间。一念之差则可能陷入被动，造成失误；一念之善则又可能柳暗花明，转危为安。这里的"一念"就是临场发挥，就是应变能力。

教师的临场发挥和应变能力由教师的心理素质和自控能力、业务能力、教学经验、备课情况、课堂环境、学生情绪等多种因素决定。其中最主要的是教师的心理素质和自控能力。教师要把临场发挥好、应变能力强作为自己教学追求的目标。走进课堂就要全身心地投入，精神饱满，情绪高昂，有强烈的"教授欲"，把个人的喜怒哀乐、病痛烦恼统统忘掉。不管出现什么情况，都能沉着冷静、从容不迫、充满自信。当然，这一切都来自敬业乐业的精神，来自对学生的关心热爱和对自己的严格要求。

教师贯彻"教学有法而无定法，贵在得法"还需要相应的外部条件与之配合。应当承认，从事国际汉语教学的绝大多数教师都能认真备课、上课，努力钻研教学方法，提高教学质量。但是毋庸讳言，还有部分教师的教学尚未"上路"，教学水平参差不齐的现象仍然存在。为了从整体上提高教师素质和教学水平，管理应该科学化、制度化，健全岗前培训制度、导师制度、集体备课制度、领导听课制度、观摩教学制度、学生的考勤考试制度、教学评估制度等。在执行这些制度时，要制定出细则和分值，使教师的教学能力和教学水平能够量化。以教学评估为例，教师要在自评的基础上广泛听取学生和评估小组的意见，由学生和评估小组打分，并且把评估结果公开，作为晋升职称、出国任教和发放奖金的重要依据。教学管理的一个重要课题就是量化教学，使教师外有压力、内有动力，上好每一节课，不断提高教学水平和教学质量。

**本章小结：**

本章主要介绍了有关语言技能训练的几个理论问题：

1. 语言学习与语言教学：

   语言学习要完成两次转化；用不同的方法训练不同的语言技能；“综合课打头，按技能设课”的主要教学模式；课堂教学。

2. 语言教学的重点是培养语感与训练思维能力。
3. 语言输入大于语言输出。
4. 微技能训练。
5. 教学有法而无定法，贵在得法。

只有先明确训练语言技能的理论问题，才能对我们将要介绍的方法有更深刻的认识和理解。

# 第二章　综合课教学——综合技能训练

本章要讨论的主要问题：

1. 综合课和技能课各有哪些特点？
2. 三个阶段的综合课教学各有哪些特点？
3. 综合课的教学环节一般有哪些？
4. 实际演练——讲练生词、语法和课文。

## 第一节　综合课和技能课的特点

### 一、综合课讲究"全面"

综合课是打头的课，要上好综合课须牢记"全面"两个字。

所谓"全面"是指综合课具有多种教学目的和多种教学任务，既担负着语言要素的教学，也担负着语言技能和言语交际技能的教学。在语言要素教学中，既有语音、词汇、语法的教学，还有汉字的教学。在语言技能的教学中，既训练听说，也训练读写。在言语交际技能的教学中，训练学生根据交际的目的、时间、场合、对象说出恰当得体的话。总之，要上好综合课，必须统筹安排、全面周到，不能顾此失彼。

（一）语言要素的教学

汉语的语言要素包括语音、词汇、语法和汉字。语音训练正音正调是贯穿汉语教学始终的任务，这在综合课上体现得最为明显。初级综合课设有专门的语音教学阶段，过了这个阶段还要重视语流中的语音训练。有人说，学习第二语言语音是永远过不了关的，要终身学习，终身纠正。这话很有道理。

词语教学是汉语教学中的重中之重，也是贯穿教学全过程的教学任务。综合课教生词时要把词的音形义用讲清楚，让学生全面掌握。特别是词的用法，学生掌握了用法就等于学会了词的排列组合，学会了造句，而且这样造出的句子一般没有错误。综合课教生词最好分门别类，按照词汇的网络系统，有规律地一组一组地出示，这样学生学起来又快又好。

成年人学习第二语言要学习语法，根据语法规则生成没有学过的活的语言。综合课上语法一定要教，但是必须精简。现在语法教学存在的主要问题是过分重视句法而忽视词法，句法规则讲得太细太烦琐，学生反而记不住。汉语重意合，重视词语的排列组合，重视语序和虚词的运用。所以，很多句法规则不能把语言事实都包含进去，第二语言学习者学习汉语通常使用类推策略，结果一类推就出错。综合课的语法教学应该强化词法，淡化句法。句法只讲最基本的句式和几种特殊的句式，如意义被动句、“把”字句、连动句、兼语句等。

汉字在汉语教学中具有重要的地位。汉字教学既要重视“认”，又要重视“写”。“写”可以帮助“认”。只“认”不“写”，汉字记不牢固，而且影响书面表达能力，甚至口头表达能力的提高。综合课任务繁重，如果不能统筹安排，往往顾此失彼，这个“彼”往往是汉字。有的学生可能不需要提高书面表达能力，他们不重视汉字的学习。这样的学生到一定水平再提高口头表达能力就困难了，因为教材和其他文献都是用汉字写成的，不认识汉字等同于文盲。综合课要帮助学生过汉字关，这是一项艰巨的任务。

语言要素是语言技能和言语交际技能训练的基础。只有打好这个基础，才能完成语言要素向语言技能转化，进而转化为言语交际技能。在综合课上学生对语言要素掌握得越好，技能课才能越顺利。

（二）语言技能的教学

听说读写是语言的四项基本技能。训练学生的语言技能，除了在技能课上进行专门的训练以外，在综合课上也有初步的训练。特别是没有分技能设课的教学单位，更要重视在综合课上训练听说读写，帮助学生完成从语言要素到语言技能的转化。这是因为，在教语言要素的时候不可能没有听和说，也不可能没有读和写。听说读写都要在综合课上有所体现，而且也讲究全面，不能顾此失彼。

根据学生的学习目的和要求，综合课上的技能训练可以有所侧重，有的侧重听说，有的侧重读写，侧重不等于完全不顾其他方面。即便只要求提高听说能力的学生，也不能完全忽视读写。前文说过，不重视读写，到一定水平听说能力难以继续提高。因此，在综合课上既要训练听说，又要训练读写，讲究的还是“全面”。

（三）言语交际技能的教学

学习语言要完成两次转化，最终落实到提高言语交际技能。在真实的交际中，学生说话要符合和达到交际的目的，在特定的时间、特定的场合，针对特定的对象说出恰当、得体的话。

在学习语言的初级阶段，学生受语言水平的限制，可选择的词汇和表达方法有限，很难做到恰当得体。

> 一个外国留学生想去老师家拜访，他知道老师家有一只狗。他问：“你家的狗身体好吗？”他本来的意思是想问那只狗是不是很强壮、很厉害、咬不咬人，可是“厉害”“咬人”没学过，不会说。主人是教外国人汉语的教师，能够猜出他的意思，若是其他中国人就不知道他想问什么了。
>
> 有一次在校车上，一个留学生给一位年轻教师让座：“老师，你很老，你坐。”学生的本意是关心老师，对老师好，可是老师听了他的话，心里很不舒服。这就完全没有达到交际的目的。如果这个学生说“您是老师，请您坐吧（兼语句）”或者“老师，您年纪比我大（比较句），您坐吧”就是正常的交际了。

综合课通过课文教学，帮助学生扩大词汇量，学会多种多样的表达方法，还要介绍中国人的思想观念，特别是跟外国人不一样的思想观念。比如：一个中国学生和一个外国学生合住一间宿舍。中国学生下午有课，中午想休息一会儿，可是外国学生在听音乐。

> 中：你不困吗？
>
> 外：不困。
>
> 中：你中午没有午睡的习惯吗？
>
> 外：没有。
>
> 中：你中午不休息下午也不困吗？

外：不困呀。

中：医生说，中午睡一会儿对身体有好处。

外：医生说的不一定对。

中：我下午有课，想睡一会儿。

外：嗨，你怎么不早说呢？

中国人比较隐忍、含蓄，许多外国人喜欢直截了当。这就是跨文化交际。教师要挖掘课文中跨文化交际的内容，帮助学生出色地完成交际任务。总之，综合课教学要把提高学生的交际能力作为教学的出发点和落脚点。

### 二、技能课讲究“重点”

在综合课上学生学习了语言要素，也进行了初步的听说读写的训练。技能课上要帮助学生把语言要素转化为某一项专门的语言技能，进而转化为言语交际技能。所以技能课讲究“重点”。

听力课训练学生把语言要素转化为听的技能，是训练学生的耳朵和大脑的听觉性语言中枢。在听力课上学生的主要活动是听，通过听输入大量的语言信息。听是重点。

口语课训练学生把语言要素转化为口头表达的技能，是训练学生大脑的运动性语言中枢和发音器官。在口语课上学生的主要活动是说，说句子、说语段，讲究提高学生的开口率。说是重点。

阅读课训练学生把语言要素转化为读的技能，是训练学生的眼睛和大脑的视觉性语言中枢。在阅读课上，学生的主要活动是读和讨论，通过阅读输入大量语言信息，训练理解的准确性和阅读的速度。读是重点。

写作课训练学生把语言要素转化为写的技能，包括写汉字，写句子，写语段，写文章。通过写提高书面表达的能力。写是重点。

教师只有明确了综合课和技能课的联系与区别，才能把课上出特色。有的教师上什么课都一样，看不出区别，就失去了分技能设课的意义。

# 第二节　三个阶段的综合课教学

语言教学一般分为三个阶段：初级、中级和高级。综合课也分初级综合课、中级综合课和高级综合课。

## 一、划分三个阶段的标准

以往，划分初、中、高级阶段的标准不统一，存在有的学校的高级阶段在另一些学校属于中级阶段的混乱情况。《汉语水平等级标准与语法等级大纲》①研制出来以后，各个教学单位基本都按照这个标准划分了。

《汉语水平等级标准与语法等级大纲》规定了三等五级三要素。

三等：初等水平、中等水平、高等水平。

五级：一级标准、二级标准、三级标准、四级标准、五级标准。一级、二级属于初等，三级属于中等，四级、五级属于高等。

三要素：每一级标准都由话题内容、语言范围、言语能力三个要素组成。每一级标准都规定了学生在听说读写语言技能方面应该达到的水平。

三等五级三要素的主要内容和数量界定详见下面的三个表格：

**表 2.1　初等水平等级标准**

| | | 话题内容 | 语言范围 | 言语能力 |
|---|---|---|---|---|
| 初等水平 | 一级 | 最基本的日常生活、有限的学习活动和简单的社会交际。 | 普通话全部声、韵、调，甲级词 1033 个，甲级汉字 800 个，甲级语法 129 项。 | 具有初步的读、听、说、写能力。 |
| | 二级 | 基本的日常生活、学习和一定范围内的社会交际活动。 | 普通话全部声、韵、调，甲乙两级词 3051 个，甲乙两级汉字 1604 个，甲乙两级语法 252 项。 | 具有基本的读、听、说、写能力。 |

① 国家对外汉语教学领导小组办公室汉语水平考试部.汉语水平等级标准与语法等级大纲[M].北京：高等教育出版社，1996.

表 2.2 中等水平等级标准

| | | 话题内容 | 语言范围 | 言语能力 |
|---|---|---|---|---|
| 中等水平 | 三级 | 一般性日常生活、学习和一定范围内的工作。 | 普通话全部声、韵、调以及轻声、儿化，甲乙丙三级词 5253 个，甲乙丙三级汉字 2205 个，甲乙丙三级语法 652 项。 | 具有一般性的读、听、说、写、译能力，基本具备在中国高等院校入系学习的语言能力。 |

表 2.3 高等水平等级标准

| | | 话题内容 | 语言范围 | 言语能力 |
|---|---|---|---|---|
| 高等水平 | 四级 | 中国报刊、电台和电视台的一般新闻，较高层次的学习（如进入中国大学本科学习与进修），各种社会交际活动和一般性工作（如旅游、体育、商贸、文化、外交等）。 | 普通话全部声、韵、调以及轻声、儿化，甲乙丙三级词及丁级词的一半共约 7000 个，甲乙丙三级汉字及丁级汉字的一半共约 2555 个，甲乙丙三级语法及丁级语法的一半共约 910 项。 | 基本符合汉语的规范性，初步体现汉语的多样性，初步显示汉语运用的得体性，基本适应不同语体的不同需要。对所学汉语的“文化背景”和语义内涵应有一定的了解和初步运用的能力。 |
| 高等水平 | 五级 | 中国报刊、电台和电视台的各类新闻，较高层次的学习和社会交际活动，带有一定专业性的实际工作（如教学、科研、商贸、文化、外交等）。 | 普通话全部声、韵、调、轻声、儿化以及语气、重音，最低限为甲乙丙丁四级词 8822 个，甲乙丙丁四级汉字 2905 个，甲乙丙丁四级语法 1168 项。 | 具有从事较高层次的学习、社交活动和带有一定专业性工作的能力。言语活动符合汉语的规范性，体现汉语的多样性，显示汉语运用的得体性，适应不同语体的不同需要。对所学汉语的“文化背景”和语义内涵应有较深的了解和活用的能力，并初步具备运用汉语进行思维的能力。 |

根据《汉语水平等级标准与语法等级大纲》，初等水平的一级、二级标准相当于外国留学生汉语专业（四年本科）的一年级，中等水平的三级标准相当于外国留学生汉语专业（四年本科）的二年级，高等水平的四级、五级标准相当于外国留学生汉语专业（四年本科）的三年级和四年级。也就

是说，一年级为初级阶段，二年级为中级阶段，三年级和四年级为高级阶段。

## 二、三个教学阶段的共性

### （一）都属于基础阶段的汉语教学

中国人学习外语，以英语为例，从零开始，中学六年，考入大学，本科再读四年，能够达到入系学习专业的水平。汉语并不比英语容易学，参照外语教学的经验，三个阶段的汉语教学都属于打好语言基础的教学。基础阶段的汉语教学应该以训练听说读写的语言技能和言语交际技能为重点。

### （二）具有相同的教学任务

根据《汉语水平等级标准与语法等级大纲》中的三要素，话题内容都是日常交际、社会交际方面的，语言范围是语言的四个要素——语音、词汇、语法和汉字要达到的要求，言语能力是语言技能和言语交际技能应该达到的标准。可见，三个阶段具有相同的教学任务。

### （三）教学目的相同

三个阶段的教学目的都是训练和提高学生的言语交际能力。学习语言要素并完成语言要素到语言技能的转化，训练听说读写的能力并完成语言技能到言语交际能力的转化。

## 三、三个教学阶段的不同

### （一）话题内容的深度和广度不一样

话题从日常生活和学习方面过渡到社会生活和工作方面，从有限的学习扩大到较高层次的学习，从简单的社会交际到一定范围内的社会交际再到各种社会交际活动，从一定范围内的工作到一般性的工作再到带有一定专业性的工作。

### （二）语言要素的数量逐级增加

语言范围指的是语言要素的学习。语音方面从声母、韵母、声调到轻声、儿化、语气、重音等，词汇从甲级词扩大到甲、乙、丙、丁四级 8822 个，汉字从甲级汉字扩大到甲、乙、丙、丁四级 2905 个，语法从甲级语法扩大到甲、乙、丙、丁四级1168点。数量逐级增加。

（三）言语能力逐步提高

语言技能从初步的听说读写能力到基本的听说读写能力，从一般性的听说读写能力到较高层次的听说读写能力。

言语交际能力从入系学习的能力到较高层次的社交能力，逐步提高。

（四）读、听、写有不同的等级要求

表2.4 三个教学阶段对读、听、写的不同等级要求

| | | 读 | 听 | 写 |
|---|---|---|---|---|
| 初等水平 | 一级 | 同课文类似的记叙文：长度400—500字，速度100字/分，理解90%以上。<br>含1%生词的同类短文：速度80字/分，理解80%以上。 | 课堂上：同课文类似的材料，长度300—400字，语速160字/分。<br>实际交际中：内容熟悉的简短问答，语速150字/分。 | 听写已学过的简短语段，速度10字/分，汉字准确率90%以上。抄写速度15字/分。<br>模仿课文写300字以内的记叙文。 |
| 初等水平 | 二级 | 题材熟悉的短文：速度120字/分，理解90%以上。<br>含生词2%以内的浅显文章：速度100字/分，理解80%以上。 | 课堂上：含2%生词的话题熟悉的材料，长度500—600字，语速180字/分。<br>实际交际中：内容熟悉的一般性谈话，语速170字/分。 | 听写由学过的语句组成的较长语段，速度13字/分，汉字准确率90%以上。<br>两小时内写题材熟悉的记叙文，字数500字以上。 |
| 中等水平 | 三级 | 同课文类似的一般性文章：速度150字/分，理解90%以上。<br>含生词3%以内的一般性文章：速度120字/分，理解80%以上。 | 课堂上：内容熟悉的连贯性讲解，语速正常（180—220字/分）。<br>实际交际中：语速正常（180—220字/分）的会话、谈话、题材熟悉的新闻广播。 | 听写由学过的词汇、语法任意组合的语段，速度15字/分，汉字准确率90%以上。整体听记较长语段（300字以上）要点的能力，速度10字/分。<br>两小时内写出命题作文，字数600字以上。 |

续表

| | | 读 | 听 | 写 |
|---|---|---|---|---|
| 高等水平 | 四级 | 含生词4%以内的内容较为复杂的文章：速度135字/分，理解80%以上。<br>一般性文章的快速阅读和查找信息的能力：速度180—220字/分。 | 课堂上：有一定深度的连贯性讲解，语速稍快(180—240字/分)。<br>实际交际中：语速稍快(180—240字/分)的会话、谈话。<br>语速正常(180—220字/分)的一般性新闻广播、电视节目。 | 整体听记较长语段(400—600字)要点的能力。两小时内写出命题作文，字数700字以上。 |
| 高等水平 | 五级 | 含生词3%以内、文言词语2%以内的原文：速度150字/分，理解80%以上。<br>各类文章的快速阅读和查找信息的能力：速度180—240字/分。 | 课堂上：带有某种专业性的讲解、课堂讨论和辩论，语速较快(180—260字/分)。<br>实际交际和工作中：语速正常或稍快(180—240字/分)的讲话、对话和新闻广播，语速较快(180—260字/分)的会话和讲话。 | 整体听记较长语段(600—800字)要点的能力。两小时内写出命题作文，字数800字以上。<br>撰写毕业论文，字数不少于5000字。 |

### 四、三个教学阶段综合课的相同点和不同点

（一）相同点

1. 三个阶段的综合课都讲究“全面”，把语言要素作为重点，进行语言技能和言语交际技能的初步训练

综合课承担着语言要素、语言技能、言语交际技能三位一体的教学任务，是听力课、口语课、阅读课、写作课等几门单项技能课教学的基础。

2. 三个阶段的综合课都重视语音的练习

语音教学要贯穿国际汉语教学的始终。第二语言学习者学习汉语即使到了中高级阶段，还会出现洋腔洋调、怪腔怪调，所以语音的问题不能

只在初级阶段解决，要长抓不懈。

3．三个阶段的综合课都强化词语教学

汉语是“意合”重于“形合”的语言，从交际的角度说，词语直接负载着信息。如果掌握了词语的具体读音和用法，即使不学习语音和语法也可以。这就是为什么只说词语，不说完整的句子，也能够进行交际的原因。

（二）不同点

1．从初级阶段到中级阶段再到高级阶段，课文的篇幅越来越长，内容越来越多，题材越来越广，生词量越来越大

初级阶段的课文多为口语体，形式为对话。中高级阶段的课文书面语体的分量逐渐增加，形式从对话向短文过渡。从初级到中级再到高级，教师的备课量也越来越大。

2．语言要素、语言技能和言语交际技能在教学中所占的分量不一样

初级阶段的综合课语言要素的教学比语言技能和言语交际技能教学所占的分量重；中级阶段语言技能教学的分量重一些；到了高级阶段，言语交际技能教学的分量更重一些。

3．语法教学的侧重点不一样

在初级阶段，综合课的语法教学只需教汉语最基本的语法形式，使学生具有区分正误的能力，能够正确地表达；中级阶段侧重语义语法和组句成段的教学，使学生具有区分语言形式异同的能力，能够进行复杂的表达；高级阶段侧重语用功能语法和篇章语法的教学，使学生具有区分语言形式高下的能力，能够恰当得体地表达。

4．微技能训练的重点不一样

综合课上的听力训练，初级、中级、高级阶段都要训练学生的分析辨别能力，初级阶段重点训练学生分析辨别声韵调，理解词义和句子的表面意思；中级阶段重点训练学生分析辨别重音、停顿、语气语调，理解深层的句义和段落的意思；高级阶段重点训练学生分析辨别条理不清楚，甚至杂乱无章的谈话，理解说话人的言外之意和整个篇章的意思。

5．写作训练的内容不一样

综合课上的写作训练，初级阶段从写汉字开始，到写词语、句子、语段、命题作文——应用文和记叙文，中级阶段训练写说明文和议论文，高

级阶段训练写学术论文和毕业论文。

根据以上的分析我们概括一下，综合课教学要处理好 10 个重要关系：

1. 综合课与技能课的关系；

2. 语言要素教学与语言技能训练的关系；

3. 听说与读写的关系；

4. 生词、语法与课文的关系；

5. 讲与练的关系；

6. 呆板与灵活的关系；

7. 对话与叙述的关系；

8. 集体练习与单个练习的关系；

9. 纠音正调从严与从宽的关系；

10. 多媒体技术与常规教学手段的关系。

了解了三个阶段综合课的相同点和不同点，选择适当的教学方法，才可能上出各门课的特色。

## 第三节　综合课的教学环节

综合课的教学环节一般包括：复习、讲练生词、讲练语法、讲练课文、总结和布置作业。

### 一、复习

复习环节有两个目的：一是复习巩固前一课或前几课学过的内容，二是检查学生的作业。复习环节不必占用太多时间，但是这一环节很重要。根据艾宾浩斯遗忘曲线所反映的遗忘规律，学习要趁热打铁，及时复习。教师根据教学的实际情况，抓住大部分学生练习中的问题，有计划有针对性地复习、巩固前一课或前几课学过的内容，通过重点讲解、总结规律、编写补充练习等方法进行巩固，往往能收到事半功倍的效果。

复习环节也是督促学生课后复习、检查作业的手段。复习和做作业是课堂教学的延伸，如果没有及时地检查督促，学生课后就会松懈。这样，教学效果就会大打折扣。通过检查作业还可以发现学生的问题，加强教学的针对性。

在这个环节中，教师要帮助学生复习前一课或前几课的内容，特别是跟本课有关的内容。

## 二、讲练生词

在语音、词汇、语法、汉字四个语言要素中，词汇是最重要的。语言交际，无论是理解还是表达，都依赖于头脑中储存的大量可感应性的词汇。在语言教学的三个阶段，要始终把词语教学放在突出的位置。讲练生词的目的是把生词变成"熟词"，并且使其具有可感应性。学生不断地把生词变成"熟词"，就可以增加大脑中经验成分的数量，这是提高言语能力的关键。

无论是综合课还是技能课，都要求学生预习生词，并且养成习惯。生词预习得越好，教学越顺利，教学效果就越好。特别是多国别学生的小联合国班级，学生如果不预习生词，教师很难推动。预习要达到：会念、会写、懂意思。教师在课堂上重点解决生词的用法。

在综合课教学中，讲练生词常常使用下面一些方法：

### （一）利用生词表、PPT或生词卡读生词

#### 1. 领读——→学生集体读——→单个读

词语教学要解决词的音、形、义、用。读生词有练习发音、认读汉字、理解词义的作用，占了四分之三。教师先领读，然后学生集体读，最后单个学生读，贯彻从易到难的教学原则。教师在领读和学生集体读的时候，要留意哪个学生哪个词读错了，单个读时给他练习的机会。

#### 2. 学生集体读——→领读——→单个读

在学生预习生词的基础上，教师先让学生集体读，然后领读，最后学生单个读，可以检查他们预习的情况。同样，在学生集体读的时候，教师要留意哪个词学生读错了，重点领读哪个词。领读时教师还要留意，哪个学生读错了，单个读时给他练习的机会。这是为了贯彻练习的针对性：练习要针对学生的困难和困难的学生。

（二）听写

听写，是检查学生预习效果的好方法。听写可以练习发音、写汉字、辨析同音字和形似字，训练听的技能和写的技能。

听写可以使用不同的方法，可以按照课文生词表的顺序听写，如方法一；也可以填字和根据拼音写汉字，如方法二；还可以改错字，如方法三。

方法一：按照课文生词表的顺序听写（教师课前在黑板上写序号）

| | | | |
|---|---|---|---|
| ① 平时 | ⑧ 看望 | ⑮ 路线 | ㉑ 夸奖 |
| ② 遵守 | ⑨ 打听 | ⑯ 左右 | ㉒ 千万 |
| ③ 纪律 | ⑩ 住院 | ⑰ 成绩 | ㉓ 小心 |
| ④ 因此 | ⑪ 的话 | ⑱ 要命 | ㉔ 交通 |
| ⑤ 课间 | ⑫ 二环路 | ⑲ 帮助 | ㉕ 安全 |
| ⑥ 生病 | ⑬ 拐 | ⑳ 添 | ㉖ 代 |
| ⑦ 派 | ⑭ 顺 | | |

方法二：让学生在练习本上填字和根据拼音写汉字

| | | | |
|---|---|---|---|
| ① ____时 | ⑧ kànwàng | ⑮ 路____ | ㉑ 夸 ____ |
| ② ____守 | ⑨ dǎting | ⑯ 左____ | ㉒ qiānwàn |
| ③ 纪____ | ⑩ zhùyuàn | ⑰ chéngjì | ㉓ xiǎoxīn |
| ④ 因____ | ⑪ dehuà | ⑱ yàomìng | ㉔ 交____ |
| ⑤ 课____ | ⑫ 二____ | ⑲ bāngzhù | ㉕ ānquán |
| ⑥ shēngbìng | ⑬ guǎi | ⑳ tiān | ㉖ dài |
| ⑦ pài | ⑭ shùn | | |

方法三：让学生改错字

| | | | |
|---|---|---|---|
| ① 平时 | ⑧ 看忘 | ⑮ 路钱 | ㉑ 夸奖 |
| ② 尊守 | ⑨ 打听 | ⑯ 右左 | ㉒ 千方 |
| ③ 纪津 | ⑩ 住院 | ⑰ 成绩 | ㉓ 小心 |
| ④ 因北 | ⑪ 的活 | ⑱ 要命 | ㉔ 交通 |
| ⑤ 课问 | ⑫ 二坏路 | ⑲ 帮助 | ㉕ 安金 |
| ⑥ 生病 | ⑬ 别 | ⑳ 添 | ㉖ 带 |
| ⑦ 派 | ⑭ 顺 | | |

（三）根据听写的词语读生词

集体读——→单个读（按座位顺序）——→纠正发音——→单个读（不按座位顺序），训练读和说的技能。

（四）学生提问

教师根据学生的提问讲解生词时，重点解决词的意思和用法。学生预习生词的时候查词典，一个汉语词可能有多个外文义项，一个外文词也可能有多个汉语义项。学生往往不知道是哪个义项，用举例子的方法讲解就比较简便。比如：生词表中有“成绩”一词，英文翻译是“result”，“result”在汉语里有“结果”“成绩”等义项。学生问：“‘结果’和‘成绩’的意义和用法有什么不同？”在讲解“成绩”的时候，一位教师是这样讲的：

问（一个水平高的学生）：你期中考试得了多少分？

答：我期中考试听力得了95分，口语得了90分，综合课得了88分。

问：他期中考试的成绩怎么样？（强调“成绩”）

学生一起回答：他期中考试的成绩很好。

问：他期中考试的结果怎么样？（强调“结果”）

答：他期中考试的结果很好。

问：他听力的成绩是多少分？

答：他听力的成绩是95分。

问：他口语的成绩是多少分？

答：他口语的成绩是90分。

问：他综合课的成绩是多少分？

答：他综合课的成绩是88分。

教师讲解：

很好、不错、不太好……（通用）{ 考试（比赛）的结果<br>考试（比赛）的成绩 }

考试（比赛）的具体的结果说成绩，比如成绩是多少分。

通过这样举例子的方法讲练，学生就明白了“结果”和“成绩”的意义和用法。

（五）一般词语：组词组句

一般词语组词组句，注意要把课文中的句子组进去，然后领说、学生说。比如：

遵守—遵守纪律—平时遵守纪律—他平时遵守纪律—
山本正平时遵守纪律（课文中的句子）

（六）重点词语：设计练习

重点词语要设计成组的问答、改句子、完成句子的练习，以便形成语感。

1. 问答

教师提问，学生回答。教师提出的问题要让学生能够在回答中自然而然地用上规定的词语。练习副词“也”：

| | |
|---|---|
| 师：你学习什么？ | 生：我学习汉语。 |
| 师：他学习什么？ | 生：他也学习汉语。 |
| 师：你是哪国人？ | 生：我是日本人。 |
| 师：她是哪国人？ | 生：她也是日本人。 |
| 师：他也是日本人吗？ | 生：他也是日本人。 |

学生的回答自然而然地说出了“也”。

练习动词“帮助”：

| | |
|---|---|
| 师：你有中国朋友吗？ | 生：我有中国朋友。 |
| 师：你们在一起学习吗？ | 生：我们在一起学习。 |
| 师：你们怎么学习？ | 生：我们互相学习，互相帮助。 |
| 师：你常常帮助别人吗？ | 生：我常常帮助别人。 |
| 师：你常常帮助谁？ | 生：我常常帮助我的同屋。 |
| 师：你帮助你的同屋做什么？ | 生：我帮助他纠正发音。 |

以上六个问答练习了一般动词谓语句、带状语的句子、带名词宾语的句子、带复杂宾语的句子。教师还可以问另一个学生，把第二人称“你”改成第三人称“他”。这样，一个学生做练习的时候，别人必须注意听他说什么。

2. 改句子

用规定词语改写句子，可以加深对词语意义和用法的认识。用“夸奖”改下列句子：

① 师：老师说“你们学习都很努力”。
  生：老师夸奖同学们。
  生：老师夸奖同学们学习很努力。
  生：同学们受到老师的夸奖。
  生：同学们得到老师的夸奖。
② 师：妈妈说“小明，你比以前有礼貌了”。
  生：妈妈夸奖小明。
  生：妈妈夸奖小明有礼貌。
  生：小明受到妈妈的夸奖。
  生：小明得到妈妈的夸奖。

3. 完成句子

要求学生使用当课的重点词语来完成句子。用副词“倒”完成句子：

① 他吃了很多减肥药，体重没减少，________。
② 弟弟比哥哥小 5 岁，________。
③ 春天了，天气________。
④ 小王身体不太好，学习________。
⑤ 金汉成发音不好，汉字________。

（七）交际性练习

生词教学的最后一个环节是教师要设计交际性练习，让学生用当课的生词谈真实的事情。例如：

师：你平时学习努力吗？（练习“平时”）
  你平时遵守纪律吗？（练习“遵守纪律”）
  你课间常常做什么？（练习“课间”）
  今天谁没来？
  她为什么没来上课？（练习“生病”）
  她能来上课吗？（练习“住院”）

如果她住院了，你们做什么？（练习“看望”）

你们怎么去？

你们为什么不坐公共汽车？（练习“挤得要命”）

你们骑自行车顺着哪条路线走？（练习“顺、路线”）

过马路的时候要注意什么？（练习“交通安全”）

生词是学习课文和语法的基础。学生把生词变成“熟词”，等于为学习课文和语法准备好了“建筑材料”，有了“建筑材料”，学习句子、语段、语篇就容易了。

**三、讲练语法（以“把”字句为例）**

初级阶段，讲练语法主要是句法，只需讲练一些最基本的句式。把汉语中有、二语学习者母语中无的句式作为重点。讲练语法可以有控制地使用外语（媒介语）。

讲练语法一般先展示新的语法点并讲解；然后做机械性练习，练习句子的结构；再做功能性练习，练习何时、何地、何目的、对何人、何种情况下使用此语法点；最后还要做活用的练习。

（一）展示和讲解

1. 先复习意义被动句

① 我的词典带来了。

② 我的自行车放在宿舍门口了。

③ 那支笔送给朋友了。

④ 这封信交给小王了。

意义被动句的含义：通过动作使某物发生位移，强调受事成为主话题，不知道或不关心施事。

2. 引入“把”字句

如果想表达通过动作使某物发生位移，强调受事成为主话题，同时强调施事为次话题，需要学习一个新的句式——“把”字句。

① 我的词典带来了。——→我把词典带来了。

② 我的自行车放在宿舍门口了。——→我把自行车放在宿舍门

口了。

③ 那支笔送给朋友了。⟶他把那支笔送给朋友了。

④ 这封信交给小王了。⟶他把这封信交给小王了。

3. 讲解“把”字句跟意义被动句的相同点和不同点

相同点：通过动作使某物发生位移，强调受事成为主话题。

不同点：“把”字句同时强调施事为次话题。

4. 讲解“把”字句的结构

主语(施事)＋把＋宾语(受事)＋及物动词＋其他成分

5. 讲清楚什么时候必须用“把”字句

(1) 强调通过动作行为使受事的位置发生变化，动词后边带有趋向补语或者结果补语“在、到、给、成”等，并且受事是主话题，施事是次话题的时候，必须用“把”字句。如：

① 我把词典带来了。

② 我把自行车放在宿舍门口了。

③ 他把那支笔送给朋友了。

④ 请你把这封信交给小王。

(2) 强调通过动作行为使受事的程度或状态发生变化，动词后边带有程度补语、结果补语或状态补语，并且受事是主话题，施事是次话题的时候，必须用“把”字句。如：

① 他把房间收拾得很整齐。

② 我把衣服洗干净了。

③ 他把床单洗得干干净净。

(3) 在会话中，对方问话使用“把”字句，肯定回答必须用“把”字句(不包括简单的回答)，否定回答可以不用“把”字句。如：

A：你把练习做完了吗？

B：我把练习做完了。/还没有呢。

6．讲清楚什么时候不用“把”字句

（1）不强调施事对受事的处置，受事不作为主话题的，不用“把”字句，用一般动词谓语句。

（2）受事作为主话题，但是施事不出现（不关心、不知道）的，不用“把”字句，用意义被动句。

（3）动词是不及物的，或者表示感觉、心理活动的，不用“把”字句。这类动词如：是、有、在、来、去、回、喜欢、觉得、知道等。

（4）受事不是特指而是泛指的，不用“把”字句。如：

＊我把一本书看完了。

我把这（那）本书看完了。

需要说明的是，以上讲解不是一下子全部灌输给学生，而是分散地进行。学生练习时出现错误，该用“把”字句时没用或者不该用的时候用了，教师就要有针对性地进行讲解。

（二）练习“把”字句

1. 机械练习：帮助学生掌握“把”字句的结构

先说好基本句：

A：你把自行车放在哪儿了？

B：我把自行车放在宿舍门口了。

再做替换练习：教师给出替换词，指定一人问，再指定另一人回答。

| | | |
|---|---|---|
| 蛋糕 | 放 | 厨房里 |
| 画儿 | 挂 | 墙上 |
| 名字 | 写 | 这儿 |
| 花儿 | 种 | 院子里 |
| 邮票 | 贴 | 下边 |
| 照片 | 夹 | 书里 |
| 地毯 | 铺 | 卧室里 |

2．功能练习：帮助学生掌握什么时候使用“把”字句

选择答句：

① 屋子里怎么这么冷？

A. 他把窗户打开了。 （√）

B. 他打开窗户了。

② 我的练习本呢？

A. 小张拿走了你的练习本。

B. 小张把你的练习本拿走了。 （√）

③ 这件事你知道吗？

A. 小王把这件事告诉我了。 （√）

B. 小王告诉我这件事了。

④ 你把杯子洗完了吗？

A. 杯子我洗完了。

B. 我把杯子洗完了。 （√）

⑤ 你把课文复习完了吗？

A. 还没有呢。 （√）

B. 我没复习完课文。

3. 活用练习：教师让一个人做动作，然后问别人

① 请你把词典放在艾米的桌上。

问：他把词典放在哪儿了？

② 请你把照片夹在词典里。

问：他把照片夹在哪儿了？

③ 请你把本子放在书下边。

问：他把本子放在哪儿了？

④ 请你把名字写在黑板的中间。

问：他把名字写在哪儿了？

⑤ 请你把衣服挂在墙上。

问：他把衣服挂在哪儿了？

⑥ 请你把本子交给班长。

问：他把本子交给谁了？

⑦ 请你把这支笔给我好吗？

问：他把那只笔给谁了？

⑧ 请你把自行车借给我用一下。

问：他同意把自行车借给杨老师吗？

（三）学生提问，教师答疑

语法点讲练完以后，要给学生提问的机会，教师答疑。如果他们有什么问题，教师可以趁热打铁，及时解决。

**四、讲练课文**

学生学习课文之前先讲练生词和语法，是为讲练课文做铺垫，为学习课文扫除障碍。这就好比比赛之前先热身。

（一）课文教学的重要性

学习语言必须学习课文，课文包括对话体和叙述体。课文在语言教学中具有丰富多彩的包容性和教学目标的多元性。

课文把语言要素、语言结构、语言功能以及语言所包含的文化因素等融为一体。它使语音进入语流，使词汇得以活用，使句子进入交际状态，使句与句的关系和句群与句群的关系得以体现，使所有静态的语言要素变为动态的具有交际意义的话语。

课文为语言技能的训练提供了必要的语料。它可以用来训练和提高学生聆听理解的能力、口头表达的能力，还可以用来训练和提高学生阅读理解能力和书面表达的能力。

课文还为语言的使用提供了特定的语境，为训练和提高学生的言语交际能力提供了重要的模式。学生学习课文就是学习中国人在什么情况下对什么人说什么和怎么说。由此可见，语言知识的融会贯通离不开课文，语言技能的综合训练离不开课文，言语交际能力的培养也离不开课文。课文具有的丰富多彩的包容性和教学目标的多元性决定了它在语言教学中的重要性。

教师要顺应教材编者的意图。教材编写的过程是编者根据教学大纲、语言教学与学习规律精雕细琢地编写出一篇好的课文，然后挑选出生词和语法点。编者如此重视课文，使用教材的教师也必须重视课文，顺应编者的意图，把课文作为重中之重。

（二）课文教学的重点

课文教学的重点是培养语感和训练用汉语思维的能力。

（三）课文的讲练

课文的讲练包括字词句的讲练、结构和篇章语法的讲练、课文语体和功能的讲练、课文活用练习等方面。

1．字词句的讲练

课文的讲解可以从听入手，也可以从读入手。从听入手是教师先吃透课文，把关键的字词句糅合在一起，编一个跟课文内容近似的简化的小短文。无论原文是对话体还是叙述体，都编成叙述体讲述出来，让学生听一到两遍。然后逐句提问，在学生回答的过程中，对学生有疑问的地方进行有针对性的讲解。

课文中说："昨天，山本和大内去方老师家了。他们是骑车去的。"在练习课文的时候教师问："他们是怎么去的？"有些学生回答："他们是汽车去的。"教师就应该讲解：

(1)"汽车"和"骑车"，"汽"第四声，"骑"第二声，声调不同，意思不同。

(2)强调方式的"是……的"句的结构是：

主语＋是＋动词1＋名词＋动词2＋的

"他们是汽车去的"，汽车前边缺少一个动词"坐"，是一个错句。

一个字、一个词、一个句子，如果孤零零地讲解，学生很难理解，但是放到课文中在上下文语境里讲解，就比较容易理解了。一篇课文中有"他睡得可香了！"这个句子。学生查过"香"这个词的翻译和例句，对单句"他睡得可香了"的确切含义还是不能理解。在课文中有上下文语境：

马春生：小王，昨儿晚睡得好吗？

小　王：睡得可香了！昨天忙了一天，累极了。一上床就睡着了，一直睡到今天早上七点钟。

教师可以这样引导学生理解：

师：小王昨天睡得怎么样？

生：他睡得可香了。

师：小王为什么睡得可香了？

生：他昨天忙了一天，累极了。

师："睡得可香了"的意思是________？

生：他一上床就睡着了，一直睡到今天早上七点钟。

接着，教师可以继续问：

师：你昨天睡得香不香？

生1：我睡得可香了，因为我睡得很晚。

生2：我睡得不香。

师：为什么？

生2：因为我想家了。

可见他们都理解了"睡得香"的意思和用法。

再比如："一个人吃饱了一家子不饿"没有上下文，学生听这句话，虽然没有生词，也理解不了。在课文中：

王欢想给赵林介绍一个对象，说："小赵，该成家了。"赵林一边看书一边说："成什么家？现在多好，一个人吃饱了一家子不饿。"

教师引导：

师："成家"是什么意思？

生："成家"是结婚的意思。

师：赵林结婚了吗？

生：没有。

师：他想结婚吗？

生：不想。

师：为什么？

生：他觉得现在很好。

师：怎么好？

生：一个人吃饱了一家子不饿。

师：这句话是什么意思？

生：不结婚，一个人生活很简单，没有复杂的事。

师：什么时候说"一个人吃饱了一家子不饿"？

生：觉得不结婚、一个人生活很好的时候说这个句子。

到此，可以说学生对这个句子的意思和用法都理解了。

从读入手也是要把关键的字词句糅合在一起，编一个跟课文内容近似的简化的小短文，无论原文是对话体还是叙述体，都编成叙述体。然后用投影仪打出来。教师先领读，再逐句提问，让学生回答，检查学生理解字词句和整段课文的情况。后边的方法跟从听入手一样。为什么用投影仪打出来呢？这是为了集中学生的注意力，方便教师观察和引导学生。如果学生都看自己的书，低着头，教师不容易观察学生的表情，课堂的气氛出不来。

字词句讲练的重点是训练学生准确表达的能力。

2．结构和篇章语法的讲练

无论是对话体还是叙述体，都有结构的问题。讲解结构的目的是让学生了解在真实的交际中，应该先说什么，后说什么，并且怎么样过渡。

人们在进行社会交际的时候，特别是要表达比较完整、复杂的思想的时候，往往要说很多话。这些话不是一个一个孤零零的句子，而是有中心、有层次、有关联的整体。因此，语言教学不能停留在单句教学上，必须从句向段和篇延伸，进行语段和语篇的教学。

刘勰在《文心雕龙·章句篇》中说："夫人之立言，因字而生句，积句而为章，积章而成篇。"积句为章，积章成篇是有一定的规则的。语段和语篇的规则蕴涵在课文当中，在讲解课文的时候要有意识地讲解语段和语篇的结构，有意识地讲解说话人或课文的编者是怎样组句成段、组段成篇的。

句子的连接主要靠关联词语。在汉语里，关联词语可以是连词，也可以是名词、动词、形容词、副词或词组等。教师在备课的时候，要把课文中的关联词语挑出来，总结归纳出一定的格式（结构），讲清楚这个格式所表达的功能，再举例子进行说明。

课文中有这样的句子："我们这次去山东旅行先到曲阜参观孔庙，然后去登泰山，接着去了青岛海滨，最后经过济南回到北京。"我们就要把"先……然后……接着……最后……"挑出来。这是一个表示时间顺序的格式。例如：

① 星期天我们先参观故宫，然后游览了景山，接着逛了北海，最

后游览了天坛。

② 我和小王先复习今天的课文，然后听录音，接着做练习，最后预习新课的生词。

课文中有这样的句子："这肯定不是小王的，好像也不是小李的，我想可能是小张的。"我们就要把"肯定不是……好像也不是……我想可能是……"挑出来。这是一个表示从肯定到猜测的格式。举例子：

① 这肯定不是我说的，好像也不是老马说的，我想可能是老赵说的。

② 他肯定不是中国人，好像也不是日本人，我想可能是韩国人。

课文中有这样的句子："要是质量跟这个一样，价钱再便宜点儿，那可就更好了。"我们就要把"要是……再……那可就更好了"挑出来。这是一个表示希望的格式。举例子：

① 要是你能参加，再带上你的夫人和孩子，那可就更好了。

② 要是买一套大房子，再买一辆汽车，那可就更好了。

篇章语法的讲解还包括词语的更换、省略和句式的选择。第二语言学习者在成段表达的时候，常常抓住一个词，一用到底。比如一个学生谈旅游：

我去年暑假在中国旅游了两个星期。一个星期在北京旅游，另一个星期去上海旅游。第一天我们旅游得很累，第二天又旅游了很多地方。这次旅游花了很多钱，可是我觉得很有意思。

这段话一共有 4 个句子，用了 6 次"旅游"，听起来非常单调，没有变化。第二语言学习者在成段表达的时候，还有一个普遍性问题就是他们比较注意句子的完整性，不敢也不愿意省略。因此说出来的都是一个一个孤零零的句子。每个句子从语法到用词都没有问题，可是听起来非常别扭。比如：

这本小说很有意思。这本小说我看了一天。这本小说我看完了。

考虑到第二语言学习者在成段表达时的问题，我们教课文的时候，可以先把成段的课文变成一个一个孤零零的句子，然后跟学生一起把它们恢复成课文里的语段。

什么情况下选择什么样的句式，教师也要讲清楚。在进行语法句型教学时，常常做变换句式的练习。比如："把"字句变"被"字句，"被"字句变"把"字句。做了这样的练习学生往往以为这两个句式可以任意互换。可是在上下文中，句式的选择是有条件的，并不是任意的。课文中有这样一个句子："岳父母待我很好，始终把我看成是这个家庭的一员。"因为下一句是说明岳父母怎么待"我"好，所以绝对不能替换为"我被他们看成是这个家庭的一员。"再比如：

A：我还以为你去上海开会了呢，你怎么没去啊？

B1：他们把会议取消了。

B2：他们取消了会议。

在上述的语言环境中，B1 的回答比 B2 的更贴切。因为在"把"字句中，"把"的宾语"会议"是作为主话题在句子中出现的。"会议取消了"是他没去上海的原因。B2 句回答"他们做什么了？"显然跟 A 的问题不太符合。

总之，篇章语法的讲解，一是讲清楚关联词语，二是讲清楚词语的更换、省略和句式的选择。结构和篇章语法的讲练重点训练学生成段表达和流利表达的能力。

3．课文语体和功能的讲练

一般来说，初级阶段的汉语教材都是口语体，中、高级阶段的课文出现了书面语体。学生分辨不清口语体和书面语体的区别，就会在口头表达的时候夹杂书面语的词汇和表达方法，或者在写正式文体的时候夹杂口语的词汇和表达方法。因此，到了中、高级阶段语体的讲解就提上日程了。

在《捷径：中级速成汉语课本・上册》[①]里有一篇课文《拥有一个家——SOS 儿童村》。这篇课文是书面语体。一位教师在教这篇课文的时候，先把书面语体变成口语体叙述，以其中第一段为例：

---

① 朱子仪主编．捷径：中级速成汉语课本・上册[M]．北京：北京语言大学出版社，2008.

中国 SOS 儿童村是 1986 年 10 月在天津、烟台建成的。现在一共有 220 多名儿童和少年在那里生活。其中年龄最小的只有几个月，最大的已经十五六岁。这些孩子中有的是失去父母的孤儿，有的很小就被父母遗弃，他们都没有了家。建立 SOS 儿童村，是为了给这些孩子一个温暖的家，使他们得到母爱和家庭的温暖，能够健康、快乐地成长。所以说，SOS 儿童村是儿童的保护人，因为它让孩子们过上了正常的家庭生活，让他们得到了母爱。

教师叙述两遍以后通过提问引导学生分析这段课文的结构。

① 中国的儿童村是什么时候、在什么地方建成的？

这句话介绍了什么？（话题、时间、地点）

② 请你谈谈现在儿童村孩子们的生活情况。

这部分的主要内容是什么？（儿童村的基本情况）

③ 为什么要建立儿童村？

这部分说的是什么？（建立儿童村的目的）

④ 儿童村保护孩子们的什么权利？

这部分的作用是什么？（总结）

教师引导学生把这段课文分为四个层次：(1)话题、时间、地点；(2)基本情况；(3)目的；(4)总结。让学生按照这样的结构复述课文。接下来教师又给出两个结构相同的例子，第一个例子是一段话，教师先说两遍，然后让学生复述。

北京语言大学是 1962 年建立的。现在一共有 5000 多名学生在这里学习。其中外国留学生最多，大概有三分之二。他们有的学习现代汉语，有的学习中国的历史和文化。北京语言大学的建立，为外国留学生提供了一个良好的学习环境，帮助他们更好地学习汉语和了解中国文化。北京语言大学是留学生非常喜欢的一所学校。

第二个例子是一张表，教师让学生按照表中内容复述。

北 京 海 洋 馆

时间、地点：1999 年 3 月，动物园

鱼类情况：1300 多种 { 海洋观赏鱼 800 多种
淡水鱼 500 多种 }

目　　的：给孩子们提供一个了解海洋生物的环境，让他们获得丰富的海洋知识。

总　　结：北京海洋馆是孩子们学习海洋知识的好场所。

教师把书面语体的课文改写成口语体，让学生先练习口语体，能够复述和掌握课文的结构以后，再讲解课文中书面语体的表达方法和口语体的表达方法有什么不同。这样，学生的印象会非常深刻。最后，教师布置的作业是让学生把刚才复述过的两段补充的例子，用书面语体写出来。经过这样多次反复地讲解和练习，学生就可以比较好地掌握口语体跟书面语体的区别。

在课文的讲练中，重要的是把课文作为交际模式，训练学生用汉语思维的能力，培养汉语语感，最后落实到活用，让学生说自己想说的话。最好的方法是把完成式的课文变成未完成式，课上教师跟学生一起完成。具体做法将在第四章介绍。

课文语体和功能讲练的重点是训练学生得体表达的能力。

4. 课文活用练习

课文活用练习的重点是训练学生的汉语思维能力和培养汉语语感。学生根据课文中的词语、语法结构、功能和语体等有控制地说出恰当得体的话语。

(1)模仿课文

课文原文：《我想预订房间》[①]

山本到一家宾馆预订房间，一位服务员小姐走了过来。

服务员：先生，您好！

① 课文选自杨惠元主编的《速成汉语基础教程：综合课本 2》，由北京大学出版社 2007 年出版。

山　本：您好！小姐。我想预订房间。

服务员：您要什么样的房间？

山　本：一个单间，最好是五层以下。

服务员：518号房间怎么样？

山　本：太好了，我就喜欢“8”。房间大吗？

服务员：比较大。

山　本：夏天房间里热不热？

服务员：房间里有空调，不热。

山　本：住一天多少钱？

服务员：您付美元还是人民币？

山　本：人民币。

服务员：520元一天。

山　本：便宜点儿，可以吗？

服务员：您要住多少天？

山　本：20周。

服务员：300元。

山　本：280元怎么样？

服务员：（考虑了一下）好吧，就280元。您哪天来住？

山　本：后天。

服务员：后天见！

模仿练习一：

① A：先生，您好！

B：您好！小姐。我想预订房间。

A：您要什么样的房间？

B：一个单间，最好是五层以下。

② A：小姐，您好！

B：您好！先生。我想预订一个房间。

A：你要什么样的房间？

B：一个双人房间，最好是在二层。

③ A：______，您好！

B：您好！_____。我想_______________。

A：您要什么样的房间？

B：______________________________。

模仿练习二：

① A：住一天多少钱？

B：520元一天。

A：便宜点儿，可以吗？

B：您要住多少天？

A：20周。

B：300元。

② A：住一个晚上多少钱？

B：400元。

A：便宜点儿，可以吗？

B：您要住多少天？

A：10天。

B：350元。

③ A：住_______多少钱？

B：_______________。

A：便宜点儿，可以吗？

B：您要住多少天？

A：____________。

B：____________。

这种练习先给学生两个模式，一个是课文中的内容，另一个是教师编写的跟课文结构相同的对话或短文。学生模仿这两个例子的结构，根据上下文说出恰当得体的话。

(2)完成会话的练习

训练学生根据课文中学过的词语、语法结构、功能和语体等，在上下文中说出恰当得体的话语，包括准确表达、流利表达和得体表达。这个练习跟以上练习的不同之处是没有模仿的例子，难度有所增加。

山　本：小姐，我想________两个房间。

服务员：您要________________________？

山　本：两个________________________的单间，有吗？

服务员：有。一层行吗？

山　本：______层有吗？最好是______层。

服务员：对不起，______层没有了，四层还有两间。

山　本：四层也可以。

服务员：您________________________？

山　本：后天。住一天______________？

服务员：你住________________？

山　本：________周。

服务员：________________一天。

山　本：________________，可以吗？

服务员：________________吧。

山　本：行，就______________吧，后天见。

课文活用练习有助于培养学生的汉语语感，综合训练学生的汉语思维能力，包括准确表达的能力、流利表达的能力和得体表达的能力。

5. 学生提问，教师答疑

课文讲练完以后，给学生提问的机会，教师答疑。如果他们有什么问题，教师可以趁热打铁，及时解决。

## 五、总结

帮助学生理清思路，明了今天学习了什么，重点和难点是什么。同时也让学生体会到学习的成就感，从而调动学习的积极性和主动性。

## 六、布置作业

作业是课堂教学的延伸，学生及时完成作业，既可以加深对新知识的理解和记忆，也能帮助学生尽快把语言要素转化为语言技能和言语交际技能。作业有书面作业也有口头作业。

书面作业，如：写在书上的选词填空，写在练习本上的造句、写语段、成段表达等。

口头作业，如：复习课文并回答课文中的问题，用课文的结构准备一段话叙述，学生课下阅读课文课上讨论等。

**七、综合课教学环节的大概时间比例（共两课时，100分钟）**

1. 复习（10分钟以内）
2. 讲练生词（25分钟以内）
3. 讲练语法（20分钟以内）
4. 讲练课文（40分钟左右）
5. 总结（3分钟左右）
6. 布置作业（2分钟左右）

讲练课文和讲练语法孰先孰后可以灵活掌握，先讲练课文为展示语法点提供语言环境，先讲练语法为讲练课文扫除障碍、做好铺垫。

## 第四节　实际演练——讲练生词、语法和课文

**一、讲练生词**

（一）“杨氏领读法”

“杨氏领读法”，即教师领读三遍，第一遍看拼音，注意发音声调；第二遍看汉字，记住汉字的发音；第三遍看右边的英文，边读边想生词意思。

（二）四段练习法

1. 领读——→集体读——→领读——→单个读

2. 领读——→单个读——→领读——→集体读

示范材料：

| | | | |
|---|---|---|---|
| 1. 这 | （代） | zhè | this |
| 2. 米饭 | （名） | mǐfàn | cooked rice |
| 3. 那 | （代） | nà | that |
| 4. 馒头 | （名） | mántou | steamed bread |
| 5. 吃 | （动） | chī | to eat |
| 6. 饭 | （名） | fàn | cooked rice, meal |
| 7. 早饭 | （名） | zǎofàn | breakfast |
| 8. 午饭 | （名） | wǔfàn | lunch |
| 9. 晚饭 | （名） | wǎnfàn | supper |
| 10. 菜 | （名） | cài | dish |
| 11. 炖牛肉 | （名） | dùn niúròu | stewed beef |
| 12. 炖 | （动） | dùn | to stew |
| 13. 牛肉 | （名） | niúròu | beef |
| 14. 肉 | （名） | ròu | flesh |
| 15. 也 | （副） | yě | also |
| 16. 一共 | （副） | yígòng | in all |
| 17. 块 | （量） | kuài | (a measure word) |
| 18. 钱 | （名） | qián | money |

**二、讲练语法**

（一）讲练结果补语

1. 示范讲练结果补语“完”

(1) 展示、讲解

教师通过情景会话引出：

“你做什么？我做练习。练习完没完？练习完了。”然后板书：

> 你做什么？我做练习。
> 练习完没完？练习完了。

"我做练习。练习完了。"用一个句子表示：我做完练习了。再板书：

| | |
|---|---|
| 我做完练习了。 | 你做什么？我做练习。<br>练习完没完？练习完了。 |

教师利用板书讲解：动词"完"在动词"做"的后边，表示"做"的结果，是补充说明动词"做"的。在动词后边表示动作结果的叫"结果补语"。一个动词可以做另一个动词的结果补语。

否定句：我没做完练习。/我还没做完练习呢。/还没有呢。

强调：否定句用"没"，不说"了"。"还没……呢"表示还要继续做。

（2）机械练习

按座位进行，教师问第一个学生，第一个学生回答后问第二个学生，第二个学生回答后问第三个学生，依次问答。回答要先肯定后否定，说两个句子。

你做完练习了吗？
你写完作业了吗？
你预习完生词了吗？
你复习完课文了吗？
这本小说你读完了吗？
这课的录音你听完了吗？

（3）功能练习

知道某人正在做一件事，想知道他是否完成，可以用结果补语"完"提问。如果某人没做练习，就不能用"你做完练习了吗？"提问。肯定回答用"完"，否定回答有三种形式。如果强调现实没有完成，以后要完成，用第二、第三种句子回答。

判断正误：

A. 你做练习了吗？我做练习了。你做完练习了吗？我做完练习了。
B. 你做练习了吗？我没做练习。你做完练习了吗？我做完练习了。
C. 你做练习了吗？我做练习了。你做完练习了吗？还没有呢。

(4) 活用练习

第一种形式：

(拿起学生的一本教材)问：这本书你们学完了吗？这本书你们学完了几课？这本书的第十课你们学完了吗？这本书的第二十课你们学完了吗？

第二种形式：

学生两人一组，进行问答：你复习昨天的课文了吗？你复习完了吗？(预习生词、听录音、写作业)

2. 学生练习讲练结果补语“懂”

(1) 展示、讲解

(2) 机械练习

(3) 功能练习

(4) 活用练习

(二) 讲练比较句

1. 示范讲练比较句“A 比 B＋形容词”

(1) 展示、讲解

昨天不太冷，今天很冷。用一个句子表示比较，可以说“今天比昨天冷”。

这种句子的形式是：A 比 B＋形容词。

(2 )机械练习

昨天不太冷，今天很冷。——→今天比昨天冷。

昨天不太热，今天很热。

小王很高，小张不太高。

小王很胖，小张不太胖。

小王很努力，小张不太努力。

小王很认真，小张不太认真。

小王很聪明，小张不太聪明。

(3) 功能练习

“A 比 B＋形容词”这种句式表示 A 和 B 简单的比较。如果表示比较出更具体的差别，需要用其他句式。A 是话题，B 是比较的对象。这种句式表示的是 A 怎么样。

学生完成句子：

这个教室比那个教室大。那个教室________。

这张桌子比那张桌子大。那张桌子________。

这支铅笔比那支铅笔长。那支铅笔________。

这件衣服比那件衣服便宜。那件衣服________。

（4）活用练习

学生根据实际情况把下列词语连成句子：

今天的生词、昨天的生词、多/少

今天的课文、昨天的课文、难/容易

今天的课文、昨天的课文、长/短

今天的语法、昨天的语法、难/容易

我们的教室、他们的教室、大/小

我们班的学生、他们班的学生、多/少

2. 学生练习讲练比较句“A 比 B＋形容词＋数量词”

（1）展示、讲解

（2）机械练习

（3）功能练习

（4）活用练习

### 三、讲练课文

#### （一）把下面的书面语体课文改写成口语体课文

海淀区位于北京市西北郊，东与西城、朝阳相邻，南与丰台毗连，西与石景山、门头沟交界，北与昌平接壤，地势西高东低。区域面积 430.77 平方千米，约占北京市总面积的 2.6%。

海淀是全国著名的科教文化区，有全国最大的高校群体。海淀区高校在校大学生人数占全市的一半以上。

海淀区旅游资源承古启今，人文景观与自然景观交相辉映。区内名胜古迹众多，园林风光宜人。以三山三寺五园（香山、玉泉山、万寿山，卧佛寺、大觉寺、碧云寺，静宜园、静明园、颐和园、畅春园、圆明园）闻名全国。

——选自《2018海淀区市民文明手册》

**（二）编写一篇跟下面课文结构一样的课文**

昨天是星期日，我和大卫去李华老师家了。李老师的家离学校不太远，我们是骑自行车去的。李老师家有三口人：他的爱人、儿子和他。李老师的爱人是大夫，在医院工作。儿子是初中二年级的学生。他们都很热情。李老师的爱人请我们喝茶、吃水果。李老师的儿子教我们唱中国歌。我们在李老师家吃完午饭就回学校了。

## 四、本课总结

讲评学生练习的情况，以表扬鼓励为主。

**本章小结：**

本章主要介绍了四个方面的问题：

1. 综合课和技能课的特点；
2. 三个阶段的综合课教学；
3. 综合课的教学环节；
4. 实际演练了讲练生词、语法和课文环节。

# 第三章　听力课教学——听力技能训练

本章要讨论的主要问题：

1. 听力教学的目的和听力训练的原则是什么？
2. 听力训练的重点和难点是什么？
3. 介绍听力训练的方法。
4. 介绍听力课的教学环节。

## 第一节　听力教学的目的和听力训练的原则

### 一、听力教学的目的

（一）聆听理解的本质

训练学生的听力，首先要了解听力是怎么回事，即聆听理解的本质。聆听理解的本质是人们利用听觉器官对言语信号接收和解码的过程。

听觉器官是指耳朵、耳道、鼓膜、听觉性语言中枢。言语信号指的是一个一个的音义结合体，即词语和由词语排列组合成的语流。接收和解码就是对听觉器官收到的言语信号进行分析、辨别、归类，同时与已经储存在大脑中的经验成分建立联系，从而在语音、语法、语义三个层面进行新的感知，理解言语信号所表示的意义，并且把新感知的言语信号存入大脑记忆库变为经验成分，以便感知更新的言语信号，服务于聆听理解的循环过程。

语言的主要功能是交际。在真实自然的交际中，言语信号是快速连续呈现的，是转瞬即逝的。这就要求接收和解码快速进行。速度至关重要。那么，哪些因素跟接收和解码的速度有关呢？

1. 言语信号的清晰度

言语信号的清晰度包括信号的音位是否正确规范，语速是否正常，音量是否达到一定的指数，有没有外界杂音的干扰等。言语信号的清晰度属于外在因素。清晰的言语信号易于加快接收和解码，反之则不易于加快接收和解码。但是不清晰的言语信号（这种不清晰有一定的限度），由于听者感知目的语的辨析能力不同，接收和解码的深度、广度和速度就不一样。这说明人的听觉器官是可以适应不清晰的言语信号的，关键是提高感知目的语的辨析能力。

2. 听觉器官的灵敏度

由于接收的言语信号是快速连续的、一闪即逝的，所以在听的过程中思维必须是快速的，反应必须是敏捷的。听觉器官灵敏，对接收的言语信号分析得快，辨别得准，归类恰当；反之，灵敏度差，分析得慢，辨别得不准确，归类不恰当。学习外语的人听目的语时都有同感，语速慢容易听懂，语速快不易听懂。实际上并不是说话者的语速快，而是听话者的反应慢。听觉器官的灵敏度属于生理因素，跟后天的训练有很大关系。训练科学得法，听觉器官的灵敏度提高，听觉器官越灵敏，接收和解码的速度越快。

3. 已经储存在大脑中的经验成分的数量

经验成分主要包括可感应的词语、可使用的语法规则和有关目的语的文化背景知识。储存在大脑中的经验成分越多，越能加快接收和解码的速度。储存一定数量的经验成分不仅是解码（理解）的先决条件，也是编码（表达）的先决条件。已经储存在大脑中的经验成分的数量属于内在因素，也跟后天的训练有很大关系。

4. 解码操作的熟练度

解码操作是大脑高级神经的快速活动，指的是听到“音”后，大脑的听觉性语言中枢以极快的速度对言语信号进行分析、辨别、归类，从而“悟其义”。解码操作越熟练，对言语信号的分析、辨别、归类就越快、越准确。

在大脑中储存一定数量的经验成分是先决条件，具备灵敏的听觉器官是物质基础，要正确理解言语信号所表示的意义，关键在于解码操作的熟练度。先决条件和物质基础的获得以及熟练地进行解码操作都需要科学的训练。

从以上分析可以看出,要提高学生的听力必须通过科学训练使他们具有灵敏的听觉器官,帮助他们储存大量的经验成分,还要训练他们解码操作的熟练程度,形成汉语的语感。

（二）听力教学的目的

听力教学的任务是训练学生聆听理解,即对言语信号接收和解码的能力。听力教学的目的实际上就是加快接收和解码的速度。从这一角度看,听力教学的目的可以细分为:

1. 训练学生听觉器官的灵敏度,能够快速准确地辨析言语信号,理解话语的内容;

2. 帮助学生输入尽可能多的语言要素,并且作为经验成分储存在他们大脑记忆库中;

3. 通过反复输入大量言语信号,训练聆听理解的微技能,提高接收和解码的熟练程度,激活听觉性语言中枢,形成汉语的语感。

## 二、听力训练的原则

（一）可懂输入的原则[①]

听力训练的一个重要原则是给学生可懂输入。可懂输入的模式是i+1。i是学生现有的语言水平,i+1是在学生现有语言水平的基础上再提高一步的输入。

教师为学生提供的语言材料,学生只有听懂了,才会有收获和提高,才能增强学习的信心和动力,才能把听到的语言信息作为经验成分储存在大脑中。那么,如何贯彻可懂输入的原则呢?

1. 处理课文重点考虑水平低的学生

教师在备课的时候要考虑水平低的学生哪儿听不懂,原因是什么,把水平低的学生的问题作为讲解和练习的底线,如果水平低的学生的问题解决了,全班学生也就没有问题了。

① 可懂输入,也叫可理解性输入,是美国著名儿童心理学家克拉申(Krashen)提出的。

2. 设计练习要考虑各种水平、各个层次的学生

设计练习的时候，要设计适合各种水平、各个层次学生的练习，让各种水平、各个层次的学生都能有所获有所得，都有成就感。

3. 两种要求：精听和泛听

精听要求从整体到细节全部听懂，泛听只要求听懂主题，细节可以不做要求。听力教学中的精听和泛听主要体现在：有的语言材料做精听的要求，有的语言材料做泛听的要求；同一篇课文，要求语言水平高的学生精听，语言水平低的学生泛听，因材施教。

（二）让学生获得成就感原则

听力提高是一个缓慢的过程，不像口语课，学了一个生词或语法点，马上就会说能用，它往往不易觉察。学生感觉不到提高，没有成就感，就会失去信心和动力。要让学生获得成就感，一要解决认识问题，二要解决方法问题。

1. 解决认识问题

教师和学生都应该认识到，听力的提高不如说、读、写那样明显，是一个缓慢的过程。举例来说，一个学生原来声调总是发得不准确，经过课堂练习声调发音正确了，这种提高是有形的，学生能够马上感觉到；一个词语，课前学生不会念、不会写、不懂意思也不会用，经过课堂练习会念了、写了、理解意义了，也会用了，这样的提高也是有形的，学生能够马上感觉到。然而，听力的提高是缓慢的、无形的、不易觉察的。这是客观规律，教师和学生只能认识它、适应它，提高自己的心理承受能力。

2. 解决方法问题

由于受教学计划和课时的限制，多数听力课教师每段课文让学生听两遍，然后做一些应试性练习。学生觉得这样上课不如自己在宿舍听录音。自己听可以随心所欲，听几遍都行，直到听懂为止。为了吸引学生来上课，教师要不断改进教学方法，让他们在课堂上有成就感。教师可以通过以下方法来改进听力教学：

（1）组织学生活动

多年的教学实践总结出了以听为主、听说结合、听读结合、听写结合、听做结合的综合训练方法。让学生在课堂上既动耳，又动口，还动手，对

提高学生的听力技能，活跃课堂气氛，激发学生兴趣有一定的效果。

（2）教授听的方法

教师不但要让学生听懂课文，还要教听的方法。例如：教学生听长句子、听结构复杂的句子的方法；教学生听对话要注意什么、听记叙文要注意什么、听议论文要注意什么等。教师教的这些方法一定要是他们自己听录音时学不到的。

（3）补充内容，增加输入量

每一位国际汉语教师都应该能够针对本班学生的情况编写补充的课文和练习。尤其是听力课教师，绝不能按照教材的内容照本宣科地上课，要给学生补充内容，增加输入量。学生能够收获课本上没有的内容，上课才会有成就感。

所谓"原则"是做事情必须遵循的规律。听力训练的规律不止以上两个方面，为了方便记忆和加深印象，本节课我们只强调这两个原则。这两个原则是针对听力教学中存在的主要问题提出的。

## 第二节　听力训练的重点和学生聆听理解的难点

### 一、听力训练的重点

#### （一）帮助学生积累知识，吸收和储存经验成分

根据聆听理解的本质，听话人要能够分析辨别言语信号表达的意义，大脑中必须有一定数量的经验成分。听力教学的目的之一是帮助学生输入尽可能多的语言要素，并且作为经验成分储存在他们大脑记忆库中。对于绝大多数汉语学习者来说，学习汉语的目的是获取信息资源。随着电子化、数字化、通信卫星等现代信息科学技术的迅猛发展和广泛应用，汉语语音资源有了巨大的增长，利用汉语语音资源获取政治、经济、军事、文化、教育等各方面的信息既方便又快捷。因此，帮助学生积累知识，吸收和储存经验成分，不仅是提高听力的需要，也是获取信息的需要。

#### （二）训练聆听理解的微技能

聆听理解的微技能包括分析辨别能力、记忆储存能力、联想猜测能

力、听后模仿能力、快速反应能力、边听边记能力、检索监听能力和概括总结能力等。

1. 分析辨别能力

人们利用听觉器官对言语信号进行接收和解码，首先是对接收的言语信号进行分析、辨别和归类。通过听觉器官接收的言语信号，是语音形式的排列组合，包括声韵调、重音、停顿、语气语调等，这些都有区别意义的作用。其次还要分析辨别言语信号和非言语信号。再次，分析辨别言语信号的真实性和可靠性。听到正反两方面的意见、办法，必须识别优劣，去伪存真，做出自己的判断，得出正确的认识。

2. 记忆储存能力

理解和记忆是对立统一的辩证关系。在理解的基础上记忆可以提高记忆的效果，记忆储存在大脑中的信息越多，越能加快理解的速度，增强理解的深度和广度。人的记忆能力是需要训练的，记忆能力跟聆听理解能力呈正相关。

3. 联想猜测能力

联想和猜测是人类共有的心理活动。联想是指接收到一个信号以后，马上跟其他相关的信号建立联系的心理活动。猜测是指根据现实的感知和以往的经验凭想象对将要产生的新形象做出推测、估计和预想的心理过程。听力教学就是通过一定质与量的训练、启迪和诱导，使学生充分发挥联想猜测能力，提高理解言语信号的速度。

4. 听后模仿能力

听后模仿是一种把感觉记忆转入短时记忆的能力。① 如果听后能够模仿整个句子，就可以增加这个句子在大脑中停留的时间，延长解码操作的时间，从而提高理解的深度和广度。

5. 快速反应能力

要提高学生快速反应能力，主要是提高听觉器官的灵敏度，也就是要训练学生的耳朵和大脑的听觉性语言中枢。教师除了要控制好自己的语

---

① 一切输入记忆系统的信息，首先必须通过感觉器官的活动产生感觉和知觉。当引起感觉和知觉的刺激物不再继续呈现时，其作用仍能继续保持一个极短的时间。这种短暂的保持就是感觉记忆，持续时间为 0.25 秒至 2 秒。而短时记忆一般指能保持 5 秒至 2 分钟的记忆。

速以外，还可以通过设计练习，让学生多听正常语速或比正常语速稍快的听力材料来进行训练。

6. 边听边记能力

为了克服遗忘，要把听到的言语信息立刻用笔记下来，把声音信号转化为文字信号，以便复习和查阅。用笔记录可以把感觉记忆的信息及时转入短时记忆，进而转入长时记忆。

7. 检索监听能力

检索监听是带着明确的目的去听，在听大段话语的时候带着问题听，集中注意力选听跟问题有关的内容，听懂并且记住。在聆听时有注意的方向，可以帮助学生养成良好的听话习惯。

8. 概括总结能力

训练学生感知语言材料的主旨，捕捉说话人谈话的主题。就一个句子而言，说话人往往通过重音、停顿、语气、语调等的变化，强调其中的某个部分，这就是一句话的要点所在。在成段话语或整篇话语里，说话人为了说清楚自己的观点、意见，往往从不同角度开展论述，但其中呈现主题的关键句子不过一两个，这就是一段话的要点所在。在对话中，即使是很短的对话，必定有谈话双方共同感兴趣的话题。有时候说话人还要从一个话题转入另一个话题，这些话题就是要点。我们要训练学生集中注意力听懂并记住这些关键的句子和话题来理解整段或整篇话语的能力。

以上我们列举性地谈了聆听理解的 8 个微技能，并非穷尽性。这 8 个微技能也不是截然分开的，它们互相交叉，互相依赖，又互相促进。总的来说，这 8 个微技能是听力训练的重点。但是具体到每一课，一般会根据教学内容选择一到两个微技能作为训练的重点。

### 二、学生聆听理解的难点

根据调查，学生聆听理解的主要困难有：相似的语音语调、生词、长句子、习惯表达、文化背景知识和语速。

#### （一）相似的语音语调

特别是声调相同、读音相似的词语常常不容易分辨，如同音词。对于相似的语音语调，我们在教学中一般会将学生的难音难调分成组，反复进行训练。

（二）生词

主要是多义词。学过外语的人会有同感，如果一个句子里有两三个生词，这个句子就很难听懂了。这说明储存在大脑中的经验成分数量不足。教师要有意识地帮助学生扩大词汇量，把尽可能多的词语存入大脑记忆库并变成经验成分。

（三）长句子

短句子听起来容易，长句子、结构复杂的句子听起来就比较难。克服这一困难，主要是增强学生使用语法规则的熟练程度。一方面训练学生提取主要词语和主要成分的能力，另一方面还要训练其提取关联词语的能力。学生熟悉了长句子的结构，再听课文中的句子就不会感到困难了。

（四）习惯表达

汉语里有些习惯表达或特殊表达，字数少，结构简单，可是表达的意思却很丰富，学生理解起来比较困难。对于汉语的习惯表达，关键是多听多说，培养汉语语感。

（五）文化背景知识

学习语言必须了解跟目的语相关的文化背景知识。汉语的词语、句子、文章的标题等都承载着文化信息。要解决文化背景知识这一难点，一靠教师讲解，二靠举一反三的练习。

（六）语速

在语速训练方面必须从难从严，教师要控制好自己的语速，该快则快，该慢则慢。让学生听懂正常语速的谈话，不能只停留在正常语速的训练上，必须进行有计划的快速练习。“取法于上，仅得为中；取法于中，故为其下。”[①]教学实践证明，在进行快速练习的时候，学生的精神高度集中，努力适应教师的要求，对训练听觉器官的灵敏度和反应的敏捷性非常有益。

---

① 这句话引自唐太宗李世民《帝范·卷四》。

## 第三节 听力训练的方法

多年的教学经验总结出，听力训练应当采用以听为主、听说结合、听读结合、听写结合、听做结合的综合训练方法。

听力训练以学生听为主，训练他们的耳朵和听觉性语言中枢。在听力课上，学生的主要活动是听，听录音或听老师说、听别的同学说，输入大量的语言材料和言语信息。输入只有达到一定的量，才能悟出语言的规律，形成语感，真正提高听的能力。但从学生的角度来看，他们喜欢听老师说甚于听录音。所以听力课上绝对不能只让学生听录音，还要尽可能让他们多听老师和同学说。

听是输入性技能，是大脑内部理解语言信息的过程。听的活动多，不容易活跃课堂气氛，学生容易疲劳，影响注意力的集中，进而影响教学的质量、效率和效果。教师在课堂上应该及时检查学生听的情况，了解他们听懂了没有，哪儿没听懂，为什么没听懂。因此需要听说结合、听读结合、听写结合、听做结合，既动耳又动脑，既动眼又动嘴，既动手又动全身，从而调剂和活跃课堂气氛，同时还能检查学生听的情况。

听说结合。在听说读写四项基本技能中，听和说的关系最为密切，都是处理语言的声音信号。听是听其声悟其义，说是用其声表其义。听说结合最能起到调剂和活跃课堂气氛的作用，同时便于了解和检查学生听的情况。例如：听后让学生口头回答问题或者复述，很容易知道学生听懂没有，省时省力见效快。

听读结合。听和说的时候学生面前没有文字材料。听以后，学生可以看着文字材料读一读，一方面可以帮助他们正音正调，另一方面可以控制他们的语速，这是听读结合。

听写结合。听写结合的"听写"不是英文的"dictation"，跟综合课的听写也不一样。这里的"写"是广义的，画对号（√）、画叉号（×）、连线、填空、填表等都属于"写"，是既动耳又动手的行为。

听做结合。听做结合是教师发指令，学生做动作，用身体语言表示听的情况。特别是当学生听累了、说累了时，这种方法最能调剂身心、活跃课堂、减轻疲劳、提高效率。

总之，听力训练不能采取单一的训练方法，应该采取综合训练的方法。下面从训练聆听理解的微技能的角度介绍一些具体的方法。

## 一、分析辨别能力的训练方法

### （一）辨别语音声调

1. 辨别声母

教师说一个音节，让学生说出它的声母。例如：

| 老师说 | 学生说 |
|---|---|
| 张 | zh |
| 常 | ch |
| 赃 | z |

2. 辨别韵母

教师说一个音节，让学生说出它的韵母。例如：

| 老师说 | 学生说 |
|---|---|
| 交 | iao |
| 监 | ian |
| 江 | iang |

3. 改变声母

教师说一个音节，再说一个声母，让学生用所给的声母改变音节中的声母。例如：

| 老师说 | 学生说 |
|---|---|
| bā, p | pā（趴） |
| zhāi, z | zāi（栽） |
| jīng, x | xīng（星） |

4. 改变韵母

教师说一个音节，再说一个韵母，让学生用所给的韵母改变音节中的韵母。例如：

| 老师说 | 学生说 |
|---|---|
| bīn, en | bēn（奔） |
| bīn, ang | bāng（帮） |
| bān, eng | bēng（崩） |

5. 辨别声调

教师说一个音节，学生听到的音节跟练习本上的一致画"√"，不一致画"×"。例如：

| | | |
|---|---|---|
| 老师说：慢 | 学生画：màn | （ ） |
| 飞 | féi | （ ） |
| 众 | zhòng | （ ） |
| 显 | xiǎn | （ ） |

6. 指出听到的声母或韵母

教师在黑板上写两个声母或韵母，然后说一组音节，让学生用手指出听到的音节的声母或韵母。例如：

| | | |
|---|---|---|
| 辨别： | z | zh |
| | in | ing |

7. 指出听到的音节，辨别声母 b 和 p

使用投影仪或小黑板。

| | | | |
|---|---|---|---|
| bānbái | píngpàn | bǎibān | pípa |
| bǎnbào | pīngpāng | bànbiān | páipào |
| biànbié | piānpì | bàibǐ | piānpáng |
| bāobàn | pīpíng | biāodiǎn | péngpài |

每组左边为"b"声母的音节，右边为"p"声母的音节。上课时教师先领读，要求学生一边读一边记词语的位置；然后教师念，学生到前边用教鞭指，指得越快越好。教师念：斑白、板报、辨别、包办、评判、乒乓、偏僻、批评、百般、半边、败笔、标点、琵琶、排炮、偏旁、澎湃。

8. 指出听到的音节，辨别韵母 an 和 ang

使用投影仪或小黑板。

| | | | |
|---|---|---|---|
| zhǎnlǎn | āngzāng | wánmǎn | zhāngyáng |
| sǎnmàn | shàngzhǎng | wǎnyàn | pánghuáng |
| fǎnpàn | fàngdàng | tānlán | bāngmáng |
| nánbàn | tángláng | zhànfàn | chángláng |

每组左边为“an”韵母的音节，右边为“ang”韵母的音节。上课时教师先领读，要求学生一边读一边记词语的位置；然后教师念，学生到前边用教鞭指，指得越快越好。教师念：展览、散漫、反叛、难办、肮脏、上涨、放荡、螳螂、完满、晚宴、贪婪、战犯、张扬、彷徨、帮忙、长廊。

9. 说出听到的音节的声调

教师说音节，学生说声调。

| | | |
|---|---|---|
| 好久—3 | 黄河—2 | 见面—4 |
| 飞机—1 | 学习—2 | 参加—1 |
| 最近—4 | 水果—3 | 赤卫队—4 |
| 儿童节—2 | 展览馆—3 | 三家村—1 |
| 忧心忡忡—1 | 牛羊成群—2 | 变幻莫测—4 |
| 彼此友好—3 | | |

（二）辨别词语

1. 辨别非同类词语

教师说一组词，学生说出其中非同类的词语，并且说明为什么。例如：

大　小　长　短　快　慢　不　好——→不

学习　练习　休息　消息　复习　预习——→消息

眼睛　头发　眉毛　鼻子　手　嘴　耳朵——→手

苹果　梨　桃　西红柿　香蕉　橘子　葡萄——→西红柿

看电影　看电视　听音乐　听京剧　听通知——→听通知

打篮球　打排球　打网球　打电话　踢足球——→打电话

北京　东京　伦敦　纽约　巴黎　曼谷　河内——→纽约

头疼　牙疼　发烧　咳嗽　嗓子疼　鼻子不通——→牙疼

两小时　两点半　两点一刻　两点四十三　两点五十　两点五十五——→两小时

一分钟　十分钟　一刻钟　一个半小时　一天　一星期　一月

两年——→一月

2. 指出听到的词语

使用投影仪或小黑板。

| | | | |
|---|---|---|---|
| 鼻子 | 斧子 | 拍子 | 眼镜 |
| 笔画 | 胡子 | 牌子 | 眼睛 |
| 笔顺 | 监察 | 实践 | 药方 |
| 初次 | 检查 | 实现 | 药房 |
| 胆子 | 渴 | 毯子 | 主意 |
| 耳朵 | 累 | 头发 | 注意 |
| 发言 | 眉毛 | 完全 | 准备 |
| 发音 | 能力 | 需要 | 嘴 |

以上一共32个词，竖排按音序排列（也可以横排）。其中很多对音调相似的词，如：斧子—胡子、监察—检查、拍子—牌子等。在一课中，很难找到这么多音调相似的词语。教师可以从以前学过的词语中选择，这样就扩大了选词的范围。

上课时教师先领读，要求学生一边读一边记词语的位置；然后教师念，学生到前边用教鞭指，指得越快越好。

3. 填空

教师念句子，学生填空（画线处是学生所填）。

① 汪林的爷爷71岁。　⑤ 汪林的爸爸41岁。

② 王玲的爷爷77岁。　⑥ 王玲的爸爸47岁。

③ 汪林的奶奶67岁。　⑦ 汪林的妈妈37岁。

④ 王玲的奶奶71岁。　⑧ 王玲的妈妈41岁。

（三）辨别句子

1. 辨别句重音

教师说句子，要求学生听出句重音并说明句子的意义。例如：

我们明天去**长城。**（重音在长城，长城是未知信息。）

我们**明天**去长城。(重音在明天,明天是未知信息。)

2. 辨别语气语调

教师说句子,要求学生听出是什么语气,表示什么意思。例如:

① A:明天去老师家吃饭,你带什么礼物?(疑问语气,要求听话人回答。)

B:我带一束鲜花。(陈述语气,表示肯定。)

② 明天去老师家吃饭,你带什么礼物!你去了他就很高兴。(否定语气,表示不需要带礼物。)

(四)辨别课文异同

教师先让学生听课文(一),接着进行问答练习帮助学生记住课文的内容,然后让学生听课文(二),听课文(二)之前要求学生听的时候注意课文(二)跟课文(一)有哪些相同,哪些不同,听后进行讨论,先说相同,再说不同。例如:

课文(一):(有录音)

张正生是个年轻的老师。今天是星期日,他跟女朋友玲玲在公园有个约会。可是他来到公园的时候,玲玲在那儿等他半天了,有点儿不高兴。

玲:你看看,几点了?

张:哟,都 10 点了。真对不起!其实我 7 点半就从家里出来了。没想到等了半个钟头才上了汽车。你看,一下车我就跑来了。你等半天了吧?

玲:可不是吗?我以为你不来了,都想走了。

张:我怎么可能不来呢?以后我提前 3 个小时从家里出来。我去买票吧。

玲:我一来就买了。

张:票好买吗?

玲:不好买,我排了 10 分钟队才买到。买了票又等了半个钟头你才来。我刚才都有点儿生气了。

张:别生气,那边有个冷饮店,我给你买冰激凌吃。

课文(二)：

今天是星期日，张征胜跟女朋友琳琳在公园有个约会。可是他到公园的时候琳琳在那儿都等他三四十分钟了。其实，张征胜早上7点钟一起床就从家里出来了。他没想到马路上车多，汽车开得很慢，8点半才来到公园门口儿。他看见琳琳不高兴了，就跑到冷饮店买来了汽水儿、冰激凌和蛋糕，请琳琳原谅，说："你别生气！我以后一定提前两个小时出来。"琳琳看他的衣服都湿了，才笑了，说："我来的时候，坐车的人就不多。你不知道吗？今天的约会，我都等了一个星期了。"

**二、记忆储存能力的训练方法**

提高记忆储存能力，可以通过以下途径来获得：

提高复现率，通过复现把应该记住的内容记住；通过设计成组的练习把应该记住的内容记住；通过求同思维、求异思维、形象思维、逻辑思维记住应该记住的内容。下面我们重点来说一下如何利用求同思维、求异思维、形象思维和逻辑思维提高记忆储存能力。

求同思维。例如：每周六下午和周日上午有学唱中国歌曲的活动。开始时，学生常常记不住是周六上午还是下午有活动，后来，一个学生说："先下后上。"大家一下子都记住了。因为每个人都有坐公共汽车"先下后上"的经历。这是利用求同思维记住新的信息。

求异思维和形象思维。有的老师第一天上课就能记住全班十几个学生的名字，用的方法是注意每个学生的体貌特征，比如：特别胖或特别瘦，特别高或特别矮，特别白或特别黑，头发长或头发短，头发黄或头发黑，眼睛大或眼睛小，用左手写字还是用右手写字等。这是利用求异思维和形象思维记住新的信息。

逻辑思维。学生先听一个小短文，听后做选择正确答案的练习。

哥哥和弟弟在一个班里学习。哥哥学习很努力，弟弟很爱玩儿，作业总是抄哥哥的。有一次老师让学生写作文，题目是《我的妈妈》。第二天，大家都把作文交给老师。老师看了以后把弟弟找去，问："你的作文为什么跟你哥哥的完全一样？"弟弟说："我们的妈妈是一个人，作文能不一样吗？”

问：弟弟的作文为什么跟哥哥的完全一样？

A. 哥哥抄弟弟的

B. 弟弟抄哥哥的　（√）

C. 他们互相抄

D. 因为他们的妈妈是同一个人

短文中没有明确回答这个问题，根据弟弟平时的表现，用逻辑推理的方法判断正确答案是“B”。听句子、对话、短文后，凡是问“为什么”的问题，常常都要用逻辑推理的方法寻求正确的答案。

## 三、联想猜测能力的训练方法

### （一）听解释说词语

教师说词语的解释，学生说出词语。例如：

老师说：没有课，自己学习　　　　学生说：自习

　　　　不去学校，自己学习　　　　　　　　自学

### （二）词语联想

教师说出一个词，学生说出与这个词有关的其他词语。例如：

老师说：水果

学生说：苹果、橘子、葡萄、香蕉、西瓜、菠萝、芒果、李子、梨、桃、杏、果树、果农、果园、水果店……

老师说：冬天

学生说：冷、下雪、刮风、滑冰、滑雪、感冒、棉衣、炉子、暖气、帽子、手套、春天、夏天、秋天、季节……

### （三）完成句子

教师说出句子的前一半，学生说出句子的后一半。例如：

老师说：今天星期四，明天________。　　学生说：明天星期五。

　　　　今天星期四，昨天________。　　　　　　昨天星期三。

以上句子只有一个答案。有的句子可以有多种答案，但必须合乎逻

辑。例如：

小王今天病了，所以________。

要是明天不下雨，我们________。

完成句子的练习就是训练学生逻辑思维的能力。

（四）听后选择句子

教师说出一个句子，学生在几个答案中选择最恰当的句子与它搭配。例如：

① 我叫山本正，

A. 她不工作。

B. 她叫大内上子。 （√）

② 我叫山本正，

A. 我家住在东京。 （√）

B. 她家也住在东京。

③ 我叫山本正，

A. 我看过你的照片。

B. 请多多关照。 （√）

④ 我叫山本正，

A. 我是北京语言大学的学生。 （√）

B. 他是北京语言大学的学生。

⑤ 我叫山本正，

A. 你是哪国人？

B. 我是日本人。 （√）

（五）听后回答问题

例如：

① A：老白不姓白不叫白，皮肤也不白，为什么大家都叫他“老白”？

B：你没看他老是戴着帽子吗？

问：大家为什么叫他老白？（通过戴着帽子联想到头发白了）

② 电梯坏了，我好不容易爬上了14层。刚要开门，钥匙不见

了。我把上衣口袋、裤子口袋、书包里、钱包里，哪儿都翻遍了，还是没有。这时，只见小宝从楼下跑上来。小宝的奶奶是看自行车的王大妈。他喘着气说："……"

问：你想小宝会说什么？

第二个练习没有标准答案，可以有多种答案。学生的回答只要合乎逻辑都是正确的。例如：

叔叔，给您钥匙。这是我奶奶从您的自行车上取下来的。

叔叔，这是您钥匙吗？

叔叔，我把您钥匙送来了。

叔叔，您钥匙忘在自行车上了。这是我奶奶让我给您送来的。

……

### 四、听后模仿能力的训练方法

#### （一）模仿词重音

**地**道　　**东**西　　**孙**子　　**生**气　　**大**意　　**大**姑娘

地**道**　　东**西**　　孙**子**　　生**气**　　大**意**　　大**姑**娘

我要**钢**笔。（不是铅笔）　　我要**茶**壶。（不是酒壶）

我要钢**笔**。（不是钢尺）　　我要茶**壶**。（不是茶碗）

#### （二）模仿句重音

昨天**谁**没去上课？昨天**小王**没去上课。

**哪天**小王没去上课？**昨天**小王没去上课。

昨天小王**去**没去上课？昨天小王**没**去上课。

昨天小王没去**做什么**？昨天小王没去**上课**。

#### （三）模仿停顿

① 他写|不好。他|写不好。

② 我们|四个人坐一条船。我们四个人|坐一条船。

③ 孩子找不到|妈妈哭了。孩子找不到妈妈|哭了。

#### （四）模仿语气语调

① 这是汤？（疑问语气）　　这是汤。（陈述语气）

②他去上海？（疑问语气）　　他去上海。（陈述语气）
③吃什么药？（疑问语气）　　吃什么药！（否定语气）
④喝什么酒？（疑问语气）　　喝什么酒！（否定语气）

### 五、边听边记能力的训练方法

提高边听边记能力，可以从以下几点切入：用最熟悉的文字记；每个句子记一行；凡是数字都记，写成阿拉伯数字；如果用汉字记要尽量选择最简单的汉字；记主要的信息，如主谓宾等主要句法成分、重音部分以及事件中的 who、when、where、what、why（谁、时间、地点、什么、为什么）等信息。

### 六、快速反应能力的训练方法

#### （一）快速回答问题

教师快速说出一个句子，然后快速地问，学生快速地回答。这种练习不要求学生说完整的句子，只做简单回答即可。例如：

老师：昨天我去北海了。昨天我去哪儿了？
学生：北海。
老师：在汽车上遇见了王老师。在汽车上遇见了谁？
学生：王老师。
老师：王老师是北京人。王老师是北京人吗？
学生：是。

#### （二）按照要求回答问题

教师提出要求，然后问问题，学生按照要求回答问题。这种练习训练学生思维和反应的敏捷性。例如：

1. 先否定，然后用所给的词语做肯定回答

① 老师：你是老师吗？（学生）
　学生：我不是老师，我是学生。
② 老师：你是日本人吗？（韩国）
　学生：我不是日本人，我是韩国人。

③ 老师：你是北京大学的学生吗？（北京语言大学）

学生：我不是北京大学的学生，我是北京语言大学的学生。

2. 用指定的词语回答

（三）按照要求改句子

教师先提出要求，然后说出一个句子，学生把这个句子改成教师要求的句子。例如：

1. 把陈述句改成正反疑问句

① 老师：我是学生。

学生：你是不是学生？

② 老师：我去颐和园。

学生：你去不去颐和园？

③ 老师：我喜欢游泳。

学生：你喜欢不喜欢游泳？

2. 把主语改成“他们”，加上“也”和“都”

① 老师：我们是学生。

学生：他们也都是学生。

② 老师：我们去颐和园。

学生：他们也都去颐和园。

③ 老师：我们喜欢游泳。

学生：他们也都喜欢游泳。

3. 把两个句子改成一个“比”字句

① 老师：哥哥 10 岁，弟弟 8 岁。

学生：哥哥比弟弟大两岁。

② 老师：哥哥一米七，弟弟一米六。

学生：哥哥比弟弟高 10 厘米。

③ 老师：哥哥一米七，弟弟一米六九。

学生：哥哥比弟弟高一点儿。

## 七、检索监听能力的训练方法

### （一）听之前提出问题或做出提示，让学生带着问题听

1. 听对话，注意听阿里的电话号码是多少

A：喂，你是阿里吗？
B：不是，阿里不在这儿了。
A：他去哪儿了？
B：他去别的大学学习了。
A：你知道他的电话吗？
B：知道，82333086。
A：谢谢你。
B：不用谢。

听这个对话之前如果不提出问题，学生很难关注并记住数字。

2. 听短文，注意听张老师几点到礼堂

昨天晚上7点礼堂有电影。差5分7点我和张老师到了礼堂，可是电影已经开演了。为什么呢？我的表慢了一刻钟。

这个短文虽然短，如果听之前不提出问题，学生不会注意时间，很难回答上面的问题。

### （二）教师设计情景，给学生分配角色，每人只注意听跟自己有关系的内容

教师设计：A、B、C、D、E五个学生去机场迎接来留学的外国学生。

教师宣布角色任务：A迎接乘坐3528次航班的美国学生，9：10到达；B迎接乘坐2386次航班的澳大利亚学生，明天上午10：35到达；C迎接乘坐3179次航班的法国学生，明天中午12：30到达；D迎接乘坐2652次航班的印度尼西亚学生，明天下午3：15到达；E迎接乘坐3766次航班的俄罗斯学生，明天下午4：20到达。

要求：每个学生记住并说出自己迎接的是哪国学生，乘坐多少次航班，几点到达。

### 八、概括总结能力的训练方法

（一）抓句子的重点

1. 根据句子成分判断

一般来说，句子的主要成分主语、谓语、宾语是句子的重点。学生听懂了句子的主要成分基本上就理解了句义。汉语的句子，主语常常是一个话题，训练学生听出主语就抓住了说话人要说的话题。谓语和宾语是回答做什么和怎么样的问题。这些对听话人来说是未知信息，也是说话人表达的主要信息。

汉语里有些特殊的句子，如“把”字句，主话题是介词“把”后面的宾语，次话题是句子的主语。学生只有了解了这种特殊句子的结构，才会格外关注“把”字后面的宾语。

2. 根据重音、停顿、语气和语调判断

在某些情况下，句子的主要信息并不在主要成分上，而是体现在句子的重音、停顿、语气和语调上。所以还要训练学生听出句重音、停顿、语气和语调的能力。例如：

多跟中国人谈话｜对提高听力和会话能力｜很有帮助。

“多跟中国人谈话”是一个话题，这个主语的中心语是“谈话”，重音不在“谈话”上，而在“多”上，表示强调，是主要信息。“对提高听力和会话能力”是状语，后半句的重音不在“有帮助”上，而在状语上，表示强调，也是主要信息。这个句子回答“怎么样跟中国人谈话”和“对什么很有帮助”两个问题。听懂了这两个重音部分，才能理解整个句子的意思。

（二）抓语段的重点

语段可以是叙述性的，也可以是会话性的。在成段话语里，说话人为了说清楚自己的观点和意见，往往从不同角度展开论述，而其中呈现主题的关键句子不过一两个，这就是一段话的要点所在。

叙述性语段要注意听第一句和最后一句，它们往往是整段的重点。

对话性语段的训练重点是让学生听懂谁和谁在谈话、什么时候、在哪儿谈话，谈的主要内容（即话题）是什么。在对话中，即使是很短的对话，也必定有谈话双方共同感兴趣的话题。有时候说话人还要从一个话题转入另一个话题，这些话题就是要点。学生在听对话时，首先要能够听出话题，一共谈了几个话题，第一个话题是什么，第二个话题是什么。其次要注意听有几个人谈话，他们是什么关系，每个人的观点、想法、意见、办法是什么。最后还要注意听谈话的时间、地点，也就是对话的情景。这样才能比较全面、准确地理解对话的内容。

（三）抓语篇的重点

首先要重视题目，其次要注意听重点段。

在听整篇文章时，我们不能要求学生听懂并记住每一个句子，一般只要求听懂并理解主要内容和主要意思。训练学生抓全篇要点可以按照文章的类型进行单元训练。进行单元训练的前提是编写各种不同类型的课文，每种类型的数篇课文作为一个单元。每篇课文的内容要紧紧围绕一个中心展开，课文的编排要贯彻从易到难的原则。有了这样的教材，就为训练聆听理解的微技能准备了物质基础。

对于叙事的记叙文，要训练学生注意听时间、地点、人物、事件、情节（起因、发展、结果）等主要信息；对于写人的记叙文，要注意人物的姓名、身份和对外貌、语言、行为、心理的描写以及对人物的评价。

对于议论文，要训练学生注意听论点、论据、论证的方法等关键信息。如果是反驳性的议论文，要注意听批驳的是论点、论据，还是论证的方法，"破"的是什么，"立"的又是什么。

对于说明文，要训练学生首先听出说明的种类，是地方还是物品，是习性还是状态，是性能还是方法；其次注意听说明对象的特点，也就是文章的中心意思。

教师要帮助学生养成良好的听话习惯：一是每听到一个句子、一个语段或一篇文章，学生都要自问自答它的主要意思是什么；二是学生要把听和理解、记忆结合起来，把尽可能多的语言信息作为经验成分储存在大脑记忆库中；三是在听对话和短文时，自觉地提高接收和解码的速度。

（四）训练学生听深层含义、言外之意

《战国策·魏策四》里有这样一个故事：

> 秦王以武力威胁魏国，迫使安陵君交换国土。安陵君当然不同意，派唐雎为使者回复秦王。秦王对唐雎说："公尝闻天子之怒乎？"

(你听说过天子发怒的情形吗?)唐雎回答:“未尝闻也。”(没听说过。)秦王说:“天子之怒,伏尸百万,流血千里。”唐雎针锋相对地问:“大王尝闻布衣之怒乎?”(您听说过普通人发怒的情形吗?)秦王说:“布衣之怒亦免冠徒跣,以头抢地耳。”(普通人发怒不过是光头赤脚,呼天抢地罢了。)唐雎说:“此庸夫之怒也,非士之怒也。若士必怒,伏尸二人,流血五步,天下缟素,今日是也。”(您说的那是庸人发怒的样子。真正的勇士发怒,只需要倒下两具尸体,流血五步,天下都要戴孝,我们今天就属于这种情况。)

两个人说的话表面看很平静,在谈天子发怒和普通人发怒,但实际上剑拔弩张,针锋相对,暗藏杀机。对话的双方都要能够听出对方话语的深层含义。

(五)过滤冗余信息

在听成段成篇的话语时,说话人免不了会说一些冗余的信息。听话人要能够把冗余的信息过滤掉,从杂乱的话语中理出头绪。例如:

一个学生到医院看病,对医生说:“疼,疼。我肚子疼,拉肚子。开始还吐了,恶心。这会儿轻点儿了。下午体育课,上完了,我喝了一气凉水,太渴了。上午还没事呢。午饭吃了两个馒头,一碗炖肉白菜,没休息和同学去新华书店了。喝完凉水就坏了。……”

听这样的谈话,医生要能够把学生冗余的话语过滤掉,从中理出有价值的信息:上午没事;午饭吃了两个馒头,一碗炖肉白菜;中午去新华书店;下午体育课后喝了凉水;开始恶心、呕吐、拉肚子。这样,医生才能判断病因,对症下药。

## 第四节 听力课的教学环节

### 一、听力课的教学环节(100 分钟)

听力课的三个主要教学环节:听前练习、听时练习和听后练习。除此之外,其前一般会先进行复习,其后一般会有总结和布置作业的环节。下面以时间顺序具体说明。

（一）复习（10分钟以内）

帮助学生回忆前一课或几课的内容，把尽可能多的语言信息作为经验成分储存在大脑记忆库中。学生大脑中储存的经验成分越多，越便于理解新的信息。

（二）听前练习（25分钟左右）

听前练习是为听时练习做准备的环节，主要通过语音、词汇、句子的练习和文化背景知识的讲解为听时练习扫除障碍，贯彻"可懂输入"的原则。

教师在备课时要对学生可能听不懂的因素有所预测，并且在听前练习中进行有针对性的练习，如：帮助学生辨别清楚相似的音和调；帮助学生把生词变成熟词；帮助学生熟悉长句子的结构；帮助学生了解有关的文化背景知识。做好这些铺垫，学生就能顺利听懂课文并进行练习，从而提高听的技能。降低了理解课文和练习的难度，还能帮助学生缓解畏难情绪，激发他们"听"的意愿。

（三）听时练习（45分钟左右）

听时练习是一边听课文一边进行练习，这是听力教学最重要的环节。在这个环节中，教师不仅要教学生听什么，还要教学生怎么听，也就是听的方法。

在这一环节中，为了让学生听懂和记住，有时候需要听两遍或三遍。每听一遍之前先要提出问题，告诉他们听时注意什么。让学生带着问题听、有目的地听，比盲目地听效果要好得多。

听课文，教师不能只简单地说一句："现在听课文。"然后打开音频让学生去听。正确的做法是：教师先提出问题，让学生听时有一个注意的方向。听对话，让学生注意谁跟谁谈话，什么时候、在哪儿谈话，话题是什么；听记叙文，让学生注意听人物、时间、地点和情节；听议论文，让学生注意论点、论据和论证的方法等。时间一久，学生就能领悟到听某种文体应该注意什么，这就是学会了听的方法。

听成段的话语，不要让学生一句一句地反复听，直到听懂句子的每一个词。这样做会使学生的注意力集中在一个一个词的发音上，对提高听力微技能并没有好处。正确的做法是：从头到尾一段一段地听，在语流中让学生理解主要意思，让学生学会在语流中抓重点句、重点词语以及重音、停顿、语气语调等主要信息。

另外，在课堂上还要帮助学生养成注意听别人说话的习惯。边听边重复，这是学习和吸收信息的重要方法。做练习时常常让水平高的学生先说，就是为了给“学困生”更多听的机会，多听几次，可以适当降低他们做练习的难度。

学生在初级阶段往往会有一个不好的听话习惯：听一个句子时遇到听不懂的生词往往很着急，听不进下面的句子。遇到这种情况，教师要告诉他们一定不要着急，应该耐心地听下面的句子，有时下面的句子会对前面的句子做出解释。比如：学生学过“好”，没学过“歹”。

> 商贩：……不信你们尝尝，先尝后买才知好歹。
>
> 艾米：（对大内）他说什么？
>
> 大内：尝了以后再买才知道好不好，“歹”是不好的意思。

学生不明白“先尝后买才知好歹”的意思，注意听，后面就有解释。这就是教方法，培养学生良好的聆听习惯。

（四）听后练习（15 分钟左右）

听后练习是在听时练习基础上的进一步提高，既能巩固和深化理解，又能检查听的情况。比如：听的内容是如何查字典、怎样写信封、标点符号的用法，在听后练习中可以让学生动手查几个字、写几个信封、给一段文字填上标点符号，以此检查学生是否听懂了、理解了。

听后练习还可以通过快速问答、读课文、讨论、小结等方式使学生对课文的内容形成更系统、完整的印象，从而作为经验成分储存在大脑中。

从听前练习到听时练习再到听后练习，过渡应该自然，水到渠成，前后照应。前面的练习为后面做准备，扫平道路，排除障碍；后面的练习要巩固前面练习的成果，深化理解，更上一层楼。每课都进行听前练习、听时练习、听后练习三个回合的循环，学生对听过的内容就会掌握得比较扎实，教学效果会更好。

（五）总结和布置作业（5 分钟左右）

教师进行总结，一是让学生知道本课学习了哪些知识和技能，贯彻让学生获得成就感的原则，从而提升其训练听力的信心和兴趣；二是帮助学生了解本课的重点和难点，指导课后的复习和练习，使学生的课后练习成为课堂教学的延伸。

听力课的课后作业一般是预习生词或进行泛听练习。这个环节不可忽视。如果忘了告诉学生要预习哪些生词，学生没做好准备，会直接影响下一课的教学。如何做课后的泛听练习，教师必须予以具体的指导并提出要求。指导具体、要求明确，才能达到练习的目的。在布置作业这个环节，教师还要对下一课的内容做简单的提示，营造悬念，引起学生的兴趣，吸引他们来上课。

在设计教学环节时，教师还要合理规划和分配课堂时间。以 100 分钟(2 课时)的听力课为例，复习一般不超过 10 分钟。学习新课是重点，应该安排绝大部分时间。其中听前、听时、听后三种练习的时间也要合理分配。具体要根据教学内容的难易和学生的情况灵活把握。如果课文的内容太难，要加强听前练习；如果课文内容比较容易，则加强听后练习。总结和布置作业一般用三五分钟即可。每一课复习、学习新课、总结和布置作业所用时间比大概是 2∶17∶1。其中听前、听时、听后的比例大概是 5∶9∶3。应该注意的是，每个环节都要留点机动时间和机动练习，以便把时间掌握好，到点下课，避免拖堂。

## 二、听力课教学环节的实际演练

听力课教学的一般步骤：教师先出示课文，然后讲解设计的听前练习、听时练习和听后练习；接着让学生分别进行三个练习，逐项进行；教师讲评，示范；针对问题可以让学生再练习。下面以《速成汉语初级听力教程·上册》[①]第 18 课《去公园》为例进行具体的演练。

### （一）课文《去公园》

情景：艾米来到丁兰的宿舍。

丁　兰：谁呀？

艾　米：我，艾米。

① 杨惠元主编.速成汉语初级听力教程·上册[M].北京：北京语言大学出版社，2000.

丁 兰:(开门)是你呀? 里边坐,坐这儿。

艾 米:好。

丁 兰:我这儿有茶、咖啡、可口可乐,你喝点儿什么?

艾 米:喝茶吧,什么茶?

丁 兰:乌龙茶。你今天怎么有空儿到我这儿来?

艾 米:想你了。

丁 兰:想我? 是想跟我练习说汉语吧?

艾 米:今天不是。听说你和大内昨天去公园了,是吗?

丁 兰:是啊,我们看花儿去了。

艾 米:好看吗?

丁 兰:好看极了。你也想去吗?

艾 米:那个公园远不远?

丁 兰:不远,就在郊区,离方云天家很近。

艾 米:是吗? 那儿的环境很好。

丁 兰:你去过方云天家?

艾 米:没有。听方云天说过,他家前边有条河,后边有座山;左边是果园,右边是菜地。有山有水,还有花儿。

(二) 听前练习

1. 语音练习:听写音节

① gōngyuán(公园) guǒyuán(果园)

② huángjīn(黄金) huánjìng(环境)

③ jiāoqū(郊区) jiāoqī(娇妻)

④ zàilǐ(在理) càidì(菜地)

2. 词语练习:用四段练习法领读

茶:茶、喝茶、一杯茶

咖啡:咖啡、喝咖啡、一杯咖啡

可口可乐:可口可乐、喝可口可乐、一杯可口可乐

乌龙茶:乌龙茶、喝乌龙茶、一杯乌龙茶

练习:练习发音、练习声调、练习说汉语、练习说英语

离:离学校很近、离学校很远、离方云天家很近、离方云天家很远

环境：环境很好、环境不错、环境不太好、环境很不好

左边：在左边、左边是玛丽、左边是商店、左边是果园

右边：在右边、右边是约翰、右边是邮局、右边是菜地

3. 句子练习：学生读句子

① 我这儿有茶、咖啡、可口可乐，你喝什么？

我这儿有糖、点心、水果，你吃什么？

我这儿有书、报纸、杂志，你看什么？

② 你今天怎么有空儿到我这儿来？

你今天怎么有时间到我这儿来？

你今天怎么想起到我这儿来？

③ 他家前边有条河，后边有座山；左边是果园，右边是菜地。

我家前边有个学校，后边有个饭店；左边是幼儿园，右边是医院。

我们学校前边有个邮局，后边有个超市；左边是银行，右边是书店。

（三）听时练习

1. 听第一遍之前提出问题

① 注意听谁和谁在哪儿谈话？

② 他们在谈什么话题？

2. 听第一遍之后问答

① 谁和谁在哪儿谈话？

② 他们在谈什么话题？

3. 听第二遍之前提出问题

① 丁兰请艾米喝什么？艾米想喝什么？

② 今天艾米来丁兰的宿舍做什么？

③ 昨天丁兰和大内去哪儿了？

④ 那个公园远不远？在哪儿？

⑤ 方云天家的环境怎么样？

4. 听第二遍之后判别正误

① 丁兰说："想我？是想跟我练习说汉语吧？"意思是艾米很想

丁兰。

② 艾米说:“方云天的家前边有条河,后边有座山;左边是果园,右边是菜地。有山有水,还有花儿。”意思是方云天家的环境很好,是个好地方。

5. 听第二遍之后连线

| | |
|---|---|
| 前边 | 山 |
| 后边 | 菜地 |
| 左边 | 河 |
| 右边 | 果园 |

6. 听第二遍之后填空,学生填完以后核对答案

情景:艾米来到丁兰的宿舍。

丁　兰:谁呀?

艾　米:我,________。

丁　兰:(开门)是你呀? ________坐,坐这儿。

艾　米:________。

丁　兰:我这儿有茶、咖啡、可口可乐,你____________?

艾　米:________吧,____________?

丁　兰:___________。你今天怎么有空儿______________?

艾　米:___________。

丁　兰:________? 是想跟我________________吧?

艾　米:今天_______。听说你和大内昨天_________了,是吗?

丁　兰:是啊,我们________________了。

艾　米:______________?

丁　兰:好看极了。你也____________?

艾　米:那个公园____________?

丁　兰:不远,就在郊区,离___________________。

艾　米:是吗? 那儿的__________________。

丁　兰:你去过________________?

艾　米:没有。听方云天说过,他家前边_______________,后边_______________;左边_______________,右边________

________。有山有水，还有__________。

（四）听后练习

1. 快速回答问题（简要回答）

① 艾米和丁兰在哪儿谈话？

② 艾米想喝什么茶？

③ 艾米来丁兰的宿舍是想跟她练习说汉语吗？

④ 昨天丁兰和谁去公园了？

⑤ 她们看什么去了？

⑥ 那个公园远不远？离谁的家很近？

⑦ 艾米去过方云天的家吗？

⑧ 方云天家的环境怎么样？

⑨ 他家前边有什么？后边有什么？左边是什么？右边是什么？

2. 注意听这个课文跟前面的课文有哪些相同、哪些不同

艾米听说丁兰和大内前天去公园看花儿了。她也想让丁兰陪她去公园。昨天艾米来丁兰的宿舍，丁兰请艾米喝乌龙茶，吃点心和水果。丁兰告诉艾米，那个公园在郊区，离方云天家不远。艾米去过方云天的家。她知道，方云天家的环境很好。那里有山有水，还有果园和菜地。

（五）总结

主要讲评学生练习的情况，以表扬和鼓励为主。强调听力课的三个主要教学环节和每一项练习的目的和重点。

**本章小结：**

本章主要讲了五个问题：

1. 听力教学的目的

（1）训练学生听觉器官的灵敏度，能够快速准确地辨析言语信号，理解话语的内容；

(2) 帮助学生输入尽可能多的语言要素，并且作为经验成分储存在他们大脑记忆库中；

(3) 通过反复输入大量言语信号，训练聆听理解的微技能，提高接收和解码的熟练程度，激活听觉性语言中枢，形成汉语的语感。

2. 听力训练的原则主要有可懂输入原则和让学生获得成就感原则。

3. 听力训练的重点是帮助学生积累知识，吸收和储存经验成分以及训练聆听理解的微技能。学生聆听理解的难点是相似的语音语调、生词、长句子、习惯表达、文化背景知识和语速。

4. 听力训练应当采用以听为主、听说结合、听读结合、听写结合、听做结合的综合训练方法。

5. 听力课的三个主要教学环节是：听前练习、听时练习和听后练习。

# 第四章 口语课教学——说话技能训练

本章要讨论的主要问题：

1. 说话教学的目的和说话训练的原则是什么？
2. 说话训练的重点和难点是什么？
3. 介绍说话训练的方法。
4. 介绍口语课的教学环节。

## 第一节 说话教学的目的和说话训练的原则

### 一、说话教学的目的

#### （一）说话活动的本质是思维和语声表达

说话活动的本质是人在受到外界刺激以后，产生说话的欲望，经过大脑的思维形成内部言语，再利用发音器官变成有声语言向外界传播，即编码和传递的过程。

人类最主要最直接的交际是口头交际。人遇到外界刺激，例如听到、看到或者感觉到什么时，就产生了说话的欲望。这时大脑的运动性语言中枢首先活动，从储存在记忆库里的语言信息中寻找合适的词语，并按照一定的语言规则排列组合起来，并根据谈话的时机、场合和对象选择合适的表达方法，形成内部言语。这就是所谓的编码。编码是一种创造性的思维活动。运动性语言中枢指挥发音器官（包括喉头、声带、舌头、嘴唇等）把内部言语变成有声语言向外界传播。这是内部言语外现的过程，属于语声表达。由此可见，说话活动是一个复杂的生理和心理活动，其本质是思维和语声表达。

在真实的交际中，由于听话人就在面前，说话人不可能思考半天才说一句，必须流畅连贯，语言信息应该连续不断地输出，这就要求说话人快速思维，而快速思维的首要条件是大脑记忆库中储存大量的经验成分可供调动和提取，以便大脑运动性语言中枢能够快速编码，形成内部言语。内部言语外现要求发音器官能够发出准确的声音信号。

国际汉语教学属于第二语言教学，教学对象大多是成年人，他们是在建立了一套完整的母语思维系统以后才开始学习汉语的。使用第二语言思维跟使用第一语言思维不完全相同。因此，我们不仅要了解说话活动的本质，还应当了解学习和使用第二语言思维的特点。

（二）学习和使用第二语言思维的特点

1. 学习和使用第二语言思维必然受到母语思维系统的影响

这种影响既有积极的一面，也有消极的一面。任何第二语言跟母语之间都既有共性又有差异性：共性使两套语言系统比较容易建立起联系，产生积极影响，是正迁移；而差异性使两套语言系统之间相互发生矛盾和冲突，产生消极影响，是负迁移。从积极方面来讲，学习者不必像儿童那样语言能力和认知能力同步发展，他们的大脑中已经储存了大量母语的概念，所以第二语言学习者可以借助母语思维系统，加快学习的速度。从消极方面来讲，学习者使用第二语言思维从一开始就处在与母语思维系统的矛盾冲突之中。两种语言的差异性往往大于共性。学习者在理解和表达中的失误往往跟母语思维系统的干扰分不开。因此，在帮助学习者使用第二语言思维的时候，既要借助其母语思维系统，又要有意识地逐步摆脱这种借助，克服其母语思维系统的干扰。

2. 学习者大脑中储存的第二语言经验成分数量有限

第二语言经验成分指的是词汇、语法规则、文化因素等语言信息。在使用母语思维时，由于大脑中已储存足够的语言信息可供提取和使用，所以思维过程较快，理解和表达也较准确。学习者使用第二语言思维，大脑中储存的可供提取和使用的语言信息数量有限，思维过程较慢，理解和表达的准确性也较差。

3. 学习者大脑中储存的第二语言经验成分的可提取性和可使用性差

人们大脑中储存的经验成分的可提取性和可使用性，跟提取和使用的机会成正比。提取和使用的机会多，其熟练度自然就高得多。学习者大脑中储存的第二语言的经验成分不但数量有限，而且提取和使用的机会也少，当然可提取性和可使用性就不如母语，思维速度、理解和表达的准确性也差得多。

了解了说话活动的本质和使用第二语言思维的特点，在进行说话训练时就可以减少盲目性，增强自觉性。在国际汉语教学中，提高学生的听说能力，归根结底是帮助学生建立第二语言思维系统，即用汉语解码、编码的思维习惯。加强思维能力的锻炼和培养，强调学生语言智能的开发和自我启迪，是提高听说能力的根本。

（三）如何加强思维能力的锻炼和培养？

从前文对思维过程的描述可以看出，思维过程中有四个重要因素：(1) 要有说话的欲望；(2) 从大脑记忆库中提取语言信息；(3) 把语言信息排列组合成句子；(4) 选择合适的表达方法。说话能力的训练必须紧紧围绕这四个要素，把它们作为重点，采取不同方法，分别进行有针对性的、行之有效的实践和练习。

说话的欲望是自然而然产生的。当人受到外界刺激时，必然会有所反应，最主要的反应就是通过思维产生说话的欲望。但在说话训练中，学生说话的欲望必须受到教师有意识的刺激才会产生。教师如何刺激使学生产生说话的欲望呢？最常用的办法是提问和指令。所谓提问就是教师问，学生回答。所谓指令就是教师确定话题、设置情景、制造信息落差、规定词语句式、分配角色等，要求学生进行真实的交际性练习。

在说话训练中，刺激学生产生说话欲望是十分重要的，直接关系着训练的成败和效果的优劣。要使学生有说话的欲望，最重要的是保护学生的自尊心和积极性，创造一个和谐、平等、自由、宽松的学习环境。我们的教学对象是成年人，成年人学习第二语言的弱点是怕说错、好面子。对此，我们要有清醒的认识。学生出现错误，特别是顽固性错误，教师切不可急躁，不能嫌弃或批评。教师哪怕流露出半点嫌弃或批评的情绪，也会伤害学生的自尊心，加剧学生怕说错的心理。

如何对待学生练习中出现的错误？第一容忍，第二防范，第三改正。进行说话训练时，不怕学生说错，就怕学生不说。如果对学生的错误不能容忍，学生每说一个句子都必须完全正确，那就等于取消了学生说话的资格。这种要求不但对学生不公平，不切实际，教师也做不到。所以在战略上必须容忍学生的错误，而在战术上要采取防范措施。容忍不等于对学生的错误视而不见，纵容迁就。教师在语音、词汇、句型教学中，进行示范，给学生一个正确的模式，通过练习把正确的模式输入学生大脑的记忆库中作为经验成分储存起来。在进行具体的练习之前，教师要预测学生的难点或可能出现的错误，采取一定的方法避免。这些都是防范措施。即便采取防范措施，学生出错也难以避免。对于不影响表达交际的错误，教师可以记下来，等练习完了以后再纠正，或在课下个别纠正。而对那些影响表达交际的错误或共性错误，则要当堂在全班予以纠正和说明，最好在愉快的气氛中进行。

有了和谐宽松的学习氛围，对教师的提问或要求，一般来说学生会积极响应，争先恐后地回答或按照要求做练习，但有时也会出现冷场的情况。出现这种情况大多是因为教师提出的问题或要求超出了学生的实际语言水平。教师提问，学生回答，这看似简单，其实大有学问。教师的提问应该从易不从难，避免随意性，具有启发性，让学生有可说之话。为此，教师要精心设计提问和练习，精心组织学生的课堂活动，尽量调动起每一个学生的积极性。人人都有说话的欲望，大家竞相发言，课堂气氛才会活跃，这是说话训练的前提条件。

#### （四）说话教学的目的

说话教学的主要目的是：帮助学生输入尽可能多的语言要素，并且作为经验成分储存在大脑记忆库里以供调动和提取；通过反复输入、输出语言信息，训练口头表达微技能，提高编码的熟练程度，激活运动性语言中枢；训练发音器官准确地向外界传播语言信号；使学生说出的话主题明确、内容集中、条理清楚、层次分明、用词准确、语句通顺。

### 二、说话训练的原则

说话训练应该贯彻交际性原则。所谓交际性原则是从交际目的出发，进行有指导的说话训练，达到提高交际能力的目的。

第二语言总的教学目的是培养学生运用所学语言在一定范围内进行

交际的能力，具体到说话训练，更应该以培养口头交际能力为出发点和落脚点。“从交际目的出发”是指课堂上的每一个活动都是为了提高学生的口头交际能力，具体到每一课教学目的的确定、教学内容的选择、教学环节的安排、教学方法的运用等，都是为了培养学生的交际能力。例如：讲练生词、语法点和课文，既要进行输入练习也要进行输出练习，都是为了让学生使用这些生词、语法规则、课文内容进行交际。“进行有指导的说话训练”是指能力的提高需要训练，而训练必须有章法，遵循说话的规律，有教师的指导，从易到难，循序渐进地提高口头交际能力。学生进行说话训练离不开教师的指导，学生在教师指导下实际演练，师生共同努力，默契配合，才能提高训练质量，产生好的效果。“达到提高交际能力的目的”是指训练要讲求实效，落实到提高学生的口头交际能力上。

交际性原则是针对传统语言教学和当前语言教学的现状提出来的。传统语言教学重视语言知识的讲授和语言结构的分析，一些教师忽视语言的交际价值和交际功能，教出的学生往往高分低能，不能应付日常交际。语言教学不是为了培养语言学家，而是培养运用语言解决实际问题的人。交际性原则正是为此提出的。交际性原则并不排斥语言知识和语言结构，而是强调把语言结构和语言功能结合起来，有效地完成“语言知识——→语言技能——→言语交际技能”的转化。

交际性原则应该贯穿语言教学的始终，无论是在初级阶段、中级阶段还是高级阶段，都要贯彻交际性原则。教师要把课堂变成学生学习和使用语言进行交际的场所，鼓励他们用当课学的词语和课文说自己想说的话，表达自己的思想。为此，教师要精心设计和安排每一节课，选择的话题必须是有意义的、有趣的；设计的情景必须是学生熟悉的、便于理解的；提供的词语和结构必须是重要的、常用的；练习的难度要适合学生的语言水平。这样才能把“要我说”变成“我要说”，从而提高学生的交际能力。

为了提高学生的交际能力，说话训练应该进行单元集中教学，一个单元集中练习一个话题。同一个话题设计不同情景的课文，从简单到复杂，不断细化交际的目的、场合和对象。设计的情景越具体越便于学生模仿。以“请客”为例：请客的目的是联络感情还是有求于对方，是请客人来家里还是去饭店，请的人是老师还是朋友，是男女朋友还是普通朋友，客人接受邀请还是拒绝邀请等。一般的做法是先给学生示范课文，然后学生模仿课文做练习。以“请客”为例：

（一）学习示范课文

教师讲解、领读，学生两人一组对话、理解和记忆。

1. 话题：请客

情景：A是日本学生，打电话请老师吃饭。B是老师，同意去。

功能：邀请、接受邀请。

A：请问，是张老师吗？

B：我是。你哪位？

A：我是长岛，您明天晚上有空儿吗？

B：有事吗？

A：我想请您和您的夫人吃晚饭。

B：不要破费了吧。

A：您别客气，我太太从日本来了，她也想见见您和师母。

B：在哪儿？

A：明天晚上6点，我们在香味餐厅门口等您。

B：好，我们一定去。

2. 话题：请客

情景：A是外国人，B是中国人，他们是普通朋友，A请B吃饭，B不能去，改天另约。

功能：邀请、婉言谢绝。

A：小王，明天晚上你有空儿吗？

B：什么事儿？

A：我想请几个朋友聚一聚，吃顿便饭。

B：实在抱歉，明天我得去医院看我叔叔，他病得很重，明天晚上轮到我守护。你们聚会吧，我就不参加了。

A：你不参加多没意思啊！我还没通知别人，改天另约吧。

B：这样也好，以后再约。

A：再见。

B：再见。

3. 话题：请客

情景：A邀请女朋友B星期六看电影，B很高兴。

功能：邀请、接受邀请。

A：小颖，这几天太累了，星期六咱们放松放松好吗？

B：好啊，你说咱们去哪儿玩儿玩儿？

A：我请你看电影怎么样？美国进口大片《……》。

B：太好了，我最爱看美国大片了。哪个电影院有？

A：大华电影院。看六点一刻的吧。五点钟我来找你，咱们先去吃饭，吃完饭看电影。

B：行，五点钟我在宿舍等你。

（二）学生练习

话题：请客。

两人一组根据下列情景准备，然后汇报表演，教师和其他学生评判、纠错。

1. 情景：你打电话邀请老师吃饭，顺便请教学习方法。老师同意去。

2. 情景：你请中国朋友吃饭，他不舒服，不能去。

3. 情景：中国朋友请你去他家吃饭，你很高兴。

4. 情景：过几天是你的生日，你邀请同学参加生日晚会，他愿意参加。

5. 情景：你请同班同学星期天去公园，他同意。

6. 情景：你请同班同学星期天去公园，他不能去。

通过这样的单元训练，学生对“请客”这一话题就能掌握得比较扎实，能根据不同的目的、场合和对象说出恰当得体的话语，很好地完成交际任务。

## 第二节　说话训练的重点和难点

### 一、说话训练的重点

（一）帮助学生积累知识，吸收和储存经验成分

说话活动的本质之一是思维，说话人要准确表达自己的思想，大脑中必须有一定数量的经验成分。说话教学的目的之一是帮助学生输入尽可能多的语言要素，并且作为经验成分储存在大脑记忆库里以供调动和提取。所以，帮助学生积累知识，吸收和储存经验成分是说话训练的第一个重点。

先输入，再输出，输入要大于输出。进行说话训练首先要学习课文。课文提供说话训练的语料，包括话题、词汇、语法规则等，还提供交际模式，即中国人在什么情况下、对什么人说什么话。这些都要作为经验成分先储存在大脑中，是说话训练的基础和先决条件。

（二）训练口头表达的微技能

说话训练的第二个重点是训练口头表达的微技能，主要包括思维能力和语声表达能力。其中，思维能力又包括快速组织语言内容的能力，正确选词造句、组句成段的能力和恰当选取表达方式的能力。语声表达能力即善于运用声音技巧的能力。

1. 快速组织语言内容的能力

口头表达的微技能第一是思维，第二是语声表达。从大的方面说，开发学生的语言智能，训练使用第二语言思维的能力和提高语声表达的技巧，是说话训练的重点。思维过程由四个重要因素构成：(1)要有说话的欲望；(2)从大脑记忆库中提取语言信息；(3)把语言信息排列组合成句子；(4)选择合适的表达方法。关于“说话的欲望”前面已经论述。在真实的交际中，说话的欲望是自然而然产生的，不需要专门训练。思维训练的重点是后面三个要素。

说话活动的起点是大脑运动性语言中枢，即思维，经过思维形成内部言语。通俗地说就是，人在说话时，都是先想后说或边想边说。“想”就是

思维，首先想好“为什么说”“对谁说”“说什么”。说话时，听话人就在面前，不可能想半天说一句，说的话必须流畅连贯。由于受时间的制约，对“想”的首要要求是快，即快速组织语言内容。快速组织语言内容就是从大脑记忆库中快速提取语言信息。语言信息首先是一个一个的音义结合体——词汇，同时也包括词组和常用句。怎么样才能快速提取呢？一是大脑中储存的信息量要足够大，二是储存的语言信息具有可提取性。

人的大脑记忆库可以储存大量的语言信息，其容量之大是惊人的。但是对于第二语言学习者来说，大脑中储存的目的语的信息量是有限的。目的语的信息量不足跟快速提取的要求是学习第二语言的第一个主要矛盾。提取是输出，要输出首先得输入，而且必须大量地、反复地输入。只有反复输入，反复提取，反复使用，才能使输入的语言信息具有可提取性。这就是说话训练要从教生词、教句型开始的理论根据，也是提高词语和句型重现率的理论根据。

解决这一主要矛盾，关键是帮助学生输入语言信息。为此，词汇教学、句型教学、课文教学都要紧紧围绕这一目的进行。在单位时间里给学生输入的语言信息数量越多越好，提取和使用的重复率越高越好。需要说明的是，所谓给学生输入的语言信息是储存在学生大脑中的可以作为经验成分的语言信息，即具有可感应性的词汇、可使用性的语法规则等。这与课本所提供的教学内容不能画等号，不是要求学生把课本上的内容都背下来。以词语教学为例，每一课都有生词表，教师备课时首先要看本课生词量是多少，哪些是重点词，哪些是次重点词，哪些是非重点词。据此确定练习的重点和要求学生掌握的数量。教师不能要求学生把学过的词都记住，但是应该要求学生记住并掌握本课的重点词语。句型教学和课文教学也是这样，要确定重点与非重点，切忌平均使用力量。

学生大脑中输入了大量语言信息，只是为组织语言内容提供了物质基础，快速组织语言内容还要进行专门的输出训练。训练学生说话主题明确、内容集中、条理清楚、层次分明。主题明确、内容集中指说话要紧紧围绕一个中心，不能东一榔头西一棒子，别人听了不知所云。条理清楚、层次分明是指先说什么后说什么有合理的顺序，先说的话和后说的话有内在联系，前后呼应，过渡自然。这种训练可以从简单到复杂，例如：开始时进行单句练习，之后用几句话转告事情、通知事情或描述简单的事物等。后期进行成段表达的训练，可以按时间顺序介绍一天的生活，讲解做一件事的方法，讲述听到的一个故事等；也可以按地点的转移介绍一个国家、城市、地区、学校、公园等；还可以按事物的情节发展讲述看到的一件事，看过的一个电视节目或电影的内容等。在学生讲述之前，教师应该先示范，并明确提出要求。坚持不懈地进行这样的练习，久而久之就可以帮助学生开发智力，提高思维能力。

2.正确选词造句、组句成段的能力

组织语言内容的结果是产生“语点”，即压缩的语言信息。把压缩的语言信息变为连续的、线性的意义体系，这是说话训练的另一个重点，也就是提高学生选词造句的能力。选词造句应该正确规范，合乎汉语的一般习惯。从大脑记忆库中选出的词必须词义恰当、词性正确、感情色彩合适，并尽量选择口语词，避免夹杂书面语词汇。造句就是把选出的词语按一定顺序排列组合成句子。大脑记忆库中除了储存大量的词语以外，还储存了一定数量的语法规则，这些语法规则必须具有可使用性，用来生成大量的正确句子。

言语材料的大量输入对培养目的语语感至关重要。词语教学的着眼点放在使储存在学生大脑中的词汇具有可感应性上，语法教学的着眼点放在使储存在学生大脑中的语法规则具有可使用性上，从根本上说，就是帮助学生造出结构完整、搭配得当、关联紧密、意义明确、合乎汉语习惯的句子来。

初学汉语的学生难免受母语思维系统的干扰，把汉语的词按母语排列组合的方式“对号入座”，造出一些违反汉语习惯的句子。找到了根源，针对同一类型的错误，教师可用举一反三的方法，提供大量例句方便学生进行可懂输入，经过反复强烈地刺激加深印象。这样就可以从根本上摆脱母语思维系统的干扰，逐渐提高用汉语进行思维的能力。

3. 恰当选取表达方式的能力

说话训练的第三个重点是恰当选取表达方式。任何语言表达同样的意思都可以使用不同的表达方式。所谓恰当选取表达方式是指根据交际目的、对象、场合灵活得体地进行交际。这也是提高交际能力的落脚点。

在真实的交际中，说话是为了实现一定的交际目的，因此表达方式必须服从交际目的。古人说："话由旨遣。"意思就是说话必须服务于一定的说话目的。说话目的不外乎以下五种：(1) 传递信息或知识；(2) 引起兴趣或注意；(3) 争取了解或信任；(4) 激励鼓动或说服劝阻；(5) 请求同意或主动帮助。明确说话目的是交际成功的首要条件。因此，在训练学生说话的时候要让他们先想好"我为什么要说"或者"人家为什么要我说"，并且预先估计产生的效果，努力争取好的效果。

交际，至少由两个方面——说话人和听话人构成，因此说话要看对象，要话因人异。针对不同的对象和对象的不同情况，选取不同的表达方式。听话人的条件包括：职业、性别、年龄、文化知识水平、经历、思想状况、情感需要，以及在特定情景中特有的心情等。说话跟做事一样，要知己知彼，不但要看对象，而且要符合自己的身份。

说话还要顾及场合，要话随境迁。所谓"境"，主要是指说话的具体场景，即由一定的时间、空间和交际情景组成的场合。人们谈话的时候，说话人和听话人双方对话语的表达或理解，都要受特定场合的影响和制约。从话语的内容上说，在喜庆场合不要说使人丧气的话；在别人悲痛的时候不要开玩笑，说逗乐的事；在郑重的场合要谈严肃的话题；在随便的场合可以谈身边琐事和轻松愉快的内容。

快速组织语言内容、正确选词造句、恰当选取表达方式都属于综合的思维能力。如果说从组织语言内容到选词造句是完成从语言知识到语言技能的转化的话，那么，从选词造句到恰当选取表达方式则是完成从语言技能到言语交际技能的转化。开发学生语言潜能、加强思维能力的锻炼和提高，应该紧紧抓住以上三个重点，也就是训练和提高学生快速、正确、恰当地进行语言编码的能力。

4. 善于运用声音技巧的能力

善于运用声音技巧是说话训练的第四个重点。运用声音技巧包括声韵调准确清楚，重音、停顿、语速掌握得恰到好处，语气语调自然流畅。声音是语言的物质外壳，善于运用声音技巧可以出色地表达思想，促使交际顺利进行。第二语言学习者汉语说得好不好，人们的第一印象是发音。如果发音纯正，语调自然，就好像一个人穿着华丽的外衣，给人以美的感受。相反,如果发音不准,洋腔洋调,就会影响思想的表达,妨碍交际的顺利进行。

声韵调准确清楚,是指要按照汉语普通话的标准发音。首先应该掌握好 21 个声母、39 个韵母和 4 个基本声调。通过精讲多练,重点训练发音部位和方法,根据发音要领区分相似的语音和声调。如:声母中的送气音和不送气音,舌尖前音和舌尖后音;韵母中的前鼻韵母和后鼻韵母等。语音和声调比起来,重点是声调,因为声调是汉语的基本特征之一,具有区别语义的重要功能,往往是外国人学习汉语的难点。声调的问题往往是发第一声时调值不够高,发第二声时起点太高上不去,半三声发成第四声,发第四声时下不来。这些需要经过专门训练,使学生自觉控制发音器官,并养成正确习惯。声韵调的准确性,一是进行单项训练,发准每个音调;二是在语流中突出句子的整体训练。后者更为重要,只有整个句子的声韵调准确清楚,听起来才顺耳。这就需要学会声韵调以外的语音规则,如:变调、轻声、儿化等。声韵调准确清楚是说话的基本要求,要充分表达思想,还必须掌握好重音、停顿、语速、语气和语调等。

第二语言学习者要说一口流利地道的汉语,关键是克服母语的干扰,掌握汉语语音的特点和发音方法。我们的教学对象来自不同的国家和地区,分别使用不同的母语,在发音方面存在各种各样的问题,这就决定了语音教学的难度是很大的。说话训练既要改变学生的母语思维习惯,又要改变学生的母语发音习惯。

说话训练坚持不懈地把快速组织语言内容、正确选词造句、恰当选取表达方式、善于运用声音技巧这些微技能作为训练的重点,就能从总体上提高说话的能力。

## 二、说话训练的难点

进行说话训练,除了要了解训练的重点以外,还应该知道学生说话的难点。针对学生口头表达的困难,采取措施,逐一解决,训练才会收到好的效果。

根据调查,学生说话的主要困难有:音调不准、词汇量不足、句子不合语法规范、语句之间缺少关联以及流利程度差。

（一）解决音调不准的问题

学生的语音声调不准，其原因有一半是听力的问题，听得不准，对语音的辨析能力差，所以说得就不准。另一半原因是受母语发音系统的干扰，发音部位和发音方法掌握得不好。

对于由听力原因引起的音调不准，要提高学生辨音辨调的能力。教师把学生的难音难调分成组，一组一组地辨析，采取不同方法天天练、反复听。比如：

辨别 z、zh，要求学生反复辨别下列词语：

| | | | |
|---|---|---|---|
| 姿势 | 正宗 | 自治 | 阻力 |
| 知识 | 正中 | 直至 | 主力 |
| 赞助 | 准则 | 摘花 | 宗旨 |
| 站住 | 总则 | 栽花 | 终止 |

辨别 in、ing，要求学生反复辨别下列词语：

| | | | |
|---|---|---|---|
| 禁忌 | 禁止 | 频繁 | 人名 |
| 竞技 | 静止 | 平凡 | 人民 |
| 辛勤 | 银屏 | 风情 | 红星 |
| 心情 | 荧屏 | 风琴 | 红心 |

对于由发音部位和发音方法掌握不好引起的音调不准，要通过精讲多练，使学生掌握正确的发音部位和发音方法，并养成习惯。教师指导学生在听辨的基础上多多模仿，由慢到快，一组一组地练习，突破难音难调。

（二）解决词汇量不足的问题

学习和使用第二语言思维，学习者遇到的第一个主要矛盾就是储存在大脑中的目的语语言信息数量不足与快速提取语言信息之间的矛盾。学生常常先用母语想好一句话，再思考用汉语怎么表达。他们问教师问得最多的问题是"……用汉语怎么说？"可见，学生把教师当作获取语言信息的"信息源"。教师要帮助学生输入尽可能多的语言信息，并使其作为经验成分储存在学生的大脑中。我们在分析学生听力困难的时候，提出教师要有意识地扩大学生的词汇量。具体做法是：通过大量语言材料的输入，提高词语和语法点的复现率，还可以采用"顺便告诉"的办法帮助学生扩大词汇量；对于重点词语和次重点词语，教师要设计多种练习，给学生提供使用的机会。这些方法同样适用于说话训练之中。只有大量地实践，反复地使用，才能达到真正的理解和掌握。

（三）解决句子不合语法规范的问题

学生说出一个句子往往缺乏自信，常常问老师："……，这样说可以吗？"或者"这样说对不对？""这样说行不行？"这说明，他们对句子的语法结构拿不准，对此时此刻该不该说这个句子没有把握。遇到这种情况，如果学生说的句子是对的，教师应该及时肯定，并让其重复两三遍，以加深印象。如果学生说的句子有问题，先不要急于否定，首先找出该肯定的方面予以肯定，然后指出他的错误。比如：学生说出"我见面张老师在王府井了"，教师首先肯定这个句子里的"了"用得好。这种适当的肯定对增强学生的自信心和勇气，克服怕说错的心理，提高练习的积极性是十分必要的。然后指出"见面"是汉语里比较特殊的动词——离合词，这样的动词不能带宾语，可以把"见面"改为"看见""遇见"或者"碰见"。另外，"在王府井"是状语，应该在动词前边。这样学生可以自然地把句子改为"我在王府井看见张老师了。"到此切不可以"为止"，教师还要设计一组练习让学生加深印象，强化刺激。

① 我在邮局遇见________了。

② 他在商店遇见________了。

③ 我在路上碰见________了。

④ 她在学校门口碰见________了。

⑤ 我在食堂看见________了。

⑥ 他们在上海看见________了。

最后教师要总结归纳一下，这些句子都表示在某个地方看见什么人是偶然的、没有想到的，因此不可以说"我在教室看见老师了""他在商店遇见售货员了"。这样，不但帮助学生熟练地掌握了这个句子的语法结构，而且让他们明白了什么时候说这个句子；既提高他们选词造句的能力，又提高恰当选择表达方式的能力。

（四）解决语句之间缺少关联的问题

学生在说成段话语的时候，往往是一个个孤零零的句子，句与句之间缺少关联。因此，口语教材不应该是单一的会话体，应该以会话体为主，会话体与叙述体相结合。在进行成段表达训练的时候，叙述体的课文就是范文，让学生多做复述性的练习，可以锻炼学生说话的条理性、层次性，使表达主题明确、内容集中、条理清楚、层次分明；句与句之间有内在的联系，前后呼应，过渡自然。

（五）解决流利程度差的问题

说话是边想边说、边编码边传递的过程。前文在分析学习和使用第二语言思维的特点时谈了学生大脑中储存的第二语言经验成分数量不足而且可提取性和可使用性差，所以编码的速度比使用母语进行思维慢得多。这是说话流利程度差的根源。要使学生说话自然流畅，关键是提高编码的速度，也就是组织内部言语的速度。内部言语组织得快，说话的速度就快，就可以减少停顿和“垫话”，语流就自然连贯。这是需要经过专门训练的。在做替换练习和模仿、跟读的练习时，教师要有意识地加快语速，至少使用正常语速或者比正常稍快的语速。学生习惯了正常语速，说话的流利程度可以大大提高。

## 第三节　说话训练的方法

### 一、说话训练的方法

说话训练应当采用以说为主、先听后说、先读后说、说写结合的综合训练方法。

语言不是教会的，而是练会的。口语课教学一定要贯彻精讲多练，注重交际的原则。教师应尽量减少自己的话语，把说话时间和机会留给学生，让学生真正成为课堂活动的主体。

说话训练要以说为主，训练学生的发音器官和大脑的运动性语言中枢。在口语课上，学生的主要活动是说，要尽量提高学生的开口率。一般来说，学生说得越多，开口率越高，训练的效果越好。

“说”是输出性技能，是大脑运动性语言中枢进行编码并向外界传送的过程。输出之前必须先通过听和读输入大量的语言信息和语言交际的模式，知道对什么人说什么话和怎么说。所以，在口语课上要先学习课文，做到先听后说，先读后说。让学生听到、读到语言信息是教给学生语言信息的输出模式，可以看作是“举一”，那么，学生进行的说话练习就是按照听到、读到的模式反复输出，变规则为语感，学会在什么情况下说什么话和怎么说，也就是“反三”。

说写结合的“写”是在课后完成，学生把课上说过的话或者别人说过的话在课后写出来，可以进一步训练用汉语进行思维的能力，使学生说出的话主题明确、内容集中、条理清楚、层次分明、用词准确、语句通顺。“写”是巩固和提高课上说话训练的成果。“写”作为课后作业要注意适时适量，有选择地去做，不能引导学生把大部分精力花在写作业上，即便是课后也要多做“说”的练习。

听说读写是四种不同的语言技能，同时又是密切相关的，你中有我，我中有你，互相依存，互相促进。因此某个单项技能的训练不能采取单一的训练方法，而要采取综合训练的方法。口语课就是通过综合训练的方法训练学生的思维能力和语声表达能力。

### 二、思维能力的训练

语言理解和语言表达的根本在于思维，提高语言技能和言语交际技能的根本也在于思维。第二语言教学要紧紧抓住“启迪学生思维，开发语言潜能”这个根本。

我们的教学对象一般都是成年人，他们的大脑中已经储存了一个比较完整的母语系统和大量的概念，他们的思维能力、认知能力都比较成熟，具有学习第二语言的潜能。这就使我们提出的“启迪学生思维，开发语言潜能”成为可能。

如何启迪学生思维，开发语言潜能呢？重要的方法是：处理教材，变完成式为未完成式。

现在教材中的课文基本上都是完成式的课文。学生学习完成式的课文，最后的结果是把课文背下来。而学习未完成式课文的过程实际上是教师和学生一起编写课文的过程，学生会很有成就感。教学实践证明，未完成式课文对学生极具挑战性，能够极大地调动学生学习的积极性和主动性，把学生学习语言的潜能充分开发出来。所以教师处理课文时，要把完成式变成未完成式。下面介绍几种具体的方法。

（一）组句成段

《速成汉语基础教程：综合课本 4》[①]第 3 课中的课文（一）是：

假日旅游是贝拉的最大爱好。来北京两个月，她去过许多地方。她参观过北京世界公园，游览过长城和故宫，她曾经在颐和园的昆明湖划过船，也曾在动物园跟大熊猫照过相。可以说，北京的许多名胜古迹都留下过她的足迹。

教师先把课文变成独立的 7 个句子：

假日旅游是贝拉的最大爱好。

来北京两个月，贝拉游览过许多地方。

贝拉游览过北京世界公园。

贝拉也游览过长城和故宫。

贝拉曾经在颐和园的昆明湖划过船。

贝拉曾经在动物园跟大熊猫照过相。

可以说，北京的许多名胜古迹都留下过贝拉的足迹。

然后教师跟学生一起把这 7 个独立的句子组成语段，恢复成课文的形式。首先启发学生思考如何把重复的“贝拉”替换或者去掉，然后启发学生替换重复的“游览”，最后恢复成原来的课文。

有的课文，我们还可以把句子的顺序打乱，用投影仪展示出来：

不知道什么原因，山本正两天没来上课了。

因此，课间休息的时候，大内上子给山本住的宾馆打了个电话。

下课以后，同学们商量了一下，决定派大内上子和金汉成代表全班去看望山本正。

宾馆服务员告诉她，前天晚上山本正生病了，住进了友谊医院。

他平时学习努力，遵守纪律，要是有事不能上课，一定会向老师请假。

① 郭志良，杨惠元主编. 速成汉语基础教程：综合课本 4[M]. 北京：北京大学出版社，2007.

教师跟学生一起讨论，恢复成原文：

不知道什么原因，山本正两天没来上课了。他平时学习努力，遵守纪律，要是有事不能上课，一定会向老师请假。因此，课间休息的时候，大内上子给山本住的宾馆打了个电话。宾馆服务员告诉她，前天晚上山本正生病了，住进了友谊医院。下课以后，同学们商量了一下，决定派大内上子和金汉成代表全班去看望山本正。

组句成段练习可以有效改善汉语学习者在成段表达时常常说孤零零的句子，句与句之间缺乏关联的情况。句与句之间常用的连接手段有：使用关联词语、代词和省略等。组句成段练习还可以训练逻辑思维能力，改善学生说话颠三倒四，内容不集中的问题。

（二）完成课文

现在教材里的课文几乎都是完成式的课文。《速成汉语基础教程：综合课本 3》[①]中有这样一段课文：

艾：白老师，您家里的书真多，跟小图书馆一样。

白：你喜欢哪本，随便看。

艾：这本《中国文化研究》借给我看看，行吗？

白：这本书是从图书馆借来的，快到期了，三天看得完看不完？

艾：看不完，五天差不多。

白：可以。

艾：到时候我一定还您，有借有还，再借不难嘛。

白：没错。我这个小图书馆的门随时为你开着。

艾：谢谢。

白：别人都说你是个书迷。

艾：我还算不上，我爸爸才是真正的书迷呢。他看见一本好书，就跟看见美酒一样。他说，读一本好书，又解饿，又解渴，一夜不睡都不困。

白：不吃不喝，光读书，那可就省钱了。

艾：一点儿不省钱，我们国家的书比牛奶、面包贵多了。

① 郭志良，杨惠元主编．速成汉语基础教程：综合课本 3[M]．北京：北京大学出版社，2007．

我们把原文留出“空”来，变成未完成式，如下：

艾：白老师，您家里……真……，跟……一样。

白：你喜欢……，随便……。

艾：这本……借给……，行吗？

白：这本书是……的，快……了，……看……？

艾：看不完，……差不多。

白：……。

艾：到时候……，有……，再……嘛。

白：没错。我这个……随时……。

艾：……。

白：……都说……。

艾：我还算不上，我爸爸……。他看见……，就跟……一样。他说，读……，又……，又……，……都不困。

白：不吃不喝，光……，那可就……。

艾：一点儿不……，我们国家的……比……贵多了。

上课的时候教师跟学生一起把未完成式的课文恢复成原文，一句一句地进行。先出示第一句，不要看下面的句子，发挥学生的想象，可以说出很多的句子：

白老师，您家里的书真多，跟小图书馆一样。

白老师，您家里的杂志真多，跟小阅览室一样。

白老师，您家里的花儿真多，跟花店一样。

白老师，您家里的画儿真多，跟小美术馆一样。

白老师，您家里的宠物真多，跟小动物园一样。

…………

如果跟下面句子连起来，很多句子就不合适了。教师跟学生一边讨论，一边讲解，逐句进行，直到恢复成原文。这种练习训练学生选词造句、组句成段和恰当选取表达方式的能力，也训练形象思维和逻辑思维能力。

（三）空当接龙

具体做法是：课前我们把课文中的句子制作成卡片，每句一张。学习完生词以后，把卡片发给学生，每人一张。让学生只记住自己的句子，然后把卡片扣过来，不许再看。教师说第一个句子，让大家思考并说出第二个句子、第三个句子，一个句子一个句子地续接。有的同学说得对，有的同学说得不对，大家一起讨论，让他们知道为什么对，为什么错。然后按照正确的顺序每个人说出自己的句子，最后恢复成原来的课文。可以让学生说三到四遍，每一遍分到不同的卡片，以此训练逻辑思维能力。

下面每句为一张卡片，共13张，全班13个学生每人一张。为了使练习顺利进行，加快课堂教学的节奏，第一遍分发卡片时，班上水平高的学生发比较长的复杂的句子，水平低的学生发短的简单的句子；第二遍、第三遍、第四遍分卡片时根据第一次练习的情况进行调整。这个练习具有游戏的性质，学生参与的积极性很高。以《速成汉语基础教程：综合课本3》中第44课《中秋节》为例：

今年中秋节的夜晚，天气晴朗，一轮明月挂在天上，银白色的月光洒满了大地。在图书馆旁边的草坪上，几位中国老师和十几个外国学生坐在一起，一边吃着月饼、水果，一边喝着啤酒。

他们在明亮的月光下又说又笑，又唱又跳，开心极了。

方老师：关于月亮有许多美丽的传说，你们谁能给大家讲一个？

艾米：我读过《中国民俗研究》这本书，知道一些传说，可我说不出来。还是上子说吧，她的口语好。

大内：这方面的书我读得不如艾米多。我看，还是请老师讲吧。

方老师给同学们讲了“嫦娥奔月”的传说，大家听了，都说很有意思，只有金汉成一直呆呆地望着天上。

大内：你在想什么呢？

金汉成：听说嫦娥是个美丽的姑娘，她一个人住在那儿，一定很寂寞。

艾米：你想上去陪陪她，对吧？可你上得去吗？

金汉成：坐飞船上去没问题，可就怕一时下不来。

大内：为什么？

金汉成：我想请嫦娥小姐当我的老师，辅导我古代汉语。

（四）滚雪球

具体做法是：教师先展示第一个句子“明天我们去颐和园”，让学生接第二个句子。学生可能说出很多句子，但是如果有人说出“我们……点出发。”马上肯定这个句子，然后练习这两个句子。如果没有人说这样的句子，教师可以提问：“明天我们去颐和园，几点出发？”学生自然地说出“七点出发”“八点出发”“九点出发”。下面都用同样的方法引导学生说跟课文相同或类似的句子。这样，从两句到三句再到四句，像滚雪球一样，越滚越多，最后说出完整的一段话，恢复成原文（下面最后一段是课文原文）。这种练习训练组句成段和恰当选取表达方式的能力，也是训练逻辑思维的能力。

明天我们去颐和园。

明天我们去颐和园。我们八点出发。

明天我们去颐和园，八点出发。我们骑自行车去。

明天我们去颐和园，八点出发，骑自行车去。张老师也跟我们一起去。

明天我们去颐和园，八点出发，骑自行车去。张老师也跟我们一起去。我们从学校出发，可是张老师从家里出发。

明天我们去颐和园，八点出发，骑自行车去。张老师也跟我们一起去。我们从学校出发，可是张老师从家里出发。他坐公共汽车去。

明天我们去颐和园，八点出发，骑自行车去。张老师也跟我们一起去。我们从学校出发，可是张老师从家里出发。他坐公共汽车去。张老师是北京人，对北京的名胜古迹非常熟悉。

明天我们去颐和园，八点出发，骑自行车去。张老师也跟我们一起去。我们从学校出发，可是张老师从家里出发。他坐公共汽车去。张老师是北京人，对北京的名胜古迹非常熟悉。他要给我们讲解颐和园的历史和建筑特点。

（五）模仿课文的结构叙述

让学生复述课文是语言课常用的方法，但是欧美学生对此方法不感兴趣。如果我们稍微变化一下，给他们创造思考的空间，他们就会更乐于做。具体做法有：改变人称复述、改变时间复述、改变叙述角度、模仿结构复述等。原文如果是第一人称，可用第三人称复述；原文是第三人称，可以用第一人称复述。原文是“明天我们去颐和园”，可以变成“昨天我们去颐和园了”让学生复述，这样很多句子就要变成表示过去“时态”的句子了。如果原文是顺叙，可以让学生倒叙复述；如果原文是倒叙，可以让学生顺叙复述。下面以模仿结构复述为例，教师和学生先一起概括出原文的段落结构——相识、外貌、爱好、交往。

原文：

我有一个中国朋友叫王小红。她今年20岁，在我们学校外语学院学习英语。我们是在一次联欢晚会上认识的。

王小红是个很漂亮的姑娘，高高的个子，身材苗条，细眉毛，大眼睛，高鼻梁，红嘴唇，笑的时候脸上一边一个酒窝。

王小红有很多爱好。唱歌、跳舞、打球、游泳，她都喜欢。她流行歌曲唱得好极了，每次联欢晚会她都唱几首，很受大家欢迎。

王小红的英语还不太流利，但是比我的汉语好。现在我们常常一起学习，互相帮助。她帮助我学习汉语，我帮助她学习英语。我们两个人都有练习的机会，我觉得这样学习很好。

然后让学生按照课文的段落结构——相识、外貌、爱好、交往介绍自己的一个朋友。一个学生这样复述：

我有一个中国朋友叫方云天。他今年19岁，在我们学校人文学院学习中国文学。我们俩是在食堂吃饭的时候认识的。

方云天是个非常帅的小伙子，高高的个子，身体强壮，浓眉毛，大眼睛，高鼻梁，厚嘴唇，他说话的声音非常洪亮。

方云天的爱好不太多。我知道他特别喜欢京剧，爱听、爱唱。他唱大花脸唱得好极了，每次开晚会的时候，大家都欢迎他唱上两段。

方云天会说一点儿日语，但是还不太流利。我的汉语比他的日语好一点儿。现在我们常常在一起学习，互相帮助。他帮助我汉语，我帮助他日语。我很喜欢跟他在一起学习。

另一个学生复述：

我有一个日本朋友叫山本正。他今年22岁，在我们学校汉语速成学院学习汉语。我们是在王才同学的生日晚会上认识的。

山本正是个外貌平常的小伙子。他个子不高，但是很魁梧。他的头很大，头发很黑，嘴唇很厚，牙齿很白，一说话就脸红。

山本正喜欢打网球、打保龄球，他还喜欢唱歌，常常去卡拉OK歌厅唱歌。

山本正今年才开始学习汉语。他学习很努力，进步很快。他常常来我的宿舍问我问题，跟我谈话。有时候我也去他的宿舍，跟他聊天。

每个学生按照以上段落结构介绍自己的一个朋友。这种练习可以训练学生快速组织语言内容的能力，正确选词造句、组句成段的能力和恰当选取表达方式的能力，同时训练求同思维、求异思维和形象思维能力。

（六）叙述改对话/对话改叙述

教材里的课文有的是对话体，有的是叙述体。教师要引导学生把对话体改成叙述体，练习成段表达；也可以引导学生把叙述体改成对话体，分角色会话或表演。下面是一个把叙述体改成对话体的例子。原文是：

艾米是个美国姑娘，她是五年前从北大毕业的。前天她跟一个艺术代表团一起又来到北京。今天她在北海公园遇见了以前的中国老师方龙。她说："方老师，您好，您还认识我吗？"方龙看了看她，说："你是艾米，美国人。"他们都高兴地笑了。艾米告诉方老师，她现在是翻译，她和代表团已经访问了上海、南京、洛阳、西安和敦煌，后天就要离开北京回国了。方龙请艾米第二天去他家玩儿。可是艾米和代表团明天要去音乐学院和美术学院参观，她没有时间。艾米请她的朋友给她和方老师照了一张相就很快地走了，因为代表团的人在那边等着她。

这段课文里有两个角色，教师引导学生把它改成对话，艾米说艾米该说的话，方龙说方龙该说的话。做这种练习，教师要选择合适的课文。合适的课文应满足以下特点：课文中人物少，关系简单；课文中的人物对话多，动作少；课文中人物的语言能够体现典型的交际性原则。

要完成好练习，教师课前一定要自己先做一遍，体会学生做时可能出现哪些问题，想出如何应对的方法。这样，课上才能给学生正确的指导。凡是要求学生在课堂完成的练习，教师必须在课前先做一遍。

下面是教师启发学生说出的对话：

艾米：方老师，您好，您还认识我吗？

方龙：你是艾米，美国人，五年前毕业的。对吧？哈哈……

艾米：哈哈，您的记性真好。您现在还在北大教书吗？

方龙：对。你是什么时候来北京的？

艾米：前天。

方龙：是一个人来的吗？

艾米：不是。我是跟芝加哥艺术代表团一起来的，我是他们的翻译。

方龙：你们访问了哪些地方？

艾米：我们先访问了上海、南京、洛阳、西安和敦煌。前天来到北京，昨天去了长城和十三陵。今天游览北海、景山和故宫。

方龙：你们什么时候回国？

艾米：后天离开北京回国。我们只在北京待四天。

方龙：明天去我家玩儿吧。我还住在老地方。

艾米：恐怕没有时间了。明天我们要去音乐学院和美术学院参观，晚上还要去看京剧。下次吧，下次来北京，我一定去拜访您。

方龙：好，我一定好好招待你。

艾米：方老师，咱们在五龙亭前边照张相吧，让我的朋友给咱们照，他的技术很好。

方龙：来，在这儿照吧。

艾米：对不起，方老师，我得马上走了，代表团在那边等着我呢。再见！

方龙：再见！

下面的练习是将对话体课文改成叙述体。原文：

（王欢正在办公室办公，贝拉突然敲门走了进来。）

王欢：贝拉，怎么一脸不高兴的样子？

贝拉：王老师，我的自行车被人偷走了。

王欢：是吗？你把车放在哪儿了？

贝拉：放在宿舍门口了。

王欢：你慢慢找找，别着急，越着急越找不到。

贝拉：我已经找了很长时间了。

王欢：你想想，有人借过你的车吗？

贝拉：没有。肯定让人偷走了。

王欢：你把这事告诉学校保卫处了吗？

贝拉：我刚才去了一趟，他们正在开会，没进去。

王欢：既然丢了着急也没用。贝拉，我给你讲一个故事，好吗？

贝拉：我哪儿还有心思听故事啊？

王欢：你坐下，听我讲完了故事，你就不生气了。

会话体课文改成叙述体，要避免学生叙述时都是“A说……，B说……，A说……，B说……，A说……，B说……”。为此，教师要选择能够加上表情动作的会话体课文，启发学生把会话中的话语变成一般的叙述。这种练习可以训练学生快速组织语言内容的能力，正确选词造句、组句成段的能力和恰当选取表达方式的能力，同时训练求同思维、求异思维、形象思维和逻辑思维的能力。

下面是经过教师的启发学生说出的叙述体课文。

（1）用第三人称叙述

贝拉的自行车被人偷走了。她找了很长时间也没找到。她去了一趟学校的保卫处，可是没进去，因为保卫处正在开会。贝拉来到留学生办公室，想把丢车的事告诉王欢老师。王欢看见贝拉一脸不高兴的样子，问她发生了什么事？贝拉说：“我的自行车被人偷走了。”王老师问：“你把自行车放在哪儿了？”“放在宿舍门口了。”王老师说：“别着急，越着急越找不到。你想想，是不是借给别人了？”贝拉说没借给别人，肯定让人偷走了。王欢说：“既然丢了，着急也没有用。我给你讲一个故事吧。”可是贝拉没有心思听故事。王老师说：“你坐下，听我讲完了故事，你就不生气了。”

（2）用第一人称叙述

我的自行车被人偷走了。我想请留学生办公室的王欢老师帮助我，就来到王老师办公室。王老师看见我一脸不高兴的样子，问我发生了什么事？我把丢车的事告诉了他。他问我把自行车放在哪儿了？我说放在宿舍门口了。我找了很长时间也没找到。他说："你别着急，越着急越找不到。你想想，是不是借给别人了？"我说："没借给别人，肯定让人偷走了。"他问我去没去学校的保卫处，我说去了，他们正在开会，我没进去。王老师说："既然丢了，着急也没有用。我给你讲一个故事吧。"可是我哪儿还有心思听故事啊。王老师说："你坐下，听我讲完了故事，你就不生气了。"

"启迪学生思维，开发语言潜能"是一个大课题。如果这个课题做好了，课堂教学的质量和效率就可以有飞跃性的提高。

### 三、语声表达的训练

语声表达训练的目标是让学生说话时能够善于运用声音技巧。首先，声韵调正确清楚，要掌握好 21 个声母、39 个韵母和 4 个基本声调。在发好单音的基础上，重点训练在语流中声韵调的准确性。其次，重音、停顿、语速恰到好处，语气语调自然流畅。这是充分表达思想的需要，也是提高语言交际能力的需要。

训练运用声音技巧必须加强针对性。学生在语流中出现语音问题，是声母的问题、韵母的问题还是声调的问题，必须先分辨清楚才能有针对性地解决。还要分析学生产生错误的原因。学生发音错误的原因主要有两个方面：一是辨音能力差，不能分辨正误；二是没有掌握正确的发音部位和发音方法。因此还要能够针对学生产生错误的原因采取有效的方法进行纠正。第一类原因从辨音入手，要训练学生的耳朵，解决辨音的问题。第二类原因要通过训练让学生掌握正确的发音部位和发音方法，养成习惯，培养汉语的音感。

语声表达训练，要求教师必须善于运用声音技巧，发音要正确规范，声调要准确清楚，语气语调要自然流畅，这是国际汉语教师的基本功。同时还要具备审音、辨音、纠音的能力，掌握教授语音、练习语音、纠正语音的基本方法。

训练运用声音技巧要从单音训练入手，最后落实到语流中使声韵调正确无误。除此之外，还要做到：

（一）训练重音、停顿、语速恰到好处

训练重音、停顿、语速的方法主要是听和模仿。在第三章第三节中，听后模仿能力的训练方法同样适用于说话训练。在学生听和模仿之前，教师先讲解一般的规律，然后进行成组的练习。

1. 模仿重音

教师先讲解词重音、句重音（包括语法重音和逻辑重音）的一般规律，然后逐一进行演练。比如：讲解语法重音，句子的主要成分——主语、谓语、宾语和定语、补语等附加成分往往重读；讲解逻辑重音，句子中说话人需要强调的部分往往重读，如"是……的"结构中时间、地点、方式等需要强调的词语。语法重音在句中的位置一般是相对固定的，逻辑重音在句中的位置不固定，是说话人把强调的部分刻意重读的结果。根据讲解的内容一组一组地进行听后模仿练习。例如：

① 他有三支钢笔。（语法重音）

他有三支钢笔。（逻辑重音，强调"他"，不是别人有三支钢笔）

他有三支钢笔。（逻辑重音，强调他确实"有"）

他有三支钢笔。（逻辑重音，强调三支"钢笔"，不是铅笔）

② 彼得是昨天到的北京。（语法重音）

彼得是昨天到的北京。（逻辑重音，强调"昨天"）

彼得是昨天到的北京。（逻辑重音，强调"彼得"，不是别人）

彼得是昨天到的北京。（逻辑重音，强调确实是）

彼得是昨天到的北京。（逻辑重音，强调"北京"，不是别的地方）

③ 亨利不会说汉语。（语法重音）

亨利不会说汉语。（逻辑重音，强调确实不会）

亨利不会说汉语。（逻辑重音，强调"亨利"，意思是别人会说）

亨利不会说汉语。（逻辑重音，强调“汉语”，意思是亨利会说别的语言）

2. 模仿停顿

教师先举例说明停顿也有区别句义的作用，讲解停顿的一般规律，然后一组一组地进行模仿练习。

① 他写｜不好。
　他｜写不好。
② 我们｜四个人坐一条船。
　我们四个人｜坐一条船。
③ 孩子找不到，｜妈妈哭了。
　孩子找不到妈妈，｜哭了。
④ 身体不好的同学｜应该休息。
⑤ 那个工厂的厂长｜是老王的朋友。

汉语中的主语往往是话题，强调主语或句中比较长的主语后面要停顿。

3. 模仿语速

在说话教学中训练运用声音技巧不必像听力训练那样，刻意追求快速，应当让学生模仿正常的语速，不能太慢，也不能太快。

（二）训练语气语调流畅自然

训练语气语调，要在讲解的基础上成组地进行练习。汉语的句调主要有陈述句、疑问句、祈使句和感叹句四大类。每一类都包括多种不同的语气。比如：陈述句包括肯定语气、否定语气；疑问句包括用“吗”和不用“吗”提问的一般疑问语气、特指疑问、正反疑问、选择疑问等不同的疑问语气；祈使句包括用“请”“让”“叫”“吧”“别”“不要”等词语表示的祈使语气；感叹句包括表示赞扬的、厌恶的、惊讶的语气。汉语的语气语调种类繁多、千变万化，教师根据教材中出现的，分门别类，在讲解的基础上成组地进行练习。例如：

1. 肯定语气

这是我的。　　　这是他的。

这是小王的。　　这是老师的。

2. 否定语气

你吃什么药，休息一下就好了。

你喝什么酒，一会儿还要开车出去。

你开什么车，走路5分钟就到了。

你买什么菜，家里各种菜都有。

3. 用"吗"和不用"吗"提问的一般疑问语气

你是老师？　　你是老师吗？　　他有女朋友？

他有女朋友吗？　　你去上海？　　你去上海吗？

4. 表示特指的疑问语气

你吃什么药？　　——我吃感冒药。

你喝什么酒？　　——我喝白酒。

你开什么车？　　——我开宝马车。

你看什么电视节目？　　——我看新闻联播。

5. 祈使语气

别说了。　　别去了。　　别唱了。

别买本子了。　　别去上海了。　　别看电视了。

6. 表示赞扬的感叹语气

太好了！　　太漂亮了！　　太暖和了！

太便宜了！　　太方便了！　　太可爱了！

7. 表示厌恶的感叹语气

太冷了！　　太贵了！　　太脏了！

太吵了！　　太可恨了！　　太讨厌了！

总之，语声表达训练要长抓不懈，贯穿汉语教学的始终。训练方法以模仿为主，辅以适当的讲解。从易到难，加强针对性，突出重点和难点，在教师指导下多听多说多练。

## 第四节　口语课的教学环节

口语课的教学环节一般由六个部分组成：复习、讲练生词、讲练课文、活用课文，总结和布置作业。其中，讲练生词、讲练课文和活用课文为主要教学环节。下面，我们以初级阶段 2 课时（100 分钟）的口语课为例具体介绍一下。

### 一、口语课的教学环节（100 分钟）

（一）复习（10 分钟以内）

多用问答和复述的方法复习前一课学过的内容。

（二）讲练生词（20 分钟左右）

1. 领读；
2. 学生认读；
3. 讲练重点词语（意义、用法）；
4. 词语搭配（组词组句）练习；
5. 词语活用练习。

（三）讲练课文（30 分钟左右）

1. 从听入手展示课文：听教师说或者听录音；
2. 从读入手展示课文：用投影仪；
3. 利用投影跟学生一起完成课文，充分利用“脚手架法”；
4. 通过提问掌握并熟悉课文的词语和句子；
5. 通过讲练掌握并熟悉课文的话题、结构；
6. 学生分组活动，练习对话或者叙述，能够比较流利地复述课文。

这里重点介绍一下“脚手架法”，以《速成汉语基础教程：综合课本 3》第 7 课《我也想多练习口语》为例：

（一）

白　华：现在还有一点儿时间，同学们对我的课有什么要求和建议请提一提。哪位先说？

彼　得：老师，我先说。

白　华：请。

彼　得：老师讲语法讲得比较快，请再慢一点儿。

大　内：我觉得老师讲得一点儿也不快。我希望老师讲得再少一点儿，给我们更多的机会练习说。

山　本：对，我也想多练习口语，在课上多听、多说。

白　华：这些意见很好。谁还说？

贝　拉：老师，我查词典查得很慢，能不能加强这方面的训练？

白　华：可以。

艾　米：我有个意见，就是……

白　华：有话就说，别不好意思。

艾　米：您教课很认真，只是，您经常说“你们要注意身体！”“天气太冷，你们要多穿衣服。”我们已经不是小孩子了。

大　内：这是老师对我们的关心。

山　本：老师有时候对我们太客气了。我们是您的学生，希望您严格要求我们。

金汉成：对！谁上课来晚了，就别让他进教室。

贝　拉：今天早上你就来晚了，怎么也进来了？

（二）

白　华：现在还有……，同学们对我的课有什么……请提一提。哪位先说？

彼　得：老师，我……。

白　华：请。

彼　得：老师讲……讲得比较快，请再……。

大　内：我觉得老师讲得一点儿……。我希望老师讲得……，给我们更多的机会……。

山　本：对，我也想多练习口语，在课上……。

白　华：这些意见很好。谁还说？

贝　拉：老师，我查词典查得……，能不能加强这方面的……？

白　华：可以。

艾　米：我有个意见，就是……

白　华：有话就说，别……。

艾　米：您教课很……，只是，您经常说“你们要注意……！”“天气太冷，你们要……。”我们已经不是小孩子了。

大　内：这是老师对我们的……。

山　本：老师有时候对我们太……了。我们是您的学生，希望您……要求我们。

金汉成：对！谁上课来晚了，就别让他……。

贝　拉：今天早上你就来晚了，怎么也……了？

（三）

白　华：现在……，同学们对我的课……请……。哪位先说？

彼　得：老师，我……。

白　华：请。

彼　得：老师讲……讲得……，请再……。

大　内：我觉得老师讲得……。我希望老师……，给我们更多……。

山　本：对，我也想……，在课上……。

白　华：这些意见……。谁还说？

贝　拉：老师，我查词典……，能不能加强……？

白　华：可以。

艾　米：我有个……，就是……

白　华：有话就说，别……。

艾　米：您教课……，只是，您经常说“你们要……！”“天气太冷，你们要……。”我们已经……。

大　内：这是老师……。

山　本：老师有时候……了。我们是……，希望您……。

金汉成：对！谁上课……，就别让他……。

贝　拉：今天早上你就……，怎么也……了？

（四）

白　华：现在……，同学们……。哪位……？

彼　得：老师，……。

白　华：……。

彼　得：老师……，请再……。

大　内：我觉得……。我希望……，给……。

山　本：对，我……，在……。

白　华：这些……。谁还说？

贝　拉：老师，我……，能不能……？

白　华：……。

艾　米：我……，就是……

白　华：有……，别……。

艾　米：您……，只是，您经常说……我们……。

大　内：这……。

山　本：老师……。我们……，希望……。

金汉成：对！谁……，就……。

贝　拉：今天……，怎么……？

（五）

白　华：……

彼　得：……

白　华：……

彼　得：……

大　内：……

山　本：……

白　华：……

贝　拉：……

白　华：……

艾　米：……

白　华：……

艾　米：……

大　内：……

山　本：……

金汉成：……

贝　拉：……

“脚手架”是帮助学生复述课文的得力助手。随着练习的深入，要把“脚手架”逐渐去掉，最后顺利地复述整篇课文。

（四）活用课文（35 分钟左右）

引导学生用课文提供的话题、结构、词语说自己想说的话，表达自己想表达的意思。这是一种接近真实的准交际性的练习，是口语教学的落脚点，也是教学活动中的高潮环节。

例一：从读入手，用投影仪展示课文。

南京玄武湖目前水质严重污染。近三个月来，湖里出现大量死鱼。长期以来湖边 30 几家工厂的工业污水排到湖里，造成湖水严重污染。到目前为止，湖里的死鱼已经有两万公斤，玄武湖已经变成南京最大的污水池。如果再不治理，3 年以后玄武湖将会变成一个死湖，“古都明珠”就会黯然失色。

教师领读两遍，然后逐句提问，学生要用完整的句子回答。

① 南京玄武湖目前水质怎么样？
② 近三个月来，湖里出现了什么？
③ 长期以来，湖边 30 几家工厂的什么排到湖里？
④ 到目前为止，湖里的死鱼有多少公斤了？
⑤ 玄武湖已经变成什么了？
⑥ 如果再不治理，3 年以后玄武湖会怎么样？
⑦ 什么会黯然失色？

在学生熟悉课文内容的基础上，教师启发学生概括这一段的结构。

| | |
|---|---|
| “南京玄武湖目前……” | 是“话题” |
| 近……来，…… | 是说“近况” |
| 长期以来…… | 是说“原因” |
| 到……为止，…… | 是“现状” |
| 如果不……将…… | 是“后果” |

然后按照以上结构再给出两个例子：

（一）

目前全世界出现了严重的水资源危机。近年来，世界上有100多个国家缺水现象严重。长期以来，人们不注意保护环境，把大量污染物排到江河湖海里。到去年为止，全世界有18亿人因为喝了污染的水，受到疾病的威胁。人类如果再不注意保护环境，地球上将没有干净的水可喝。

（二）

目前全球的森林资源受到严重破坏。近年来，地球上有50亿公顷的森林从地球上消失。长期以来，人们任意砍伐树林，造成森林面积以每年1500万公顷的速度减少。到目前为止，地球的温度逐年增高，水土大量流失，很多动物、植物已经灭绝。如果再不采取措施保护森林，几十亿人的生活将会受到影响。

让学生阅读每个例子。读完之后做逐句的问答练习，帮助学生记忆课文的内容。在学生熟悉课文内容的基础上，教师启发学生概括这一段的结构。教师可通过提问以下问题：

这一段的话题是什么？

近况是什么？

原因是什么？

现状是什么？

后果是什么？

学生经过讨论加深对课文结构的印象和理解。在练习三段课文的基础上，教师留作业：按照课文的结构每个人准备一段话，第二天学生每人按照课文的结构说一段话，练习成段表达。

例二：从听入手展示课文，学生先听两遍。

和古典音乐比起来，我更喜欢流行音乐，为什么呢？

第一，流行音乐通俗易懂，旋律简单流畅，很容易记住。

第二，流行音乐和我们的生活最接近，它表达的是当代人的思想和感情，容易理解。

第三，大多数流行音乐都是歌颂爱情的，年轻人很容易从其中找到和自己相似的感情经历，比如得到爱情的幸福，得不到爱情的痛苦等等。

总之，我比较喜欢流行音乐，我收集了很多唱片，其中大多数都是百听不厌的。

学生听完第一遍后提问：

① 我更喜欢什么？

② 和什么比起来我更喜欢流行音乐？

③ 为什么喜欢流行音乐，课文说了几个原因？

学生听完第二遍后提问：

① 第一个原因是什么？

② 第二个原因是什么？

③ 第三个原因是什么？

④ 我收集了什么？

⑤ “百听不厌”是什么意思？

在学生熟悉课文内容的基础上，教师和学生一起概括这一段的结构。

| | |
|---|---|
| 和……比起来，我更喜欢…… | 是话题 |
| 为什么呢？ | 问原因，要说三个 |
| 第一，…… | 第一个原因 |
| 第二，…… | 第二个原因 |
| 第三，…… | 第三个原因 |
| 总之，…… | 总结 |

按照课文的结构再给学生两个例子：

（一）

和上海比起来，我更喜欢北京。为什么呢？

第一，汉语普通话的读音是以北京语音为标准音的，在北京可以学到地道的汉语语音。

第二，北京是中国六大古都之一，有悠久的历史，还有很多名胜古迹，可玩儿可看的很多。

第三，北京是中国的首都，教育非常发达，有名的大学很多，教学质量比较高。

总之，来北京学习是我多年的梦想，我要珍惜这次机会，努力提高汉语水平。

（二）

和韩国电影比起来我更喜欢中国电影。为什么呢？

第一，我正在学习汉语，看中国电影可以练习和提高我的听力和口语。

第二，看中国电影可以了解中国文化，了解中国人民的思想和生活的情况。

第三，看中国电影可以学习很多书上学不到的词语和表达方式，学到活的语言。

总之，看中国电影有很多好处，既帮助我学习汉语，又帮助我了解中国。

同上例，学生读，每个例子读完之后做相应的问答练习。

在练习三段课文的基础上，教师让学生当堂准备，按照课文的结构每个人说一段话，练习成段表达。

（五）总结和布置作业（5分钟左右）

教师通过总结让学生知道本课学习了哪些知识和技能，贯彻“让学生体会到成就感”的原则。

在口语课上教师总结时要表扬和鼓励积极发言的学生，特别是平时不敢大胆发言的学生，还要重点表扬发言质量高的学生。比如：“例二”的练习中，学生的语音声调好，话题新颖，用词准确等，都是发言质量高的表现。多表扬和多鼓励可以提高他们的学习兴趣。

口语课的课下作业一般是预习生词或课上留的准备成段表达的练习，如上边的“例一”。

在设计口语课教学环节时，教师同样要把课堂时间进行合理分配。以100分钟教学时间为例，复习一般不超过10分钟。讲练生词是为学习课文做准备，大概用20分钟。讲练课文和活用课文是重点，应该用大部分时间。复习、讲练生词、讲练课文、活用课文、总结和布置作业的比例大概是2∶4∶6∶7∶1。应该注意的是，每个环节都要留点机动时间和机动练习，以便把时间掌握好，到点下课，避免拖堂。

## 二、口语课教学环节的实际演练

1. 展示课文

小　张：金汉成，你好！

金汉成：是小张，你好！

小　张：来中国以后，生活习惯吗？

金汉成：还可以。不过，有的方面还不太习惯。

小　张：哪些方面不习惯？

金汉成：我对中国人说话的习惯还不太了解。有一次，我去一个朋友家，她说"快请进"，为什么要"快"呢？是不是希望我快进去，然后快一点儿走？

小　张：你误会了。她说"快请进"，意思是怕你在外面站得太久了。

金汉成：还有，大家一起吃饭的时候，一个人先吃完了，他说"你们请慢慢吃"，这是什么意思？

小　张：这也是中国人说话的习惯。他的意思是你们不用着急。

金汉成：我遇到一个朋友，他对我说"欢迎你有空儿来我家玩儿"，可是我说现在有空儿要去的时候，他又说"对不起，今天我要去医院看一个病人"。他是真欢迎我去还是假欢迎？

小　张：他真欢迎你去玩儿，不过，你得跟他约一个合适的时间。

金汉成：你不说我还真不明白。

2. 根据本章所学，把这篇课文改为未完成式的课文

3. 把这篇课文改为叙述体

**本章小结：**

本章主要讲了五个问题：

1. 说话教学的目的

（1）帮助学生输入尽可能多的语言要素，并且作为经验成分储存在大脑记忆库里以供调动和提取；

（2）通过反复输入、输出语言信息，训练口头表达微技能，提高编码的熟练程度，激活运动性语言中枢；

（3）训练发音器官准确地向外界传播语言信号；

（4）使学生说出的话主题明确、内容集中、条理清楚、层次分明、用词准确、语句通顺。

2. 说话训练的原则是从交际目的出发，进行有指导的说话训练，达到提高交际能力的目的。

3. 说话训练的重点：一是帮助学生积累知识，吸收和储存经验成分；二是训练口头表达的微技能。说话训练的难点：一是解决音调不准的问题；二是解决词汇量不足的问题；三是解决句子不合语法规范的问题；四是解决语句之间缺少关联的问题；五是解决流利程度差的问题。

4. 说话训练应当采用以说为主、先听后说、先读后说、说写结合的综合训练方法；要重视思维能力的训练，重点介绍了一些“启迪学生思维，开发语言潜能”的具体方法。

5. 口语课的主要教学环节是讲练生词、讲练课文和活用课文。

# 第五章　阅读课教学——阅读技能训练

本章要讨论的主要问题：

1. 阅读教学的目的是什么？
2. 阅读训练的重点是什么？
3. 阅读训练的方法是什么？

## 第一节　阅读教学的目的

### 一、阅读理解的本质

阅读理解是人们对看到的文字信号自下而上和自上而下进行处理的过程，是对读物提供的信息进行预测、识别、选择和理解的过程。

（一）阅读的三种模型

阅读的三种主要模型，分别是"自下而上"模型、"自上而下"模型和相互作用模型。

通常人们都认为阅读是先感知字，再感知词，然后感知句子、语段、语篇，是从小到大，逐一辨认和感知的过程，即"自下而上"的模型。所谓的"下"是读物，所谓的"上"是人的大脑。

"自上而下"与"自下而上"的加工过程正好相反。在这个模型中，读物只提供少量的提示。读者根据所获得的语言提示，一边推断、预测，一边验证、修改，以最少的精力、最短的时间在自己的头脑中重新建立作者所传递的信息。

随着阅读心理研究的深入，人们认识到，阅读不是"自下而上"或者"自上而下"的单一过程，而是两者相互作用的结果，应该把两者结合起来。这种理论显得比较全面，能够解释阅读过程中的各种现象。

### （二）阅读的外部过程与内部过程

按照“自下而上”模型的理论，阅读理解从获得视觉信号开始，获得视觉信号的过程称作外部过程，也叫作生理过程。只有视觉信号不可能完成阅读过程，阅读理解还必须依靠人脑内部的活动，最终落实到识别和理解获得的视觉信号。这就是阅读的内部过程，也叫心理过程。

在阅读汉语的时候，人们看到的是一个个的汉字，要能够看书首先必须认识汉字，大脑中必须储存一定数量有关汉字的知识。汉字虽然代表一定的意义，但是能够独立运用的有意义的语言单位却是词。所以在阅读的时候还必须进行词识别。人的大脑中存在着心理词典。心理词典中占中心位置的是词的意义，意义的基本单位是概念。心理学家把概念之间的关系概括为12种，具体见下表5.1。

**表5.1　12种概念之间的关系**

| 关　系 | 举　　　例 |
|---|---|
| 对照 | 湿—干；黑—白；男人—女人 |
| 近义 | 妈妈—母亲；疼—痛；立即—迅速 |
| 从属 | 动物—老虎；学校—教室；教室—桌子 |
| 并列 | 苹果—葡萄；狗—猫；桌子—椅子 |
| 上下位 | 水果—苹果；蔬菜—白菜；雄性—男人 |
| 声音相似 | 同志—通知；兔子—肚子；杂志—杂技 |
| 整体部分 | 树—叶子；头—头发；衣服—扣子 |
| 结果 | 吃—饱；听—懂；看—清楚 |
| 主谓 | 人—吃饭；狗—吠；天气—晴朗 |
| 动宾 | 喝—水；回—家；看—电视 |
| 派生 | 老—老张、老李；子—胖子、瘦子；头—木头、石头 |
| 因果 | 水—湿；走—到；下雨—水灾 |

在词识别的基础上，按照词语排列组合的规律识别和理解句子，进而理解语段和语篇。

（三）阅读理解的微观策略与宏观策略

语段理解和篇章理解有策略，并且策略很重要。策略就是为解决问题采取的更有效的方法，包括微观策略和宏观策略。

微观策略主要包括忽略细节策略、抓关键词策略和概括与推断策略。

在篇章理解中，只有学会忽略细节，才能很快地抓住主题。判断什么是细节，主要根据读者已有的知识，包括关于社会文化背景的知识、文章结构的知识和上下文。忽略细节不是全句完全不读，而是读了一个词或者一部分后判断为细节，采取跳过去的策略。在忽略细节的同时抓住关键词，通过关键词推断出语段和篇章的主题。

概括与推断是阅读中的积极行为。把文章中一些相近的概念归类提升为上一个层次的概念就是概括。比如：文章中有“狗、猫、金鱼、鹦鹉”等，可以概括为“宠物”；文章中写道“小张离开家，到了火车站，买了一张去北京的火车票”就可以概括为“小张去北京”。

宏观策略主要是结构策略、语境策略和标题策略。

结构策略是指不同的文体有不同结构，了解了这些结构，就能够预测篇章内容的发展，使理解水到渠成。比如：故事有故事的结构，通常开头是背景，包括人物、时间、地点，然后是主题，也就是目标，再往后是情节，也就是发展，最后是结局，如图 5.1 所示。

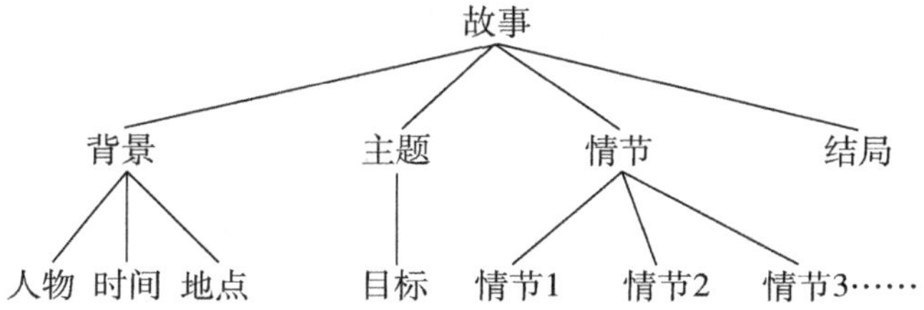


**图 5.1　故事的主要结构**

根据这样的结构，我们可以在背景中找到有关人物、时间、地点的信息，在最后的部分找到故事的结局。掌握了结构，就能够顺利地找到需要的信息。

再比如：心理学论文的结构，主要是提出问题和解决问题。解决问题往往通过实验得出结论，实验常常包括实验的方法、过程、结果和讨论几个部分，如图 5.2 所示。

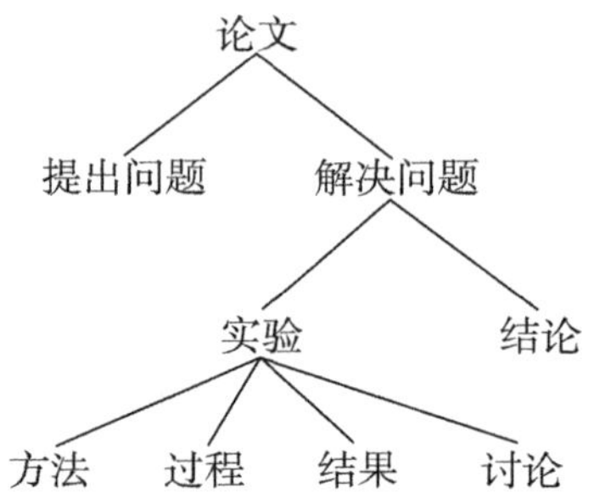


**图 5.2　心理学论文的主要结构**

根据以上结构的指示，在阅读论文的时候就可以很快得到需要的信息。

语境策略主要指文章的背景，假如读者了解了文章大的背景，就容易理解。有些句子只有借助语境才能理解。例如：

你带钱了吗？（是借给对方钱还是跟对方借钱？）

你要钱还是要命？（是劝说别人还是拦路抢劫？）

标题策略主要指文章的标题。标题对理解非常重要，它常常反映篇章的主题，有时候通过阅读标题就可以知道文章的内容。

## 二、培养学生良好的阅读习惯

在阅读训练中，要培养学生良好的阅读习惯。有的学生在阅读时遇到生词往往很着急，马上查词典，而不是继续读下去。要解决这个问题需要从两个方面努力：一方面教师为学生提供的阅读材料应该适合学生的语言水平，生词不能太多；另一方面要训练学生跳越词语障碍。第二语言学习者在阅读目的语文章时不可能不遇到生词，有经验的学习者能够控制住自己的情绪，不被生词阻吓，继续读下去，常常是读到后边前边就自然而然地读懂了。

在听力训练中，教师要让学生一边听别人说，一边重复，以免遗忘。同样，在阅读训练中，教师要让学生一边读一边思考，每读完一段自问自答这一段主要说什么，主要告诉我们什么，不能读到后边忘了前边。

培养学生良好的阅读习惯，还包括教给学生一些阅读策略。比如：读一本书要先阅读“前言”，了解作者的创作意图，还要阅读“目录”，以便找到相关的信息；阅读论文首先阅读“题目”和“论文提要”，明确文章主要解决什么问题。这些也都是阅读训练的任务。

### 三、阅读教学的目的

1. 训练学生利用“自下而上”模型、“自上而下”模型和相互作用模型正确理解阅读材料的能力；

2. 训练学生根据阅读的外部过程、内部过程和微观策略、宏观策略的理论提高阅读的速度；

3. 培养学生良好的阅读习惯，指导学生吸收文本提供的信息，并且作为经验成分储存在大脑记忆库中，形成汉语语感，进而全面提高汉语语言能力。

## 第二节　阅读训练的重点

### 一、积累知识，增加大脑中有关目的语的经验成分

第二语言的阅读目的跟母语阅读不完全一样。母语阅读的主要目的是获取信息，第二语言阅读除了获取信息，更重要的是通过阅读扩大词汇量，积累知识，增加大脑中有关目的语的经验成分，培养语感，进而把语言要素转化为语言技能。

（一）认读汉字词语，扩大词汇量

1. 利用汉语的构词法

汉语的基本语素具有极强的构词能力。比如：

车——电车、汽车、火车、车票、车厢……
电——电灯、电话、电视、电影、电脑……
衣——毛衣、衬衣、大衣、雨衣、衣服……

2. 利用词的语义场扩展新词

表示家庭关系的语义场：爸爸、妈妈、姐姐、妹妹、哥哥、弟弟
表示体育运动的语义场：跑步、打球、游泳、比赛、操场、锻炼

3. 利用汉语特殊的思维方法学习新词

星期一、星期二、星期三……星期六

一月、二月、三月……十二月

一年级、二年级、三年级……九年级

小学生、中学生、大学生、研究生

4. 利用词的反义关系扩大词汇量

| | | |
|---|---|---|
| 大—小 | 多—少 | 长—短 |
| 高—矮 | 胖—瘦 | 远—近 |

(二) 掌握词与词、句与句之间的关系,提高语言理解能力

要理解句子中词语之间的关系,就要找出句子里施事和受事的关系。汉语中施、受事的基本语法结构是:施事—动词—受事。现代汉语的语法结构和语法功能不是一一对应的,汉语没有性、数、格的变化,施、受事关系的位置变化通常没有语法标记。汉语中除了“施事—动词—受事”的语法结构外,还有其他结构。如:

“受事—施事—动词”:饭我吃过了。

“施事—受事—动词”:我饭吃过了。

“施事—受事—动词”的格式还有变体,如:

我把饭吃完了。(“把”字句)

饭吃过了。(省略施事的意义被动句)

掌握了词语之间的关系有助于对句子意思的理解。

(三) 加强文化背景知识的输入

1. 交际文化

指在语言交际中涉及的社会习俗、生活习惯、思维方式及行为准则等方面知识,也称常识文化。不同文化之间有许多共性的东西,但不可否认,不同文化之间也存在着差异,尤其是在交际文化方面。因此,我们要将语言交际中容易产生误解的文化因素作为教学的重点和难点。例如:

① A:明天我请你吃饭吧。

B:那多不好意思啊。(学生不知道B答应还是不答应。)

② A:你的老毛病又犯了,对孩子一点儿耐心也没有。

B:你总是乌鸦落在猪背上,只看见别人黑。(学生不理解这

句话的深层意义。因为现在的猪大部分是白毛。）

③ A：你跟我走吧，我会一辈子对你好的。

B：我不能跟你走，我已经是他的人了。（学生不理解这句话的深层意义。）

④ 一个年轻的女护士夜里查病房，看见一个肝病病人偷着喝酒。走过去对病人小声说："小心肝儿！"那个病人微笑着回答："小宝贝儿！"（学生不理解这句话的言外之意。）

2. 习俗文化

习俗文化指风土人情、思想观念、人际关系等。比如：学生应该了解中国人过春节吃饺子，元宵节吃元宵，端午节吃粽子，中秋节吃月饼等。再比如：西方人的思想观念是从小到大，从日到月再到年；中国人的思想观念是从大到小，从年到月再到日。

3. 知识文化

包括历史、地理、文学、艺术、哲学等方面。

学生通过"自下而上"阅读模型了解这些知识，就可以"自上而下"理解文本的内容，两者相互作用，增加大脑中储存的经验成分的数量。

## 二、提高阅读理解准确性

### （一）识别字词

1. 识别形近字

千—干—于　　力—刀—刁　　己—已—巳

儿—几—九　　工—土—士

2. 识别生词

养病、救火、晒太阳、吃食堂、打扫卫生、喝西北风

不三不四、人山人海、胸有成竹、对牛弹琴、三阳开泰

有文章、手头紧、成了泡影、门儿都没有、心里直打鼓

### （二）识别意群

汉字书写时不实行分词连写，再加上一字多音等现象的存在给阅读带来了更大困难，就是中国人也常常出现理解的偏差。对于第二语言学

习者来说，要通过识别意群培养汉语语感，再凭借汉语语感理解文本表达的意义。比如：

① 拿出芭蕉扇扇扇。

② 这种事了了就了了。

③ 他这个人好说话。（“好”读 hǎo 还是 hào，意思不一样）

④ 三日内蒙古国将有一股冷空气移过本市。

⑤ 发展中国家用电器的生产规模。

⑥ 发展中国家用电量低于发达国家。

（三）理解长句、难句

1. 理解长句，应该抓句子的主要成分

①我的一位在上海工作的姐姐前几天给我的孩子寄来了一件她亲手织的浅蓝色的毛衣。（姐姐寄来毛衣。）

②我爱人的一位在广州工作的亲戚上个星期给我寄来了一些她从香港买来的进口化妆品。（亲戚寄来化妆品。）

2. 理解难句，根据上下文确定语义关系

① 他去我不去。（歧义，是因果还是假设）

② 我们年级就去了 25 个人。（歧义，重音的位置不同，意义不同）

③ 参加会议的有 3 个医院的领导。（歧义，3 个医院还是 3 个领导）

④ 湖北和湖南的部分地区遭了水灾。（歧义，是湖北全省和湖南的部分地区还是湖北的部分地区和湖南的部分地区）

⑤ 这个人谁都不认识。（歧义，是他不认识别人还是别人不认识他）

⑥ 两个工厂的工人也参加了这次座谈会。（歧义，两个工厂还是两个工人）

⑦ 当了县长的女人身份地位都跟以前大不一样了。（歧义，“女人”是县长本人还是县长的妻子）

以上句子在口语中有语气语调，容易理解。在文章中只能根据上下文或话语的背景去理解。

（四）理解语段和语篇

1. 抓住主题和主要内容

汉字是由笔画组成的，认识笔画、知道笔画的名称是分析汉字的第一步。学了笔画名称和笔画规则，就可以把一个笔画交织在一起的字正确拆分了。学习汉字，特别是学写汉字，都应当从这里入手。但只学会汉字的笔画组合是不够的。因为多数汉字的笔画都交叉在一起，因此笔画并不是或在许多情况下不是一个视觉的单位，也不是一个记忆单位。仅知道笔画无法在脑中形成一个准确的表象，如果我们说一个字由"点、横、撇、捺"四笔组成，恐怕很难确定这是个什么字，更不要说笔画多的字了。要解决识记汉字的问题，必须寻求一种比笔画高一级、比整个字低一级的组合概念。

汉字的构成本身就具备这一级的概念，那就是偏旁部首。大部分汉字都是合体字，是经过演变的独体字按一定方式结合而成，因此可以拆分。这种汉字的构成方式就是由人的认知规律决定的。现在我们把这种内在规律揭示出来，充分利用这种规律去学习记忆汉字，应当是很自然的也很有效的方法。

读完上面的内容要能够概括出以上文字的主要内容——利用汉字的偏旁部首记忆汉字是有效的方法。

2. 理解细节

女孩和两位男孩是大学同学，毕业后又分到同一个城市。两位男孩读大学时都喜欢这个女孩，现在自然同时向女孩发起爱情攻势。面对两位都很优秀的男孩，女孩一时不知道选择谁作为自己的男朋友。

女孩跟两位男孩都有交往。两位男孩常常在周末去女孩那里，女孩有时候也去两位男孩那里。一个男孩住在城市的南部，一个男孩住在城市的北部，女孩住在城市的中间。女孩到两位男孩的住处都乘无人售票的公交车，票价都是一块钱。

女孩每次到城市南部的男孩那里，都受到热情的款待。女孩临走时，男孩都送她到车站，直到女孩上了公交车，才转身回去。

女孩每次到城市北部的男孩那里，也同样受到热情的款待。女孩临走时，男孩也同样送她到车站。这个男孩总是要问一句："你身上有一块钱零钱吗？"因为无人售票车是不找零的。尽管女孩每次都回答"有零钱"，但是她心里感到很温暖。

这样过了半年，女孩有一次到城市北部的男孩那里，临别时男孩仍然把女孩送到车站，男孩仍然问了一句："你身上有一块钱零钱吗？"这一次女孩没有回答"有"，而是伸手接过了男孩递过来的一块钱。

后来，女孩选择了城市北部的男孩作为男朋友，并且成为他的妻子。

关键词、关键句和主题、主要内容以外的都是细节，包括词语、句子、表面意思、言外之意、深层含义等。

在上面的课文中，学生只有读懂了细节，才能最终理解女孩为什么选择城市北部的男孩作为男朋友并且成为他的妻子。这些细节包括：

(1) 两个男孩跟女孩是大学同学，他们都喜欢这个女孩。

(2) 他们三个人分配在同一个城市。(这里有一个国情文化，以前大学毕业由国家分配工作。)

(3) 两个男孩都很优秀。

(4) 女孩去两个男孩的住处都乘坐无人售票公交车，票价都是一块钱。

(5) 女孩每次到两个男孩那里都受到热情的款待。

(6) 分别时两个男孩都送女孩到车站。

(7) 分别时城市北部的男孩总是问："你身上有一块钱零钱吗？"

由此可见，理解细节对理解整个文本是多么的重要。

### 三、提高阅读理解速度

母语阅读，一杯茶一张报纸可以读半天，而第二语言教学要求提高阅读速度，既讲究效果又讲究效率。所谓效率就是在单位时间内读完规定的内容，并且理解和记住相关的信息。

阅读速度和理解是一对矛盾，速度快了，理解的深度、广度就受影响，而要理解得细致、全面势必影响速度。提高阅读速度不可避免地会牺牲部分理解、丢失部分信息。

阅读速度训练主要是教给学生一些速读的方法和技巧，我们不能夸大这些方法和技巧，学生掌握了这些方法和技巧也不一定能够很快提高阅读速度。实际上，阅读速度主要取决于对语言要素的学习和掌握，取决于良好的语感。学生的大脑中储存足够多的可感应性的词汇、可使用性的语法规则和文化背景知识，才能真正提高阅读速度。

阅读速度训练主要包括猜测词义、句义，跳越障碍；抓语段和语篇的主要意思。

（一）猜测词义、句义，跳越障碍

猜测词义。汉字中80%以上是形声字。形声字的特点之一是形旁表示字的意义。比如："木字旁"多表示跟树木有关的词语，学生在阅读中看到杨树、柳树、松树，知道是树的名字就可以了；学生学过"猪肉"，能够理解牛肉、羊肉、驴肉、狗肉等，进而猜测出牛奶、牛头、牛腿、牛毛、牛皮等的意思。

猜测句义。教师要教给学生句子的哪些部分可以略去不看，如何抓句子的主要成分和关键词语。比如：句子中举例的部分、说明的部分可以略去不看。

①王老师家有很多宠物，有小猫、小狗、兔子、鱼、鸟儿等等。

②昨天王老师去超市买了很多水果，有苹果、香蕉、葡萄、橘子，还有火龙果。今天有几个同学来他家，他要招待客人。

③你看，这件毛衣多好看！款式新颖，颜色鲜艳，做工精良，价钱还不贵。

④你看，这个孩子多可爱！大大的眼睛，弯弯的眉毛，秀气的鼻子，红红的嘴唇，圆圆的脸蛋，太可爱了。

上面的例句中画线的部分都是举例和说明的部分，可以略去不看。

教师还要教学生如何抓句子的主要成分和关键词语。一般来说，句子的主要成分——主语、谓语和宾语是句子的主干。在一个长句中，抓住了句子的主干，就理解了这个句子。如：

⑤昨天天气晴好，王老师带着爱人和孩子开着刚买的小轿车去北京新开发的一个旅游景点游览。

⑥春节期间一辆一辆的大巴车载着的从全国各地来的旅游者兴高采烈地登上了举世闻名的八达岭长城。

上面的例句都很长，只要抓住了句子的主要成分（画线的部分），基本的意思就理解了。

句子中的关键词语包括对全句意思起决定作用的词语、表示句子结构关系的词语和关联词语。比如：

⑦你别相信他的话。

"别"是关键词语，它决定这个句子是一个否定句。

⑧你难道相信他的话？

"难道"是关键词语，它决定这个句子是反问句。

⑨从全国各地来的旅游者兴高采烈地登上了长城。

结构助词"的"和"地"是关键词语。它们决定前面的部分都是修饰成分。

⑩他虽然学习很努力，可是学习方法有问题，所以学习效果不太好。

"虽然""可是""所以"是关联词，表示转折和因果的关系。

学生掌握了以上猜测词义、句义，跳越障碍的方法，能够在一定程度上加快阅读的速度，提高阅读的效率。

（二）抓语段和语篇的主要意思

在听力训练中我们把概括总结作为一项重要的微技能进行训练，在阅读训练中我们仍然强调要在语段中寻找主题句，在语篇中寻找体现主题的段落。

以议论文为例，汉语常见的语段结构有总分式、收网式、分叉式、流水式。总分式的开头第一句往往就是主题句，后面的句子围绕这个主题展开。收网式的最后的句子往往是总结性的语句。分叉式一般有多个小话题，小话题和小话题构成一个大话题，组成一个段落。流水式则根据事件的逻辑顺序叙述内容，一路展开，直到结束。学生熟悉了汉语的这种语段结构，就能比较顺利地抓住语段的主要意思。

> 每个人都应该积极参加体育锻炼，但是，不同年龄、不同性别、不同体型的人应该选择不同的锻炼方式。打太极拳、散步等动作缓慢的运动方式适合老年人。年轻人则喜欢踢足球、打篮球、打排球等动作剧烈的运动。妇女应该多做健美操、广播操，或者跑步，可以保持体态丰满匀称。瘦体型的人可以通过举重、举哑铃、练单杠、双杠，使身上的肌肉发达。胖体型的人应该采用骑自行车、游泳、划船等不需要支撑体重的运动。

上面的语段是一个总分式的语段。开头第一个句子是个转折关系的复句，语义重点在“但是”的后边。这个语段的主要意思是“不同年龄、不同性别、不同体型的人应该选择不同的锻炼方式”。

> 太阳究竟有多大？看看下面一些有趣的数字。假如太阳是个空心的球，它可以装下 90 万个完整的地球，里面剩下的空隙，还得用 40 万个切成碎块的地球才能填满。就是说太阳的体积相当于 130 万个地球。

上面的语段是个收网式的语段。最后的句子就是主题句，即“太阳的体积相当于 130 万个地球”。

> 要写好汉字应该注意以下几个方面。第一，要横平竖直，这是写好字最基本的要求。第二，笔画之间的距离大致相等。比如写“三”，第一横与第二横，第二横与第三横之间的距离要大致相等。第三，要给字透透气，写“日”字的时候，第一画竖与第二画横折分开一点儿，最后的两横也不能跟右边的竖连在一起。第四，注意字的重心，比如写“中”字，中间的竖不能偏左，也不能偏右，否则重心就不稳了。第五，注意字的平衡，合体字由几个部分组成，根据笔画的多少掌握字的平衡，比如写“好”字要左右相等，写“体”字左边窄右边宽，写“部”字要左边宽右边窄。

上面的语段是分叉式语段，里边有五个小话题，共同构成一个大话题——怎么样写好汉字。

最早的筷子是用树枝、竹棍儿简单制成的。慢慢地发展成为经过刮削的木筷和竹筷。到后来又出现了铜筷、玉筷、漆筷和象牙筷等等。随着工业的发展，用塑料等化学材料制成的筷子，种类也越来越多。

上面的语段是流水式语段，是按照时间顺序叙述的。一般来说，流水式语段需要读者把内容概括一下才能确定段落的主题，上面的语段主要说筷子制作的历史。

抓语篇的主要意思要寻找体现主题的重点段落。下面的短文，第一段就是语篇的主题。

在北京，我最喜欢的不是闻名世界的长城、故宫、颐和园，而是学校旁边的街心公园。我们学校旁边有一个不太大的公园。每天早上这里聚集着很多晨练的人。他们有的散步，有的跑步，有的在小树林里打太极拳、练气功，还有的随着优美的旋律做健美操。最让我感到新鲜的是一些老年人，他们每天很早就来到这里，化好妆，穿着花花绿绿的民族服装扭秧歌。在锣鼓的伴奏下，他们尽情地扭来扭去，好像回到了青年时代。

每天下午很多戏迷集中到这里，有老人也有年轻人。他们有的拉胡琴，有的唱，是那么认真，那么入迷。不管天气好坏，他们风雨无阻，非常准时地在这里集合。我虽然分不出生旦净丑，但是被他们的情绪感染，不仅欣赏他们唱的戏，更欣赏他们积极向上的精神和对艺术的热情。

晚上七八点钟，这里又成了露天舞场，附近的人们来到这里随着一支支舞曲，高兴地跳着华尔兹、探戈，年轻人喜欢跳迪斯科，他们满头满脸都是汗，可开心了。这个露天舞场是免费的。可是有专人负责放音乐、打扫，这些都是群众自发组织的。

我很喜欢到这里来，天长日久，在这里我认识了不少中国朋友。他们教我说汉语，纠正我的发音，还教我扭秧歌、打太极拳。在这个小小的公园里，我感受到了真正的中国文化，这是一种实实在在的、看得见、摸得着的中国文化。

提高阅读理解速度，除了训练学生猜测词义、句义，跳越障碍和抓语段和语篇的主要意思的能力以外，还包括上一节所说的养成良好的阅读习惯，在阅读的时候集中注意力，边读边思考，边读边记忆。

## 第三节　阅读训练的方法和教学环节

本课我们介绍两种不同的教学方法。一种是按照南京师范大学吴晓露老师"自下而上—自上而下"阅读教学的思路①，我们把它概括为"汉字—词汇—句子—语段—语篇练习法"。另一种是按照北京语言大学陈贤纯老师"自上而下—自下而上"阅读教学的思路②，我们总结概括为"查阅—略读—通读—细读练习法"。这两种不同的教学方法，实际上也代表了阅读课的两种不同的教学环节。

为了便于说明，我们使用同一篇语言材料《珍爱地球，保护环境》做例子。

### 珍爱地球，保护环境

据有关专家论证，在遥远的古代，地球上约有 12 万人，到 100 万年前有 100 万人，2 万年前有 300 多万人，1 万年前有 1000 万人。当时，地球上三分之二的面积是森林，生活环境十分优美。

随着社会文明的发展，人口一年比一年增多。1830 年世界人口为 10 亿，1975 年就增加到 40 亿，到 1987 年已经达到 50 亿。现在，世界上每小时就有 5000 个婴儿出生，也就是说，每天地球上就要多出 12 万人。地球不会变大，而居住在地球上的人却迅速增加，这个世界越来越拥挤，加上人们不注意保护地球环境，人类的生存因此受到极大的威胁。

现在人口增加太快，不仅使这个世界过分拥挤，而且还破坏了人和自然的平衡。人要生存，要发展，就要有一定的空间，可是，未来的地球还能为人类的生存和发展提供足够的空间吗？人要吃饭，要喝水，要有房子住，可是，大自然还能提供足够的粮食、水和建筑材料

---

① 吴晓露．阅读技能训练——对外汉语泛读教材的一种模式[J]．语言教学与研究，1991(1).

② 陈贤纯．对外汉语阅读教学 16 讲[M]．北京：北京语言大学出版社，2008.

吗？当然，科学的发展，技术的进步，能够给人们提供更好的生活环境，提高人类的健康水平，但是，科学技术的进步，仅仅给人类提供了发展的条件，不能彻底解决人口带来的危机。

地球是人类的母亲。整个世界是一个大家庭，生活在地球上的每一个人，对世界的未来都有责任。为了人类的未来，我们必须控制人口的增长，珍爱地球，保护环境。

## 一、汉字—词汇—句子—语段—语篇练习法（自下而上—自上而下）

### （一）汉字练习

1. 讲解

| 形　旁 | 意　义 | 例　字 |
| --- | --- | --- |
| 土 | 表示与土有关的事物、动作或状态<br>Things, movements or states connected with soil. | 地、境 |
| 王 | 表示玉或其他宝石类的装饰品。<br>Jade or other ornaments made of precious stones. | 珍、环 |
| 米 | 表示与米或颗粒状东西有关的事物。<br>Things related to rice or objects similar to rice. | 粮、料 |
| 口 | 表示跟嘴有关的动作和事物。<br>Movements or things connected with mouth. | 吃、喝 |

2. 练习

（1）写出你知道的带“土”的汉字。

（2）写出你知道的带“王”的汉字。

（3）写出你知道的带“米”的汉字。

（4）写出你知道的带“口”的汉字。

（5）连线：把左边的汉字跟右边的意思用线连起来。

| | |
| --- | --- |
| ① 去 | 嘴用力出气 |
| 琳 | 粮食的粉末 |
| 粉 | 从一个地方到别的地方 |
| 吹 | 美玉 |

② 呼　　　用粮食煮的稀饭
　 坪　　　气从嘴里出来
　 玲　　　平地
　 粥　　　玉碰击的声音

③ 糕　　　用土石建成的台
　 坛　　　给人或动物吃东西
　 瑛　　　用面粉做的食品
　 喂　　　玉的光彩

④ 瑕　　　把气体从喉咙用力呼出或把东西从嘴里用力吐出
　 埋　　　一种甜的食品
　 咳　　　把东西放在土里
　 糖　　　玉上面的斑点

（二）词汇练习

1. 讲解

汉语里很多词由两个意义相同或相近的语素构成，如：语言、海洋、等待、吩咐、燃烧、讨论、美丽、祝贺等。这样的词语，知道了其中一个语素的意思，就能猜出整个词的意思。

2. 练习

请你尝试说出下列词语的意思：

论证、遥远、迅速、森林、拥挤、平衡、责任、增加、优美、足够

（三）句子练习

句子练习的主要形式是根据提供的句子内容，回答问题。所提供的句子结构通常与课文句子结构相同，以加深学生印象。例如：

① 随着教学质量的提高，我们学院的学生一年比一年增多。1995 年有 800 多个，2000 年就增加到 1600 个，到 2005 年已经达到 3000 个。

这两个句子是什么关系？

② 随着社会的发展，地球上的森林一年比一年减少。1830 年全

世界有森林80000亿公顷,1987年减少到50000亿公顷,到2004年只有7000亿公顷。

这两个句子是什么关系?

③ 随着汉语水平的提高,我掌握的词汇一天比一天多。去年10月我掌握900个词,今年3月增加到3000个,现在我已经掌握5000多个。

这两个句子是什么关系?

**(四) 语段练习**

语段练习的主要形式是根据所提供的语段,回答问题。所提供的语段结构与课文语段结构相同,便于加深学生印象。例如:

① 据一项调查表明,现在在中国最受尊敬的职业的顺序是:科学家、大学教授、律师、医生、记者……可见,在老百姓心里"知识"很重要。可是,人们实际选择职业的时候,"最受尊敬的职业"不一定是"最理想的职业",一般人还是认为收入高是最重要的,所以大学毕业选择职业的时候,多数人不愿意当老师或大夫,他们更愿意到收入比较高的公司里去工作。

这段话的主要内容是:____________________。

② 据统计,本市各种公共汽车、电车比30年前增加了100多倍,自行车增加了30倍,可道路的长度只增加了11倍,客运量却比30年前增加了差不多120倍。这些年政府为改善交通状况做了很大努力,修建了地铁和很多立交桥。但是由于城市人口增加太快,交通拥挤问题还不可能在短时间内完全解决。

这段话的主要内容是:____________________。

**(五) 语篇练习**

快速阅读课文,3分钟读完,然后做以下练习:

1. 这篇文章的主题段是第____段,主题句是:__________________。

2. 回答问题

①1 万年以前地球是什么样子？

②人类的生存受到极大威胁的原因是什么？

③人口增长太快的结果是什么？

3. 填表

| 时 间 | 人口数量 |
|---|---|
| 遥远的古代 | |
| 100 万年前 | |
| 2 万年前 | |
| 1 万年前 | |
| 1830 年 | |
| 1975 年 | |
| 1987 年 | |
| 现在 | |

汉字—词汇—句子—语段—语篇练习法是“自下而上—自上而下”相互作用的阅读模型。首先从阅读材料中把重点的汉字、词语、句子挑选出来进行针对性练习，为理解课文排除语言要素的障碍，贯彻从易到难、循序渐进的原则。这种方法的好处是便于训练学生理解的准确性，并且帮助学生把学到的语言要素作为经验成分储存到大脑记忆库中。

### 二、查阅—略读—通读—细读练习法(自上而下—自下而上)

#### （一）查阅

查阅是带着任务在大量的阅读材料中寻找所需要的信息，分为散文体查阅和非散文体查阅。散文体查阅是在各种文章中查找所需要的资料，比如：时间、地点、人物、某个观点、某一句引文以及数据等。这是做研究写文章必须具备的能力。非散文体查阅大量存在于日常生活中，那些不成文的文字，比如：广告、时刻表、电话号码、地图、交通标志、公共汽车站牌等都是非散文体材料。快速查阅是生活的需要。

查阅时眼睛只做大范围的扫视，除了要查找的信息，对其他部分不予

关注,只要查到了,查对了,就达到了目的。查阅的课堂教学步骤是:

1. 先看练习题,明确要查什么;

2. 翻到查阅的课文,开始查找;

3. 查到以后把答案写在练习中;

4. 接着查第二、第三个问题;

5. 做完全部练习以后告诉教师,教师记下每个人所花费的时间;

6. 全体同学都做完以后,教师公布正确答案。做错的同学可以再查,弄明白为什么错了。

查阅的课堂教学时间一般控制在10分钟以内。如果做不完,可以适当减少练习的数量。

(二)略读

略读只要求看懂大概的意思,不是一行一行地读,而是一目数行。略读要求速度,所以内容只要求理解主题,不要求掌握细节。课文中不懂的字、词、句和语法不在课堂上解决,也不给学生提供生词表。开始学生都会觉得难,看不懂,这时要耐心向学生解释,不要着急,一遍没看懂可以再看一遍,但每一遍都要按规定的速度。一般经过三四个单元的训练学生就不会觉得那么难了。

略读主要是训练学生掌握跳读的方法。一般来说,如果是一篇短文,可以读每一段的前几句和后几句。如果是较长的文章,一般读第一段和最后一段,中间的段落略读。

略读的速度要求是:初级200字/分,中级300字/分,高级500字/分。

略读的课堂教学步骤一般是:

1. 先快速看一遍练习题;

2. 按照规定的时间快速阅读课文;

3. 如果多数学生读完了,就做练习;如果多数学生没读完,可以再读;

4. 教师公布正确答案。

略读课文课堂教学时间大约20分钟。举例说明:

课文字数:500　　阅读时间:2分钟　　答题时间:6分钟

先读下列问题，然后读课文，限时 3 分钟，从课文中找出问题的答案。

① 第一段的主要内容是什么？

② 第二段的主要内容是什么？

③ 第三段的主要内容是什么？

（三）通读

通读是阅读最常用的方法。通读训练的目的是避免学生一个字一个字地读，但可以一行一行地读。通读一定要限制时间。一般来说，初级是 90 字/分，中级是 150 字/分，高级是 200 字/分。

通读课文之前可以先看生词表，但阅读的时候不要看生词表，也不要查词典。不懂的地方要跳过去，继续读，一定要在规定的时间内读完课文，并且掌握整体的意思，整体理解之后再回过头来解决难点。

通读的教学步骤是：

1. 用几分钟的时间看一下生词表；
2. 开始计时阅读课文；
3. 读完课文后做练习（主要是理解性的问题）；
4. 教师公布正确答案，但是不做分析；
5. 再一次阅读，仍然按照原来的速度要求；
6. 读完后教师答疑解决难点，对练习中错误较多的地方略做分析。

举例说明：

课文字数：500　　阅读时间：5 分钟　　练习时间：4 分钟

判断正误：

① 地球上的人口越来越多。

② 地球上的森林面积越来越多。

③ 1 万年以前地球上大部分是森林。

④ 世界越来越拥挤的原因是人口迅速增加。

⑤ 人类生存受到威胁的原因是人们不注意保护环境。

⑥ 人口增加太快破坏了人和自然的平衡。

⑦ 未来的地球能够为人类的生存提供足够的发展空间。

⑧ 未来的地球不能为人类提供足够的粮食、水和建筑材料。

⑨ 科学技术的发展给人类提供了发展的条件。

⑩ 科学技术的发展彻底解决了人口带来的危机。

⑪ 生活在地球上的每一个人都是世界大家庭的成员。

⑫ 为了人类的现在，我们必须控制人口的增长，珍爱地球，保护环境。

（四）细读

细读的主要目的是让学生积累知识。细读基本上是一个字一个字、一句一句地阅读，要求学生从整体到细节都要读懂，读透。有不懂的地方可以重读，也可以看生词的翻译，一般来说阅读的时间不做严格的控制。细读的教学步骤是：

1. 先让学生默读。不懂的可以问教师，教师给予讲解。但只讲字词句在本课文中的意思，不进行扩展，懂了就行。

2. 读完全文后学生做练习。练习包括：内容方面的，主要是判断正误和选择正确答案；字词句方面的，主要是口头回答；文化方面的，在讲解的基础上做举一反三的练习。

3. 练习做完以后，教师公布正确答案。如果某一个题错的学生多，就要分析讲解，使学生知其所以然。

4. 朗读课文，可以跟着教师读，也可以跟着录音读。朗读课文一方面是为了正音正调，另一方面是让学生在读的时候识别意群，还有一个目的是调动学生的听觉器官和视觉器官，帮助学生记忆。举例说明：

1. 汉字练习：快速从下面每组词中找出两个相同的字。时间：_____秒

| | | | | | |
|---|---|---|---|---|---|
| 讨论 | 说话 | 语言 | 证词 | 访谈 | 论证 |
| 迅速 | 遥远 | 运送 | 远近 | 这边 | 送达 |
| 环境 | 酒杯 | 怀念 | 坏人 | 情怀 | 环节 |
| 拥挤 | 打扫 | 推拉 | 拥护 | 指挥 | 排挤 |

2. 快速找出各组中非同类词语。时间：_____分钟

古代、近代、现代、当代、年代、时代、朝代、替代

科学、大学、中学、小学、开学、数学、医学、美学

人类、环境、家庭、彻底、专家、世界、地球、空间

3. 快速判别正误。时间：________分钟

①“据有关专家论证”这里的“据”是“根据”的意思。

②“地球上三分之二的面积是森林，生活环境十分优美。”意思是：地球上三分之二的面积十分优美。

③“每天地球上多出12万人。”意思是：地球上每天有12万人出生。

④“地球不会变大，而居住在地球上的人却迅速增加”这里的“而”是“而且”的意思。

⑤“人类的生存因此受到极大的威胁”这里“此”的意思是：地球上的人却迅速增加和人们不注意保护地球环境。

⑥“现在人口增加太快，不仅使这个世界过分拥挤，而且还破坏了人和自然的平衡。”意思是：现在人口增加太快，第一使这个世界过分拥挤，第二破坏了人和自然的平衡。

⑦“人要生存，要发展，就要有一定的空间，可是，未来的地球还能为人类的生存和发展提供足够的空间吗？”意思是：未来的地球能为人类的生存和发展提供足够的空间。

⑧“人要吃饭，要喝水，要有房子住，可是，大自然还能提供足够的粮食、水和建筑材料吗？”意思是：大自然不能提供足够的粮食、水和建筑材料。

⑨“科学技术的进步，仅仅给人类提供了发展的条件”这里的“仅仅”是“只”的意思。

⑩ 这篇文章告诉我们：要彻底解决人口带来的危机，就必须控制人口的增长，珍爱地球，保护环境。

4. 朗读课文：练习发音和断句，识别意群。

查阅—略读—通读—细读练习法是“自上而下—自下而上”相互作用的阅读模型。首先利用大脑中已有的各种模式，理解阅读材料的主题，从主题到细节，以至于句、词、字。这种方法的好处是便于训练学生快速阅读的能力，帮助学生在语境中理解字、词、句等语言要素，进而作为经验成分储存到大脑记忆库中。

**本章小结：**

本章一共讲了三个问题：

1. 阅读教学的目的

（1）训练学生利用“自下而上”模型、“自上而下”模型和相互作用模型正确理解阅读材料的能力；

（2）训练学生根据阅读的外部过程、内部过程和微观策略、宏观策略的理论提高阅读的速度；

（3）培养学生良好的阅读习惯，指导学生吸收文本提供的信息，并且作为经验成分储存在大脑记忆库中，形成汉语语感，进而全面提高汉语语言能力。

2. 阅读训练的重点

（1）积累知识，增加大脑中有关目的语的经验成分；

（2）提高阅读理解准确性；

（3）提高阅读理解速度。

3. 阅读训练的方法和教学环节

（1）汉字—词汇—句子—语段—语篇练习法（自下而上—自上而下）；

（2）查阅—略读—通读—细读练习法（自上而下—自下而上）。

# 第六章　写作课教学——写作技能训练

本章要讨论的主要问题：

1. 写作课的性质和任务是什么？
2. 写作教学的原则和重点是什么？
3. 写作课的教学环节是什么？
4. 写作课的教学内容和方法是什么？

## 第一节　写作课的性质和任务

### 一、写作技能的训练应该得到重视

近年来，随着语言学理论的发展，写作技能的训练在语言教学中越来越受到重视。尤其是在国际汉语教学中，不能忽视写作技能的训练。从国际汉语教学的角度来讲，进行写作技能的训练有以下几个方面的需要：

（一）教学目的的需要

国际汉语教学以培养学习者熟练运用汉语进行交际的能力为终极目标，而培养目标所指的汉语交际能力，包括口头表达能力和书面表达能力。写作能力体现书面表达能力，是语言的输出能力，也是汉语水平的重要标志之一，尤其是较高级的汉语水平的重要标志。

（二）社会的需要

写作具有传达和沟通社会信息的功能，尤其是今天已进入电脑时代，书面表达更显重要。因此，对学习汉语的学生加强写作训练是社会和时代共同提出的要求。

（三）提高综合语言能力的需要

写作是一个发现过程，而且是一个既分阶段又交叉进行的复杂过程，必须在真实和完整的语篇中学习遣词造句、谋篇布局的规律以及其他修辞手段，从而掌握为不同的交际目的而采用不同的语言手段的本领。写作是一种综合语言能力，应该加强学生写作能力的培养和训练。

## 二、写作课的性质

这里所说的写作课实际上是书面表达训练课，它跟真正的写作不完全一样，我们暂且叫它写作课。这门课的性质是指导第二语言学习者综合运用汉语的字、词、句以及标点符号等诸方面的知识，提高书面表达能力的实践课。

汉语写作课是专项技能课，是指导学生综合运用已学过的汉字、词汇、语法、书写格式、标点符号等进行书面表达的语言实践课。课程的核心是实践，从表达思想的需要出发，独立运用语言。在具体运用过程中吸收新词汇，补充新知识，并综合运用从各门课中学到的语言和社会知识。

## 三、写作课的任务

写作课的任务主要有以下三个方面。

### （一）提高学生书面表达的能力

听说读写是四项基本的语言技能，其中的“写”就是书面表达。在四项语言技能中，书面表达是最难的一项，尤其需要经过专门的训练。第二语言学习者在听说读写四个方面的能力往往不平衡，写的能力最差。甚至，有的学习者在口头表达上可以滔滔不绝，可在书面表达上却一动笔就出错。这在很多时候也限制了他们的交际活动。

### （二）全面提高学生的语言水平

书面表达是对学生学过的字、词、语法和表达技巧的全面应用，在应用中得到巩固和熟练，从而使学生的语言水平得到全面的提高。我们的教学对象是外国学习者，在学习汉语的过程中，他们的词汇还不丰富，基本语法的运用还不熟练，还没养成用汉语思维的习惯，不可避免地受到母语思维的干扰，写出一些中国人不说、外国人不懂的句子。因此，写作教学的重点不能放在技巧方面，只能放在基础方面，着重进行基本词汇、基础语法的训练。写作课应该是一种字、词、语法和文法综合运用的语言实践课。目的在于复习、巩固和实际运用所学的汉字、词汇和语法，学会用汉语思维和表达。

（三）训练学生使用汉语思维

书面表达是口头表达的继续和延伸，学生边思考边写，在写的过程中训练学生使用汉语思维的能力，建立和巩固目的语的语言系统。学生将在课上听过、说过、看过的内容写出来，可以进一步训练他们的思维能力。思维训练的重点是句子和句子如何有机地连接、段落与段落如何紧密地连接以及如何让写出的文章主题明确、内容集中、条理清楚、层次分明等。写作能力的训练虽然可以促进语言水平的提高，但是从总体上说，写作能力只能随着语言水平的提高而提高。因此，写作能力的训练不可能脱离其他技能的训练而孤立地进行。

## 第二节 写作教学的原则、重点和教学环节

### 一、写作教学的原则

教学任务明确以后，就要确定与之相适应的教学原则。

写作教学应该贯彻从易到难、由浅入深，即循序渐进的原则，要体现从严格控制到逐步放松的原则。除此之外，还有针对性、实用性、趣味性、交际性、先输入后输出、点面结合的原则等。其中最重要的是要贯彻按照教学阶段的划分，教授不同教学内容的原则，也就是写作教学的阶段性原则。

根据语言学习和语言教学的客观规律，现在一般都把第二语言教学的过程分为初级、中级和高级三个阶段。写作教学也不例外，在三个阶段中每一个阶段的训练内容都有一定的侧重点。下面我们分阶段来说明写作教学的重点。

### 二、写作教学的重点

（一）初级阶段写作课的训练重点

1. 写字

写作课的基础是写汉字，要打好写作课的基础，就要从写汉字训练入

手。母语使用拼音文字的学生初学汉字时，觉得每个汉字都是一幅画儿，既不知道如何识记，更不知道从哪儿入手。因此，初级阶段要帮助学生练好两个基本功：一是笔画和笔顺的基本功，即帮助学生掌握笔画的形状、走向和先后顺序；二是整个字体构架的基本功，即帮助学生掌握笔画和部件的布局。基本的步骤是：先认读后书写；先写笔画少的字，后写笔画多、结构复杂的字；先描写后临写，其他还有抄写、默写、听写等方式。

2. 写话

写话练习就是要求学生写自己想说的话，或者追写别人说过的话，基本的方法是"听后写""读后写"和"说后写"。

写作课首要任务是教学生正确地书写汉字，然后是写词和句子。在此基础上做一些成段表达的练习，把句子组织在一起，写语段和语篇。这时的写作课具有启蒙的性质，最好给学生提供一些模式或依据，让他们"照猫画虎""比着葫芦画瓢"。

"听后写"是先听老师或者同学说，然后把老师或同学说过的话写下来。"听后写"不同于听写。听写是边听边写，主要是检查汉字写得对不对，不需要学生进行主动的思考。"听后写"则要求学生先听，听完以后再写。学生不需要事先考虑什么，只要把听过的话记住，再经过回忆和思考写出来就行。进行这样的训练，学生在听的时候，重点听别人说的内容，注意表达方式，要求注意力高度集中。只有先听懂了，理解了，记住了，才能写出来。应该注意的是，学生听的材料应该是能够听懂的，材料中的词语和语法都是学过的。每次听的时间不要过长，以多数学生能够记住为限，如果材料太长可以分成几个部分。练习主要不是检查学生的听力，因此语速要低于正常的语速。学生听的时候，可以做笔记，只记要点以及关键的词语和句式。通常学生听后要做问答练习，帮助学生记住听过的内容。

"读后写"跟"听后写"类似，先让学生在规定的时间内读懂教师出示的文章，并且通过问答练习帮助学生记住读过的内容，最后把读过的内容写出来。注意，学生写的时候不能再看读过的文章。

"说后写"实际上是让学生先口头作文，先说后写。在讨论说话训练时我们谈到，说话训练应当采用以说为主、先听后说、先读后说、说写结合的综合训练的方法。学生在课上说过的话，在课下再把它写出来，可以进一步训练他们的思维能力。上课的时候学生边想边说，说出的话肯定会有许多语病。课下让他们写的时候，有充裕的时间思考，就可以把课上说错的地方改正过来。

写作课跟说话课不同。说话课的“写”在课下进行，是为训练口头表达的能力服务。写作课的“写”多在课上进行，在写作课上学生也有说的活动，说为写服务。学生说错了，教师要帮他们改正。先说对再写，不要写错误的话。学生说的时候，语音的错误可以进行适当纠正，但不是重点。

采用“听后写”“读后写”和“说后写”的方式进行写话训练，把听和写、读和写、说和写紧密结合起来，可以使学生的书面表达能力随着口头表达能力的提高而得到相应的提高。同时也是为了让学生体会到所谓写作就是写自己要说的话，从而消除对写作的恐惧和心理障碍，养成“我手写我心”的习惯。

写话训练是一种过渡性的训练。在初级阶段，不要求学生写多写快，但是必须要求学生写对写好。首先，汉字书写规范，用词正确，语句通顺；其次，句子与句子之间有关联有过渡；第三，正确使用标点符号。通过复习，巩固学过的字、词、句和语法，写出通顺正确的句子，为中级阶段的训练打下良好的基础。

3. 写记叙文和应用文

在初级阶段要训练学生两小时内写题材熟悉的记叙文，字数从 500 到 800 字以上。所谓题材熟悉是指教师的命题是学生亲力亲为的事，这样学生才能有感而发。常出的题目有：《我的父亲/母亲》《我的一位老师》《我的一个中国朋友》《我最尊敬的人》《我的一天》《我第一次爬长城》《北京的春天》《难忘的一件事》等。

在初级阶段还要训练学生写应用文。应用文是学生日常生活或将来工作交往中经常使用的文体。一般比较简单，既实用又能很好地训练学生的写作能力，应该率先练习。

应用文的种类很多，范围很广，包括便条、启事、请柬、日记、书信、申请表等。训练时按照从易到难的原则，每一种形式都反复练习。比如书信，可以从不同角度练习：第一次主动给某人写信，请求帮助；第二次给某人复信，答应他的请求；第三次给某人写信，先答复来信中的问题，再叙述自己要告诉对方的事。内容上有所变化，学生不会感到厌烦。通过这样多次反复地练习，就可以使学生比较牢固地掌握某种应用文特有的格式和一些专门的用语、套语。比如：对不同的人用不同的称呼，怎么样选择跟语体有关的词和表达方式，对不同的人用不同落款等。

总之，无论是写记叙文还是应用文，在学生写之前，教师都要具体地指导，提供范文供学生参考和模仿。训练方法主要是"读后写"。这是一种模仿性的练习，以阅读材料为模式，写一篇性质和格式与阅读材料完全相同或基本相同的文字。模仿的是格式，而不是内容。在这一阶段，教师要把每种文体的特点和写法讲清楚，给学生提供一定数量的范文，让他们把范文的特点和写作方法吸收消化，变成自己的东西，然后按照范文的格式，写他们自己想说的话，写真实的内容。

（二）中级阶段写作课的训练重点

从初级到中级要过渡自然。中级阶段仍然有写记叙文和应用文的练习，只是内容更深刻了，形式更复杂了，比如：广告、合同书、协议书、申请书、计划、总结、讲话稿、报告（实验报告，为写毕业论文做准备）等。中级阶段的学生已经具备了一定的书面表达的基础，写作练习可以逐步放松控制，尽量让他们自由发挥，把内容写得具体、合情合理，从而锻炼他们驾驭语言的能力。

中级阶段初期的写作课的训练重点是写议论文。议论文是一种以议论或说理为主的文章。通常以提出问题、分析问题、解决问题的形式来阐明自己的观点。议论文、读后感、评论的写作方法及写作实践是中级阶段学习的主要内容。议论文的写作为高级阶段写学术论文和毕业论文做准备。

议论文是一种常见的实用文体，学生不仅在撰写毕业论文、学术论文时要应用它，在将来的工作中也会常常用到它。议论文的写作目的性很强，要表明自己的观点，通过说理以理服人，甚至达到征服别人思想的效果，因此非常注重逻辑性，富于理论色彩。

一般来说，议论文的学习容易使人感到枯燥，为了使课堂气氛变得生动、有趣，教师必须选择学生感兴趣的话题来调动学生的积极性，让学生围绕教师提供的题目进行讨论，畅所欲言地发表自己的议论。实际上是口头作文。讨论前,教师要求学生列出发言提纲。学生讨论时,教师要注意并记录学生们的发言,在讲评时引导学生明确议论文的三个要素——论点、论据和论证方法,分辨哪些看法和主张是中心论点,哪些是分论点,启发他们寻找并运用证据来有力地证明自己的观点。只有论点和论据还不能称为议论文,要想写出一篇漂亮的议论文,必须有灵活的、得当的论证方法,要对论点和论据进行巧妙的安排,在逻辑上进行精密的布局,才能使议论文更具有雄辩的力量。这就需要教师根据学生们的思路,引导他们分析怎样才能巧妙而又恰如其分地进行议论。因为是语言课教学,教师讲评还要关注学生的用词、语法方面的错误并进行具体的指导。

（三）高级阶段写作课的训练重点

高级阶段相当于学历教育的四年级,学生面临写毕业论文的问题。这个阶段重点训练学生写学术论文和毕业论文。

毕业论文是高等学校对学生整个学习过程的一个综合性考查,大学生毕业论文质量的好坏是评价高校教学水平高低的一个重要标准。学习汉语的外国学生撰写毕业论文,可以对所学的话语具有更全面、深刻、理性的理解,从而进一步提高使用汉语进行交际的能力。

学生在中级阶段进行了议论文写作的训练,在此基础上教师重点指导学生选题、收集和整理资料、撰写和完成论文写作。

## 三、写作课的教学环节

写作课的教学一般包括以下四个环节:教师指导、学生练习、教师批改和课堂讲评。

（一）教师指导

写作练习是输出性的练习,但是要输出得先输入。输入包括教师讲解有关的知识、提出要求、听或者看范文。给学生讲解和提供范文,是为了给学生提供一个书面表达的模式。写作不能放任自流,要在教师的指导和控制下进行。讲解时要避免抽象的说教,最好结合范文进行具体分析,对本次写作提出具体要求,这实际上是给学生画圈子、设局限,帮助学生扫除写作的障碍,使学生迅速地进入状态,把注意力集中在正确地运用语言表达思想上来。例如:初级阶段的“听后写”,教师要先讲解“听后写”

的特点、要求和方法，然后播放录音或者口述，通常让学生听三遍。在听的过程中，要求学生做到第一遍抓住要点，越过障碍，听懂主要情节和中心意思；第二遍注意文章的层次、脉络、过渡和照应；第三遍注意原文的精彩词句、段落和细节。边听边记录。每听一遍，教师都要答疑和做问答练习，帮助学生透彻地理解和牢固地记忆。

（二）学生练习

学生练习尽量安排在课上完成，个别的可以在课下完成。在课上完成的好处是可以控制学生在规定的时间内写完一定的字数。学生写的时候，有问题可以问教师，不会写的汉字可以查词典也可以问教师。教师要来回走动，通过察言观色发现学生的问题，及时地进行具体的指导。

学生写作可使用活页稿纸，每篇作文一般要求写两稿。第一稿写完后交给教师，教师批改、纠错、简单讲评后发给学生，学生再将自己的文章修改一遍。第二稿教师仍需修改一遍。

学生写作这一环节，强调写作实践，侧重语言练习，不求文字华美，但求表达清楚，文从字顺，错误较少。

为使学生在学习过程中增加自信，有成就感，并能长久保存自己的文章，教材后面预留一些空白页，学生作文的第一稿，经教师批改后，可粘贴在空白页上，再让学生在备用稿纸上写二稿，二稿错误仍较多的，可要求写三稿。

（三）教师批改

教师批改通常要做两件事：一是批改练习，二是记录错误。记录错误的目的是为了掌握和分析情况，以便有的放矢地进行指导。

批改遵循因势利导的原则，既不脱离学生的思想状况和实际的汉语水平，又要有一个确定的方向和准则，做到思想方面从宽，语言方面从严。语言方面又要做到基本功方面从严，技巧方面从宽。学生的汉语水平和写作能力存在着差异，对不同学生的习作要根据实际情况决定修改重点。修改要根据教学内容体现教学目的，注意教学导向。改正包括词语、语法、标点、格式以及表达逻辑等方面。有适量的旁批。最后有评语，从内容、语言方面给予评价，肯定优点，指出主要问题。

根据教学目的和要求，批改时应该把重点放在“改”上，对低年级和水平较差的学生，一时还谈不上什么写作技巧，他们的问题是如何运用基本的语言知识把自己的意思比较连贯、通顺地表达出来。因此，修改他们的练习着眼点应在字、词、句上。对于不通的句子，修改之前要考虑学生究竟想表达什么意思，尽量在不改变或不损害原意的情况下改正。如果有几种改法，则选择改动最少或最符合原意的一种，要尽可能以原句型为基础，避免脱胎换骨，将原句改得面目全非。

对限制性命题作文中的病句的改正，由于教师对内容不大了解，改起来比较困难，需要结合上下文反复对照，揣测学生的本意。实在不清楚的，也不要随意改动，先标示出来，等当面问清楚以后再改正。这样可以保证“改”的正确性。

“批”分为两种，一是旁批，一是总批。旁批是随改随批，主要是关于字、词、句及格式等方面的。总批是最后的评语。评语不仅要评论文章的结构、内容的表达，而且还要包括词语和语法运用得正确与否。如果在同一篇作文中出现几个“了”的病句，在总批中就必须明确告诉学生注意“了”的用法。有可能的话还可介绍一些帮助学习和掌握这一语法点的参考书。这样的评语是具体的、有针对性的，能起到一定的指导作用。

批改学生的写作练习，不仅仅是在本子上把一些病句改通顺，或是信手写几句评语，教师要认真思考下一步如何讲解，使学生明白为什么这么改，避免出现类似的错误。教师给学生写评语，要考虑怎么样写才准确具体，才符合学生的实际情况，才有利于学生提高写作水平；还要考虑让学生看得懂，愿意接受。如果问题较多，务必突出重点，简明扼要，不要把所有问题都摆出来。

（四）课堂讲评

讲评是完成一次写作练习的最后一步，也是写作课教学非常重要的环节。首先由教师进行全班性的讲评，根据教学大纲的要求讲解本次练习的总体情况，主要是语言方面、格式方面和内容方面。总结时，既要精练概括，又要有血有肉，用具体的实例加以说明。只有把语言方面、格式方面、内容方面的成败作为重点，才能使每次的讲解说明各具特色，不致流于形式，或者千篇一律。按照实际需要，也可以穿插讲授一些有关的写作知识，但不是重点。

在讲评这个环节中，应该以鼓励为主。充分肯定学生写出的精彩的句、段、章，使学生作文中的闪光之处都得到发扬，同时注意不要每次讲评总是表扬个别优秀生，置大多数学生于不顾，更不能把学生作文中的病句作为笑料，伤害学生的自尊心。越是“学困生”，越需要鼓励，通过讲评使他们看到自己的进步，增强写作的兴趣和信心。每次讲评以后，还要出墙报，选几篇好的文章打印张贴，供同学们学习借鉴。

讲评的时候，教师跟学生共同改正写作练习中的错误，要注意保护学生的自尊心。讲评错误的词句时，不但不能指名道姓，而且眼睛也不能盯着出错的学生。否则，出错的学生一脸红，别的学生就知道这个错句是谁的。教师要把病句分门别类加以整理，让学生边看边想（错在哪里，为什么错了，应该怎样改正），逐句进行讨论，让学生充分发表意见。学生的意见有对有错，教师归纳时，对的要讲清道理，错的要说明原因。让学生既知其然，又知其所以然。

在改正字、词、句的同时，特别要注意纠正学生由于受母语习惯影响而出现的一些不合乎汉语习惯表达的错误。帮助学生摆脱母语习惯的影响，这是写作课的一项很重要的任务。对于受母语干扰出现的错误，教师自始至终都要耐心地提醒、指点和引导，结合具体例子与其母语进行对比分析，指出摆脱母语干扰的具体方法，帮助他们逐步熟悉和掌握汉语书面表达的特点，培养汉语的语感，逐步掌握书面语交际的方法。

## 第三节　初级阶段写作课的教学内容和方法

### 一、写字

#### （一）熟悉笔画、笔顺规则以及偏旁部首的名称

通过认读和书写的练习，帮助学生熟悉笔画和笔顺规则以及常用的偏旁部首的名称。打好写字的基本功，为将来的写作排除汉字的障碍。

#### （二）游戏练字

1. 加一笔变字

王（主、玉）　　头（买）　　亚（严）　　从（丛）

尤（龙）　　几（凡）　　牛（生）　　古（舌）
火（灭）　　休（体）

2. 两点变字

力（办）　　人（火）　　未（来）　　令（冷）
天（关）　　干（平）　　开（并）　　中（冲）
兄（兑、况）　　口（只）

3.“口”字加两笔能变多少字

目　田　由　甲　申　电　旦　旧　叶
右　叮　可　号　占　史　句　只　叹
司　加　古　叫　叨　召　叻
……

4. 两笔字

二　儿　几　十　厂　人　八　了
力　刀　刁　又　七　丁　九　乃
……

5. 三笔字

三　川　土　尸　士　千　万　亿　干　上
下　与　于　才　寸　丈　马　个　大　小
山　女　门　凡　广　卫　亡　么　工
……

6. 四笔字

天　夫　王　方　太　木　犬　毛　比　支
止　见　贝　手　火　文　斗　户　月　斤
气　心　井　元　无　五　不　中　内
……

7. 寻找字中字

谢　　樟　　赢　　喊　　李

骑　　磨　　韶　　想　　意

## 二、写句子和语段

1. 回答问题

根据课文的内容，教师设计一些问题，让学生书面回答。

2. 改句子和完成句子

教师出示一些句子，让学生按照要求改句子或者给一些未完成的句子让他们完成。

3. 把句子组织成语段

教师出示一些打乱顺序的句子，要求学生把它们按照一定的逻辑关系组成语段。例如：

① 按照规定每个班表演一个节目。

② 参加汉语节目表演的有各班的老师和同学，还有学院的领导。

③ 我们班的艾米同学用汉语讲了一个小笑话，她讲得很好，讲完以后大家都笑了。

④ 这次汉语节目表演很成功，我们既练习了听又练习了说，每个人都有很大的收获。

⑤ 星期六下午我们学院举行了汉语节目表演。

4. 写主题句

给学生一段话，把主题句空出来。让学生阅读这段文字以后根据自己的理解写出这段话的主题句。例如：

______________________________。打网球，我不会；踢足球、打排球，我也不成。既跑不快，又跳不远、跳不高。这些运动，我都学过，可是不成。因此我对于运动，有狐狸对于葡萄同样的感想。当然，在小的时候，游泳是我连做梦也不敢想的事。

（参考答案：我不喜欢体育运动；我对体育不感兴趣；我从来不参加体育锻炼；我对体育一窍不通；我是个体育盲。）

5. 根据主题句写语段（先示范然后学生练习）

主题句：英国人和美国人不但说同一种语言，而且社会习俗也大体相同。

1. 初次见面的礼节；

2. 对妇女的态度；

3. 在遵守时间方面；

4. 生活方面。

示范：

英国人和美国人不但说同一种语言，而且社会习俗也大体相同。比如他们初次见面的礼节相同：第一次见面时都要互相握手，说"How do you do"，分别时说"Nice to meet you"一类的话。他们都尊重妇女，男人给女人开门，给女人让座；女客人离开时，男主人帮助她们穿外衣。遵守时间在英国和美国都非常重要。比如赴约会，应该准时到达，要是不能按时到，就要事先打电话说明理由。英国人和美国人在生活方面也有很多相同的地方。

学生练习(先填表，再写语段)：

主题句：中国人和＿＿＿＿人的生活习惯有很多不同的地方。

| | 中　国　人 | ＿＿＿＿人 |
|---|---|---|
| 1. 问候 | | |
| 2. 衣 | | |
| 3. 食 | | |
| 4. 住 | | |
| 5. 行 | | |

**三、听后写和读后写**

示例一：《左手和右手》

一个小学生的两只手不和，天天争吵。一天，小学生用右手写了10个字：一、二、三、四、五、六、七、八、九、十。小学生看了看，说："我的右手会写字，真有本事。”右手听了对左手说：“我会写字，你会吗？”左手听了很不高兴。过了一会儿，小学生要画一条直线。右手画来画去总是画不直。左手看见了，拿了一把尺子过来。右手马上把线画直了。小学生点点头，说：“我的两只手都有本事。”右手听了，对左手说：“以前是我不好，其实你跟我一样有本事。”（约 200 字）

1. 指导

（1）提出要求

听后写，先听两遍，注意听，不用笔记，用脑子记；然后做问答练习和填空；最后写出 200 字左右的一段话。

（2）教师叙述，学生听

第一遍慢，第二遍稍快。

（3）问答练习

问题一定要细。例如：

① 谁的两只手不和？“不和”是什么意思？
② 一天，小学生的右手写了什么字？
③ 小学生看了看，说什么？
④ 右手听了对左手说什么？
⑤ 左手听了怎么样？
⑥ 过了一会儿小学生要做什么？
⑦ 右手画得怎么样？
⑧ 左手看见了做了什么？
⑨ 这时候右手画得怎么样？
⑩ 小学生点点头，说什么？
⑪ 右手听了对左手说什么？

（4）填空

① 一个小学生的两只手不和，天天__________。
② 我的右手会写字，真______________。
③ 过了一会儿小学生要画____________________。
④ 右手____________________总是画不直。

⑤ 左手看见了，拿了＿＿＿＿＿＿＿＿＿＿。

⑥ 右手＿＿＿＿＿把线画直了。

⑦ 小学生说："我的两只手＿＿＿＿＿＿＿＿。"

⑧ 以前是我不好，其实＿＿＿＿＿＿＿有本事。

2. 学生写

示例二：《诚实是真》

上周五张兰去一个美国公司面试求职，她看见十几个年轻漂亮的姑娘，个个打扮得很时髦。从考场里出来，一个个笑容满面。显然她们觉得自己考得不错。张兰最后一个走进考场。那个黄头发、蓝眼睛的主考官一看见她就用英语说："小姐，我觉得你很面熟，好像在哪儿见过你。"张兰觉得从来没有见过这个人。于是她很有礼貌地用英语回答："先生，我没有印象在哪儿见过您。"主考官说："小姐的英文说得真不错。你是在哪儿学的？""我是在北京语言大学学的。""你没出过国吗？""没有。"考官好像想起了什么，突然说："噢，我想起来了，几个月以前我在伦敦见过你。那时你在英国一家培训中心学习。你是在英国学的英语，而且你有工作经验。就是你，没错儿！"另外的几个考官也点头，说："是她！是她！"张兰一下子有些发慌，不知道说什么好。如果承认他们说的，可能对得到这个工作有利，可那不是真的。于是她肯定地说："我从来没有出过国，我的英语是在国内学的，我也没有工作经验。你们可能认错人了。"主考官坚持说："我不会认错人，我肯定见过你。"张兰也坚持说："您说的那个人真的不是我！"考场一下子安静下来，没有一点儿声音。过了一会儿，考官们鼓起掌来。主考官微笑着握住张兰的手说："小姐，祝贺你！你被录取了，诚实是真！"后来张兰才知道，那天面试只录取了她一个人，那些比张兰年轻漂亮的姑娘都没有通过"诚实"这一关。（约550字）

1. 指导

(1) 提出要求

读后写，读10分钟，边读边记，用脑子记；然后合上书，做问答和改错练习；最后写出500字以上的文章。

(2) 学生读

(3) 问答练习

① 这篇小短文的题目是什么?

② 什么时候谁去做什么?

③ 张兰看见什么?

④ 主考官长得什么样子?主考官看见张兰说的第一个句子是什么?

⑤ 张兰回答什么?

⑥ 主考官问的第二个问题是什么?张兰怎么回答?

⑦ 主考官问的第三个问题是什么?张兰回答什么?

⑧ 主考官说什么时候在哪儿见过张兰?还说……?

⑨ 张兰是怎么回答的?

⑩ 主考官坚持说什么?张兰坚持回答什么?

⑪ 接着发生了什么?

⑫“求职”的结果是什么?

(4) 改错

① 上周五张兰去一个英国的公司求职。

② 那些年轻漂亮的姑娘都觉得自己考得不错。

③ 张兰最后一个走进考场。

④ 主考官用汉语问张兰。

⑤ 张兰很有礼貌地用汉语回答。

⑥ 张兰没出过国。

⑦ 考官好像想起了什么,突然说:“噢,我想起来了,几个月以前我在伦敦见过你。那时你在英国一家培训中心学习。你是在英国学的英语,而且你有工作经验。就是你,没错儿!”

⑧ 另外的几个考官也点头,说:“是她!是她!”

⑨ 张兰没有犹豫,马上回答:“我从来没有出过国,我的英语是在国内学的,我也没有工作经验。你们可能认错人了。”

⑩ 张兰说完:“您说的那个人真的不是我!”考场一下子安静下

来，没有一点儿声音。

⑪ 张兰被录取是因为她很诚实。

⑫ 那些漂亮的姑娘没有被录取是因为她们没有通过“诚实”这一关。

2. 学生根据自己的记忆写出500字以上的文章

## 四、写记叙文

写作课的教学要贯彻从易到难、由浅入深的原则，首先训练学生写好记叙文。记叙文有记事为主的和写人为主的两种。其实记事离不开写人，写人也离不开记事。

### （一）记事的记叙文要把事情的来龙去脉写清楚

下面是一篇记事的记叙文。

**一次坐火车的经历**

那一天，彼得坐火车去乌鲁木齐旅行，山本正和金汉成来火车站送他。离开车还有一段时间，他们三个人在站台上聊天，聊着聊着忘了开车的时间。站台上的站长以为他们不是坐这趟火车的，也没提醒他们。后来，站长想，万一他们是坐这趟车的呢？就大声喊：“火车就要开了，没上车的旅客赶快上车！”

听到喊声，彼得和山本正、金汉成才向火车跑去。没拿行李的山本正和金汉成刚上了火车，火车就开动了。拿着行李的彼得在后边追了半天也没上去，只能看着火车开走了。他很生气。

站长劝他说：“别生气了，三个人上去两个就不错了。要是我不喊你们，恐怕你们一个也上不去。你说，我说得对不对？要是三个人都上不去，那才糟糕呢！”

“您说的都对。”彼得说，“不过，要坐火车的是我，上了火车的那两位，是来给我送行的。”

1. 什么事情

彼得坐火车去乌鲁木齐旅行，山本正和金汉成来火车站送他。

2. 发生了什么（事情的经过）

他们三个人在站台聊天，忘了开车的时间。站长提醒他们，没拿行李的两个人上了火车，火车就开动了。

3. 结果怎么样

火车开走了，该上火车的彼得没上去。

（二）写人的记叙文要把人物的特点写清楚

包括肖像描写、语言描写、心理描写、行动描写等。

下面是一篇写人的记叙文。

## 我的老师宋文玉

我叫施和平，加拿大人。我给大家讲的是我的老师宋文玉。

宋文玉老师今年27岁。她黑黑的头发，大大的眼睛，端正的鼻子，弯弯的眉毛，白白的皮肤，苗条的身材。她第一次走进教室真是光彩照人，满堂生辉。我从来没有见过这么漂亮的女老师。我想，她要是去好莱坞发展，准是第一流的演员。

宋老师的父亲是外科医生，母亲是妇产科医生。他们希望宋老师继承医生的职业。可是宋老师对教育学很有兴趣。她说："医生可以使病人成为身体健康的人，教师可以使学生成为有知识、有能力、思想健康的人。教师是最神圣的职业。"

宋老师对学生非常关心。有一次我感冒了，没去上课，一个人躺在宿舍里。想起在家生病的时候，爸爸、妈妈都在身边问这问那，给我拿药送水。可是现在没人照顾，越想越难过。这时候，有人敲门。是宋老师来了。她给我做了一碗香喷喷的面条，还带来一些水果。她看着我吃完，又带我去看病。回到宿舍让我好好休息，还问我："你想吃什么？晚上我给你做。"在她的照顾下我的病很快好了。

我们班是A班，12个学生都是欧美人。刚学习汉语，发音和声调都不好，说出的话洋腔洋调。她就一遍一遍地纠正我们的发音和声调，对我们的要求可严格了，直到说出标准自然的句子。我们记不住汉字，她一遍一遍地给我们听写，还教我记汉字的方法。我们班有一个同学年纪比较大，每次考试都不太好，想退学。宋老师就鼓励他要有信心，说："做什么事情都得有信心，有信心就是成功的一半。"我们贪玩懒惰的时候，宋老师就严厉地批评我们；快考试的时候，我们都很紧张，宋老师又让我们放松，她跟我们一起去喝咖啡，去公园游览，还陪我们去游泳。20周的学习很快结束了。最后，我们班的12个学生全都通过了HSK三级考试，有的通过了四级、五级。

在结业会上，宋老师开心地笑了，她笑得那么甜，那么美。她是一位从里到外都十分漂亮的老师。

这是一个外国学生写老师的文章，其中有人物的肖像描写、心理描写、语言描写、行动描写，详细刻画了一位从里到外都十分漂亮的女老师。教师提供这样的范文对学生有启发的作用。

**五、写应用文**

应用文包括便条、书信。

（一）便条

1．指导

便条包括留言条和请假条。先写抬头，即这便条是写给谁的；然后写告诉对方的内容，注意简单明确；最后写落款和时间。落款是自己的名字，一般时间只写年、月、日即可，若是紧急的事情要写上几点、几分。抬头要顶格写，落款和时间写在右下角。例如：

（1）留言条

> 王新同学：
>
> 　　我有急事找你，你不在，请你回来后立即给我打电话。我的电话号码是62325186。
>
> 李立
>
> 2月25日上午10点

> 玛丽：
>
> 　　我去王府井了，晚上一个朋友请我吃饭，大概9点回来。晚饭不用等我。
>
> 安娜
>
> 即日下午3点

（2）请假条

| |
|---|
| 张老师：<br>明天下午我要去机场接一个朋友，不能来上课了，请假半天。请您批准。<br>学生　孙文华<br>3 月 19 日 |

| |
|---|
| 方教练：<br>今天上午我骑车摔伤了脚，下午的足球训练不能参加了。请批准。<br>队员　田刚<br>4 月 12 日 |

2. 学生做练习

（1）叶红同学教师节去看望刘老师，刘老师不在，请你替她写一张留言条。

（2）杨老师让宋云通知马兰，星期二下午 3 点，穿演出服装到礼堂排练舞蹈。马兰不在，宋云给她写了一张留言条。请帮助宋云检查一下，留言条写得对不对。

| |
|---|
| 宋云：<br>杨老师让通知你星期二下午 3 点到礼堂。<br>马兰 |

（3）林强 9 月 6 号肚子疼不能上体育课，请假两节。请给王老师写一张请假条。

（4）填写请假单

<table>
<tr><td>姓 名</td><td colspan="3"></td><td>班 级</td><td></td></tr>
<tr><td>请假日期</td><td colspan="5">自 月 日至 月 日 共 天</td></tr>
<tr><td>请假原因</td><td colspan="5"></td></tr>
<tr><td>有何证明</td><td colspan="5"></td></tr>
<tr><td>系办公室<br>意 见</td><td></td><td>系主任<br>批 示</td><td></td><td>院领导<br>批 示</td><td></td></tr>
</table>

（二）书信

1. 指导

书信的书写格式跟便条差不多，但便条的内容简单，一般只有一段，书信的内容比较多，要分段写，每段开头空两个格。写给单位的信，内容的最后要写“此致敬礼”。“此致”另行，前空 4 个汉字或 2 个汉字（若上一行字数不足 1/3 行），“敬礼”另起一行，顶格写。写给私人的信，内容的最后一般要有祝愿的话。“祝”另行，前空 4 个汉字或 2 个汉字（若上一行字数不足 1/3 行），祝愿的内容另起一行，顶格写。例如：

北京外国语大学招聘办公室：

我从报上得知，贵院急需一名西班牙语外籍教师，我认为我可以胜任这个工作。

我是西班牙人，2000年毕业于马德里大学西班牙语言文学系。毕业后在一所中学从事西班牙语文教学工作。我从2004年9月来到中国北京语言大学学习汉语，已经两年多了。我已经具备了用汉语进行辅助教学和应付自己在北京生活的能力。

本人身体健康，喜欢语言教学，善于跟学生交往，相信自己能成为一名合格的外语教师。

按贵院要求，寄上我的履历表一份。

此致

敬礼！

辛西亚·费尔南德斯

2006年10月20日

---

爸爸、妈妈：

你们好！

我来北京快半个月了。因为这些日子太忙，没有及时给你们写信，请原谅。

我到北京的第三天就开始上课了。我们每天上午8点上课，每堂课50分钟，12点下课。我们一共有三门课：综合课、听力课和口语课。三个中国老师教我们，他们的教学方法很好，我很喜欢上他们的课。

我每天下午没有课，我有的时候去操场锻炼身体，有的时候去图书馆看书，有的时候跟中国朋友聊天。我有一个中国朋友，她叫丁兰，她学习英语。我们两个互相帮助，她帮助我学汉语，我帮助她学英语。跟她在一起学习，我的口语水平提高得很快。

晚上我复习课文和语法，预习第二天的生词。有的时候也看电视，不过现在我听懂的不多。以后会好一些，随着汉语水平的提高，听懂的会越来越多。这里的生活虽然很紧张，可是特别有意思。

你们的身体怎么样？爸爸还抽烟吗？要尽量少抽，抽烟太多对身体不好。妈妈的血压还高吗？您要坚持天天吃药，要注意适当锻炼。

不多写了。我告诉你们我的电话号码：86-10-82302675，有事打电话。

祝你们

健康、快乐！

你们的女儿　玛丽

2006年3月10日

2. 学生练习

（1）按照正确的格式改写

中央美术学院教务处处长先生：

我是英国自费留学生，叫约翰·史密斯。我想从2006年9月进入贵院学习两年中国画，希望得到贵院的招生简章和有关情况介绍。

我2002年毕业于英国伦敦大学现代艺术系，2003年开始在北京语言大学学习了两年汉语。

随信附上我的履历表。2006年3月20日

约翰·史密斯

望早日回复。

(2)根据要求写信

① 你打算从2006年9月去北京大学经济学院学习。你对中国经济很感兴趣,希望将来跟中国做生意。请给北京大学招生办公室写一封信。

② 你打算毕业后去某个公司工作,请给该公司的经理写一封信,介绍你的情况,并寄去一份你的履历表。

**本章小结:**

本章主要讲了五个问题:

1. 写作课的性质是指导第二语言学习者综合运用汉语的字、词、句以及标点符号等诸方面知识提高书面表达能力的实践课。

2. 写作课的任务主要有:提高学生书面表达的能力,全面提高学生的语言水平,训练学生使用汉语思维。

3. 介绍了写作教学的阶段性原则和不同阶段的训练重点。

4. 写作课教学的四个环节是:教师指导、学生练习、教师批改和课堂讲评。

5. 重点介绍了初级阶段写作课的教学内容和方法:写字练习,写句子和语段,听后写和读后写,写记叙文,写应用文。

# 第七章　教师的教学准备

本章要讨论的主要问题：

1. 如何备课？
2. 如何设计教案？
3. 如何准备和制作教具？

我们常说“功夫在课外”，备课、设计教案是课堂教学准备阶段的教学行为，跟课堂教学有着直接的关系。

## 第一节　备课

备课是提高课堂教学质量的前提，也是课堂教学行为的起点和基础。“凡事预则立，不预则废。”实践证明，课“备”到什么程度，教学质量就可能达到什么程度。年轻的教师上课要备课，老教师上课也要备课；使用新教材要备课，使用多次用过的教材也要备课。这是因为，学生不断地更换，教学内容要不断地更新，一切都处在变化之中。要适应变化的情况，就必须认真地备课。一般来说，教师进行观摩教学的时候，教学效果都比平时好。原因何在呢？主要原因是教师在备课上下了更大工夫，课备得比平时更充分。备课是教师吸收和储存教学能量的过程，教师储备的能量越多，在课堂上释放的能量就越多，教学质量就越好。可以说，备课的重要性怎么讲也不过分。

备课可以分为广义的备课和具体的备课。

### 一、广义的备课

广义的备课可以从我们准备当教师的时候开始。要当一个好的教师，就要用人类创造的全部知识武装自己的头脑。要善于接受新事物，吸收新知识，特别是教学法方面的新知识。要当一个好的教师，还要在学习、生活、工作中做个有心人，时时、处处为教学积累资料。苏联教育家苏霍姆林斯基曾经讲述过这样一个事例：有一位知识渊博的历史教师上观摩课，课上得十分成功。别人问他："您准备这堂课花了多长时间？"这位教师回答："这堂课我准备了一辈子，一般地说，每堂课我都准备一辈子。但是，直接针对这个课题的准备，我只花了大约15分钟。"这"一辈子"和"15分钟"道出了教师备课的辩证关系。只有注重平时的学习和积累，掌握大量的有关资料，需要的时候才能信手拈来，或者开启自己的思路，或者丰富教学的内容，或者创新教学的方法。这就是广义的备课。

积累教学资料主要是积累课堂教学的资料。自己教学或听课的时候，随时记录学生常提的问题、常出的错误，还要记录学生作业和考试中的错误，把学生的考卷收集起来。哪些资料跟教学有关呢？比如：新词语、小故事、小笑话、图片、图表、照片、电视画面、录音录像资料、论文、著作等。取得这些资料以后还要进行分类和保管。

建立科学的分类体系，是积累资料的重要一步，也是充分发挥资料作用的前提。课堂教学的资料分类可以按照教师的教学意识和行为分类，比如：如何突出课程性质特点的论述，如何确定教学目的、控制教学内容、选择教学方法，如何备课、写教案，如何组织教学、提问、答疑、纠正错误，如何板书，如何处理偶发事件等。也可以按照课型和教学内容分类，比如：如何教综合课、听力课、口语课、阅读课、写作课，在综合课里如何教语音、语法、词语、汉字、课文等。如果是文字资料可以分为复印件、摘要、心得、索引，最好制作成卡片或输入到电脑中。图片、照片、音像资料要分门别类另外保存。

## 二、具体的备课

具体的备课是在上课之前，做具体的教学准备。具体的备课包括备教材、备学生和备方法。

### （一）备教材

#### 1. 钻研教学大纲

教师备课最重要的是备教材。但在备教材之前还有一项重要的工作是钻研教学大纲。

教学大纲是进行课堂教学的纲领性文件，它规定了教学对象、教学时间、教学目标、教学内容、教学要求、教学途径、教学原则、对教师的要求、测试、教学质量评估以及教学管理等。钻研和熟悉教学大纲，就可以统观全局，在具体备某一课时能够把它跟整体教学联系起来，把握脉络，理清主线，领会这一课在整个教学中的地位和作用。

在北京语言大学汉语速成学院制定的《汉语速成教学大纲》中规定，学生经过 20 周的强化训练，能够进行基本的日常生活、学习和一定范围内的社会交际活动；应该掌握普通话全部声、韵、调，甲乙两级词 3051 个，甲乙两级汉字 1604 个，甲乙两级语法点 252 项。为此教师要了解和熟悉甲乙两级词、甲乙两级汉字和甲乙两级语法项目有哪些。大纲规定的这些教学内容教材中是否已经出齐，如果没有出齐，教师就要设法补充，否则就达不到规定的教学目标。

在语言能力方面，听说读写都有具体的要求。以听为例，经过 20 周的学习，学生应该能够在课堂上听懂教师用普通话所做的讲授，能够基本听懂无关键性新语法点、生词不超过 2%、话题熟悉的语言材料，其长度为 500—600 字，语速不低于 180 字/分。在实际交际中，能够基本听懂用略带方言的普通话所做的语速不低于 170 字/分、内容熟悉的一般性谈话，有一定的猜测词义、跳越障碍的能力。教师了解了这些，在进行教学的时候，选择和补充哪些语言材料，怎么样控制语速，如何进行训练，就会心中有数。教师不了解这些，教学就会盲目、低效甚至无效，谈不上提高教学质量。

教学大纲是教师手头必备的文件，备课时要随时翻阅。

2. 通读教材

教师，特别是青年教师在上课之前一定要通读教材。通读教材要从整体上把握编者的意图。教师使用某种教材，必须理解、顺应编者的意图，而不能违背编者的意图。通读教材首先要读“前言”或“编写说明”。编者的意图一般都在“前言”或“编写说明”中交代得很清楚。读“前言”或“编写说明”时要特别注意以下内容：

编者是如何体现教学大纲和教学计划的。主张采用哪种教学法，是结构法还是功能法，是结构—功能法还是功能—结构法，是演绎法还是归纳法。

词汇、语法点和功能项目的安排。教材总的词汇量是多少，每课的词汇量是多少；语法点的先后顺序，语法体系是什么；出现了多少功能项目，是怎么安排的。

如果是系列教材，主干课教材和分技能课教材是如何配合的，有怎样的内在联系。

在通读教材的时候，要特别注意哪些内容自己还不十分清楚，把它们记下来，想办法搞清楚；还要注意每课的体例和生词、语法、课文、练习的安排以及课与课的关系，做到心中有数。

3. 精读教材

教师备课，必须花大气力钻研教材，对教学内容都有一个由浅入深、由表及里、由此及彼、融会贯通的认识过程。优秀的教师每一次备课都会对教材、教学内容有新的认识，有更深入的理解。

“精”读教材要达到懂、透、化。

所谓“懂”是说，对教材的全部内容，从语言要素的讲解到语言技能和言语交际技能的训练，从每个字、词、句的发音、写法到意义和用法，从课文的题目到全篇的结构和主旨，从注释的语法术语和概念到每一项练习和每一幅插图，都要十分清楚明白，了如指掌。如果有拿不准或犹豫的地方，要查资料或请教别人，真正弄懂。

所谓“透”是说，吃透编者的意图和思路，弄清楚学生学了这一课应该学会什么、掌握什么和提高什么；要思考和挖掘这一课中的知识点和训练点，并确定哪些是重点，哪些是难点；还要理解和体会全课各个项目之间是如何安排的，内在联系是什么，以及本课跟前后各课之间有什么联系。

所谓“化”是说，把教材编者的意图变成自己的意图，把教材编者的想法变成自己的想法，把教材中的内容变成自己要教给学生的内容。对教材的内容不仅能够了然于胸，融会贯通，而且能够举一反三，灵活运用。这里要强调一下，教材中的课文要求学生能够复述的，教师必须能够一字不落地背诵出来；教材中要求学生做的练习，教师必须从始至终认真做一遍。

如果教师的“懂”和“透”对教材来说是“钻进去”，那么，“化”对教材来说就是“跳出来”。

教师备课应该避免教一课备一课。特别是新教师上课或使用新教材，上一课至少要备出三四课，以便照顾前后联系，做到既不“抢戏”也不“丢戏”。很多教师都有这样的体会：教过A班、B班、C班、D班后再教A班，跟只教过A班的绝对不一样。因为教学是有内在规律的，前边的课和后边的课有内在的联系。教过一轮以后，会更知道哪些是重点和难点，能够从整体的角度处理具体的一课。

4. 处理教材

任何教师上课都不能按照教材照本宣科，都要根据学生的水平对教学内容的难易多寡做出判断取舍。内容太难，要化难为易；内容太易，要增加练习的难度；内容太多，要突出重点，甩掉非重点；内容太少，则要补充增加新的内容。这些就是处理教材。

一般来说，处理教材的具体做法有：

调整各个项目的顺序，处理好哪些先哪些后，哪些详哪些略，哪些分哪些合。比如：有的课文为使用当课的语法点提供了语境，就先讲练语法点后讲练课文，把课文作为讲练语法点的落脚点；有的课文有利于展示当课的语法点，就先讲练课文后讲练语法点，从课文中引出当课的语法点。再比如：听力课教学，如果当课的生词多，有新的语法点，就加强听前练习，为听时练习做好充分准备；如果当课的生词不多，也没有新的语法点，就加强听后练习，不断提高要求，巩固听时练习的成果。再比如：讲练语法点，有的课次要的语法点跟主要的语法点有联系，就可以把次要的语法点合并到主要的语法点中讲练；有的课主要的语法点比较难，包含若干小项，就可以把一个主要的语法点分解为若干小项讲练。

处理好练习。哪些练习安排在课上做，哪些练习安排在课下做；在课上做的练习哪些先做，哪些后做。

改正教材中的错误。由于出版质量的原因，教材中往往有这样那样的错误，需要教师判断并及时改正。比如：天气预报中，风力“3－4级”误印成“3.4级”。

处理好教材中的重点和非重点。国际汉语教学包含那么多的内容，在进行教学的时候要突出重点，不能平均使用力量。

在国际汉语课堂教学中，不同教学阶段教学内容的重点不同。在初级阶段，语言要素的教学重点是语音、词汇和语法（词法），技能训练的重点是听和说，交际技能训练多是学习和日常生活方面的内容；在中级阶段，语言要素的教学重点是词汇和语法（词法和句法），技能训练的重点是在听和说的基础上逐渐增加读和写的内容，交际技能训练的重点是日常生活方面的内容；在高级阶段，语言要素的教学重点是词汇和语法（词法和篇章语法），技能训练在听说读写全面要求的基础上突出听和读，交际技能训练的重点是文化方面和专业方面的内容。

教师对重点教学内容的认识要贯彻到每一堂课、每一个教学环节、每一个教学行为中去。比如：本课的语法点有四个，哪个进行重点讲练，哪个进行一般讲练，哪个只讲不练；哪个用的时间多，哪个用的时间少，教师都要做出合理的安排。

（二）备学生

如果备教材称作“心中有书”，那么备学生可称为“目中有人”。教师备课既要“心中有书”，又要“目中有人”。教学活动是教和学的双边活动，学生不仅是教学的对象，而且是教学活动的主体。教学的最终结果要落实到学生掌握知识和提高能力上。备学生是备课工作的又一个重要环节。教师备课要把备教材和备学生结合起来，从学生的实际出发，了解教材中哪些内容是学生已知已会的，哪些是学生不知不会的，哪些是学生想知想会的。教师确定教学的重点和难点，要考虑教材编者的意图和安排，更要考虑学生的实际情况。根据学生的实际情况预见哪些内容可能是学生学习的难点，因为不同的学生对同一教学内容会产生不同的反映，有的人觉得难，有的人觉得不难。

教师要有了解学生的意识，心里装着学生。教师对学生的了解必须建立在平时调查研究的基础上。比如：欧美班的学生认读汉字有问题，教师要有意识地加强汉字认读的练习；日韩学生读的时间可以相对减少，更应该加强的是听和说的练习。教师了解学生可以通过多种途径，查阅档案、查阅入学登记表、问卷调查、开座谈会、个别谈话、作业、考试等，还可以通过课上的练习，比如：让每个学生自我介绍，谈自己的家庭、学习经历、学习汉语的目的、学习方法、爱好、一天的活动、与朋友的交往等。学生既练习了语言，教师又从中得到自己需要的信息。

（三）备方法

备教材和备学生的过程实际上就是备方法的过程，这三者不是截然分开的。这里的备方法是说，在备教材和备学生的基础上，教师要准备具体的上课的方法。比如：怎样复习旧课，怎样讲练生词，怎样讲练语法点，怎样讲练课文。以复习课文为例，在复习环节里，我们主要设计三种方法来复习课文，那对欧美学生来说，用哪种方法更好呢？

方法一：课文是对话体，用对话的方法复习，教师先跟学生对话，然后让学生跟学生对话。

方法二：把对话改成叙述体，教师先说两遍学生听，然后提问，再让学生复述。

方法三：把对话改成叙述体，用投影仪展示给学生，先让学生齐读，然后让学生单个读，最后让学生复述。

应该说，这三种方法都是好方法，但是比较起来第三种方法更好一些。第一种方法学生比较熟悉，但是在复习的时候最好变换方式，出点儿新意，完全复制上节课的方法不容易吸引学生。第二、第三种方法的区别一个是听，一个是读。欧美学生一般认读汉字有问题，用认读的方法复习，最后落实到说上，效果会更好一些。

备课通常是个人行为，自己一个人做准备。但是如果平行班多，教研室可以组织集体备课，集思广益，取长补短，使备课更为周密充分。

## 第二节　设计教案

### 一、写教案的重要性

备教材、备学生、备方法是备课的前期准备阶段。设计教案是把备教材、备学生、备方法的思考结果系统化、具体化，将它们优化组合，形成具有可行性的方案。

教师上课一定要写教案，而且要写好教案。写好了教案，上课就有了依据，有了底气，才能有条不紊地上课。我们常常说："教是为了不教。"那么，写教案是为了上课的时候不看教案。写教案是一种创造性的劳动过程，是教师消化、领会教材，进行加工，使之条理化、系统化的过程，写一遍抵得上想好几遍。写的目的是把课上要教给学生的内容记在脑子里。

教案的依据是教材。教材体现着编者的教学法思想和对语言本质的认识，教案是教师以某种教学理论为指导，根据自己的理解，把教材中有关材料重新编排、处理和加工，使之更利于学生理解、吸收和掌握。教案就是一种训练型课程的操作程序。

写教案是教师积累教学资料和教学经验的有效措施。年轻教师普遍缺乏教学经验，教学往往带有盲目性，对教学中可能出现的问题不能未雨绸缪，缺乏预见性和应变能力。要想解决这些问题，唯一的办法是认真写好教案。

写好教案有助于教师的科学研究。教师天天写教案，天天上课，就会发现和遇见自己没有预料到的问题，或一时不能解决的问题，或教材本身的问题，或应该改进的教学问题，或学生问起自己回答不了的问题，凡此种种，如果不能有意识地抓住，它们就会像浮云一样从身边溜走。如果把它们记下来，作为研究的课题，搜集资料，一个一个地进行研究，不仅能够促进教学水平的提高，而且能够极大地提升科研的水平，收获丰硕的科研成果。

教案应该做到"精、新、活、实"四点。

精，指的是设计的教案应当精要，哪些内容精讲，哪些内容多练，突出教学的重点和难点。

新，是教学设计要有新意，符合时代的要求，能够应用现代教学理念。教案要体现新型的课堂教学，以学生发展为根本，以促进学生发展为取向，注重学生自主学习和探究的教学理念。

活，是教学方法要灵活有趣，帮助学生活学活用。有时一个语法点、一篇课文的讲解要准备几种方法，根据课堂实际选择一种最有效的方法。

实，讲究实效，教案主要是写给自己看的，切忌华而不实。以每个教学环节的时间安排为例，要以时点代替时段。不要写"复习 10 分钟""讲练生词 20 分钟"，要写"复习 8：00—8：10""讲练生词 8：10—8：30"。

## 二、如何写好教案

设计教案一般有两种形式：详细教案和简要教案。无论是哪一种，都要写好正本和附件。

### （一）详细教案

详细教案是教师把课堂上自己的活动和学生的活动，所有的指令和讲练的方法，对教材的处理，补充的例句和材料等全都写出来，还要把课堂上提出的问题及其答案，要提问的学生名字都写上，甚至估计这个学生答不出或不在时，应该由谁来回答或补充什么问题等都具体地写出来。这样做的好处是有助于教师合理地、准确地控制课堂和教学的进程，发挥教师的主导作用；帮助教师组织教学语言，使语言准确、精练、生动，避免信口开河、杂乱无章；使教师的指令明确、简洁、具体、通俗，节省宝贵的课堂时间。

### （二）简要教案

简要教案是把课堂活动提纲挈领地写出来，把重点、难点、容易忘的内容和补充的材料写出来，以便在课堂上提示自己。这样做的好处是能够节省时间，把教学的内容熟记在心，重点思考教学方法。一般来说，年轻的教师，或者使用新的教材，要写详细的教案，老教师或者多次使用的教材可以写简要的教案。

### （三）写好正本

正本包括以下项目：

课型、教材、教师、教学对象、课文标题；

教学步骤与课时分工；

时间；

目的与要求；

教学重点与难点；

教学过程。

“课型、教材、教师、教学对象”是固定的，一个学期一般不会有变化，所以在第一课反映出来就可以了。实际上教案的第一个项目是课文标题。比如（具体可参见附录一《B班综合课教案》）：

课　　型：初级汉语综合课

教　　材：《速成汉语初级教程：综合课本3》第46课

教　　师：杨惠元

教学对象：日本、韩国、印尼

以上项目不必每课都写，以下项目每课必写。

课文标题：第46课《你的衣服扣子少了两个》

教学步骤与课时分工：本课6课时完成

第1—2课时：教授18个生词，课文的前一半；

第3—4课时：教授14个生词，课文的后一半；

第5—6课时：教授13个生词，语法和练习。

第1—2课时：

时　　间：上午10：10—12：00

教学目的与要求：

1. 本课教授18个生词，其中8个领会性，8个一般应用性，2个重点应用性。应用性生词要求学生会造句。

2. 学习课文的前半部分（从开头到"他们又开始往车门口挤"）。要求学生比较流利地复述课文，并用课文的结构表达自己的思想。

教学重点与难点：

1. 重点生词："好像……似的"和"一……也不/没有……"，还有"整个、猛地、声音、递、让座儿、充满、快活、气氛"，要求会造句。

2. 课文重点：复述和活用课文做模仿练习。

3. 难点：

(1)生词"猛地"和"充满、快活、气氛"。

(2)句子："挤成相片了。"

教学过程：写主要的教学环节，包括自己和学生在课堂上的活动顺序、所有的指令和讲练的方法、对教材的处理、补充的例句和练习材料、总结、布置的作业、每一项活动具体的时间分配等。这是正本里的主体。

一般的课堂教学由三大部分组成：复习、学习新课、总结和布置作业。

复习的环节要写复习的内容和复习的方法。

学习新课的程序多为“讲练生词——→讲练课文——→讲练语法——→练习”。有时候先讲练课文，有时候先讲练语法。

讲练生词包括领会性生词如何处理，应用性生词如何处理。首先是展示生词。在国际汉语教学中，各个课型都要求学生预习生词。在学生预习的基础上，展示生词的方式可以是领读、出示卡片，也可以是听写。领会性生词学生会读、会写、懂意思就行了，应用性生词要设计应用性的练习，比如用当课生词回答问题，用当课生词填空，判断词语的位置、改句子、完成句子等。附录一《B班综合课教案》中，第1—2课时讲练18个生词，8个领会性生词领读、组词组句，10个应用性生词进一步分为重点和一般，重点的应用性生词设计了如下练习：

1. 跟/像/好像……似的

(1) 讲解：表示A跟B相似，A跟B差不多一样。

(2) 练习：改句子，用四段练习法，先给学生一个例子，然后让学生改变练习中的句子，教师说正确答案，全体学生模仿。重点是第四句，每人说一遍。

例：阅览室里很安静，跟没有人一样。——→阅览室里很安静，跟没有人似的。

① 这个孩子很有礼貌，跟大人一样。

② 长城弯弯曲曲，好像一条正在腾飞的长龙。

③ 那个地方很漂亮，好像一幅美丽的山水画儿。

④ 整个车里非常挤，好像沙丁鱼罐头。

2. 一……也/都＋不/没有

(1)讲解：表示强调否定，意思是“完全没有/完全不”。

(2)练习：改句子，方法同上。重点是第九句，每人说一遍。

例：今天的练习我都不会做。——→今天的练习我一个都不会做。

① 这些东西我都不想吃。(启发学生说“一点儿”)

② 今天我们班的同学没有迟到的。

③ 这次考试我们班的同学没有不及格的。

④ 这次去西安旅行我们班的同学没有不参加的。

⑤ 老师讲的语法我都明白了，没有问题。

⑥ 阅览室里很安静，没有声音。

⑦ 阅览室里跟没有人似的，没有声音。

⑧ 公共汽车里很挤，没有空隙。

⑨ 公共汽车里跟沙丁鱼罐头似的，没有空隙。

一般的应用性生词的练习：

1. 整个：整个班，整个学校，整个国家，整个汽车里；整个上午，整个下午，整个晚上

问答：

① 昨天你整个上午在做什么？

② 昨天你整个下午在做什么？

③ 昨天你整个晚上在做什么？

④ 你坐过公共汽车吗？整个汽车里有没有空隙？

2. 猛地：猛地停住了，汽车猛地停住了，歌声猛地停住了，笑声猛地停住了

教师做动作，先理解“猛地停住了”，然后学生说：

① 汽车猛地停住了。

② 歌声猛地停住了。

③ 笑声猛地停住了。

3. 声音：老师的声音，裴真淑的声音，售票员的声音，声音很大，他的声音最大

问答：

① 口语老师说话的声音大吗？

② 听力老师说话的声音大吗？

③ 我们班哪个老师说话的声音最大？

4. 递：递给，把本子递给我，把本子递给他，递给我一本词典，递给售票员十块钱

教师说句子，学生一边做动作一边说：

① 把本子递给我。——►把本子递给你。

② 把本子递给他。──→把本子递给他。

③ 递给我一本词典。──→递给你一本词典。

④ 他是售票员,递给他十块钱。──→递给售票员十块钱。

5. 让座儿:给老大娘让座儿,给老大爷让座儿,给病人让座儿,给小孩子让座儿,给孕妇让座儿,给残疾人让座儿

问答:

① 在公共汽车上你给别人让座儿吗?

② 你给什么人让座儿?

6. 充满:教室里充满了笑声,充满快活的气氛,公共汽车里充满了快活的气氛

教师做动作,先让学生理解"充满空气";然后理解"充满快活的气氛"。

7. 快活:很快活,他快活地笑了,他们生活得很快活,孩子们玩儿得非常快活,跟老师在一起我们都感到很快活

8. 气氛:快活的气氛,快乐的气氛,轻松的气氛,紧张的气氛

(出示照片)这是谁的相片? 你们看像不像我? 这是我 40 岁时候的相片。

(问)我们的教室里是不是充满了快活的气氛? 我们的教室里充满了什么样的气氛?

学生用"充满"完成句子:

① 教室里……

② 公共汽车里……

讲练课文也要先展示课文,可以从听入手,也可以从读入手。然后逐句进行问答练习帮助学生理解和记忆。在此基础上做成段表达的练习,要求学生能够复述。最后给学生设计情景,让学生练习活用,应用课文的话题或者结构、功能说他们自己想说的话。附录一《B 班综合课教案》中,讲练课文是这样设计的:

1. 把课文变成未完成式,制作投影底片(如下),课上跟学生共同完成课文(使用投影仪)

一天,彼得和艾米________要__________。他们在车站______________,才____________。艾米看见__________,想_________,彼得说:“别等了,下辆车可能_________________。”

他们好不容易______,站在______。整个车里跟________似的,一点儿______都没有。彼得脸上不一会儿就__________了。

突然,车猛地________了。全车人都________________,司机的________最大:“找死啊,不要命了!”彼得看见____________从前边____________。

“下一站,__________,没票的________。”是________的声音。

“两张__________。”彼得递给____________。

“六块,找你__________。谁还买?”

“老大娘,您________,挤我_________,您可受不了。”一个年轻人在__________。

“我昨天感冒了,吃了__________都没__________,看来这挤车比____________灵。”车里有人____________。

“哎,别挤了! 再挤就成了________!”又是一片__________。

公共汽车里充满_________________。

快下车了,他们又开始_____________。

2. 问答

① 一天,彼得和艾米去哪儿?

② 他们在车站等了多长时间才来了一辆公共汽车?

③ 艾米看见车上人多,她想什么?

④ 彼得说什么?(比……更/还)

⑤ 他们挤上车了吗? 容易不容易? 怎么说?(好不容易)

⑥ 整个车里有没有空隙? 跟什么似的?(一点儿……都/也)(跟……似的)

⑦ 彼得的脸上怎么样?(不一会儿)

3. 按照提示复述(使用以上投影底片)

4. 模仿(这是活用练习。先给学生两个例子,供他们模仿,学生按照

例子说自己想说的话。使用投影底片,如下)

例 1:一天,彼得和艾米两个人要进城买东西。他们在车站等了半个小时,才来了一辆公共汽车。

例 2:一天,丁兰要去医院看朋友。她在门口等了 20 分钟,才来了一辆出租车。

学生模仿:

一天,________要去____________________。________在____________等了____________,才________________。

例 1:艾米看见车上人太多,想再等一辆,彼得说:"别等了,下辆车可能比这辆车更挤。"

例 2:丁兰觉得这个房间太小,想再换一间,于文说:"别换了,别的房间可能比这个房间更小。"

学生模仿:

小王____________太________,想再____________,小张说:"别________了,________可能比__________更______。"

讲练语法的顺序是:展示——→讲解——→机械练习——→活用练习。

展示的方法有:利用实物、利用图片、利用动作、设置情景、复习旧课和利用生词等。

讲解要先讲语义,即这个语法点表示什么意思;再讲结构,即词语的排列顺序;最后讲功能,在什么情况下使用,这是重点。教师要一边讲一边举例子。讲解的目的是让学生理解。

机械练习主要帮助学生熟悉语法点的结构,达到不经思考脱口而出的程度,为活用打好基础。

活用练习是教师设计情景,学生应用新学的语法点进行交际练习。

《B 班综合课教案》中关于讲练语法是这样设计的:

本课一共 5 个语法点,倍数和分数在第 3—4 课时解决。第 5—6 课时解决 3 个。其中比较句是重点,要求学生当课会用,另外两个课上只要求理解,课下练习应用。第 5—6 课时的语法点讲练:

讲练比较句(4):A 比 B 更/还+形(利用投影仪)

1. 复习以前学过的“比”字句

A 比 B 高。

A 比 B 高 5 厘米。

A 比 B 高一点儿。

A 比 B 高多了/得多。

2. 利用情景引出语法点

陈俊城很高，李钟殷比陈俊城更/还高。

这辆车很挤，下辆车可能比这辆更挤。

吃药很灵，挤车比吃药还灵。

3. 机械练习：一共完成句子 20 个

杨老师的爱好很多，我……

贝拉的朋友很多，我……

艾米的发音很好，我……

大内的口语很好，我……

……

4. 活用练习

学生两人一组完成会话。先分组准备，然后挑选两个小组表演。

会话(1)例：(用投影出示以下例子)

A：你有哥哥吗？

B：有。

A：你哥哥聪明吗？

B：很聪明。

A：你呢？

B：我比他更聪明。/我跟他一样聪明。/我没有他聪明。

学生做练习：(用投影出示以下结构)

A：你有……吗？

B：有。

A：你××……吗？

B：很……

A：你呢？

B：……

会话(2)例：(用投影出示以下例子)

情景：在商店。

A：你看这件衬衫很便宜。

B：那件更便宜。

学生做练习：(用投影出示以下结构)

A：你看这××很……

B：那××更……

总结和布置作业是在一堂课的最后，用几分钟来完成。

(四) 写好附件

附件包括以下项目：

板书设计，包括写在什么位置，什么内容，用什么颜色的笔；教具准备，包括制作和如何使用教具；教学后记。教学后记是对教案实施后的自我反思和评估。主要写教学中遇到的问题和自己是怎么做的，如：课堂教学效果怎么样，学生提出哪些问题，自己是怎么回答的，哪些问题是预料之中的回答得好，哪些问题是预料之外的回答得不好或一时没有回答存疑的。这些就为科学研究积累了实实在在的素材，终身受用无穷。

## 第三节 准备和制作教具

近年来，语言教学手段不断更新和进步。特别是电脑、投影等现代技术设备进入课堂，教师们摆脱了只靠一本书、一块黑板、一支粉笔上课的状况，语言教学生动起来，能够引起学生的兴趣。因此，我们应当尽量使用现代化的教学设备和手段，制作多媒体课件，给学生直观的印象，这样就会大大缓解语言教学的枯燥乏味。

### 一、准备教具

准备教具是指已经有做好的现成的教具，把它找到或者借来。一般来说各个教学单位都有资料室，资料室里有各种各样的教具，包括图片、照片、实物和模型等。教师平时要留意，资料室有哪些教具，教什么课的时候可以用上什么教具。比如：资料室有练习“时间”的钟表模型和大日历，有的老师从来不去资料室，不知道那里有，所以上课就没能使用这些方便直观的教具，而用板书的方式，教学效果和效率就受到了影响。

另外，教师自己平时也要注意收集一些适合当作教具的东西，比如图片、照片、卡片等。手头有了这些东西，用的时候才会方便快捷。

## 二、制作教具

### （一）制作卡片、图片

现在有了电脑，制作卡片、图片等都非常方便了。有的还需要复印，或者放大复印，有的需要涂上颜色。

### （二）从电视上、微信中复制需要的节目内容

教材中的不少内容都可以在电视里或微信中找得到，比如教材里的中国民俗、传统节日、成语故事、现代生活、国情文化等。我们看电视的时候也要留意，如果当时来不及录下来，要记住是什么节目，等到重播的时候再录。有的节目内容录下来以后还需要剪辑，只保留跟教学有关系的内容，以备上课时用。

## 三、制作多媒体教学课件

随着多媒体技术和计算机网络技术的普及和推广，传统的教学手段正在发生深刻的变革。多媒体技术手段丰富，功能强大，能提供的信息资源形式多样、直观逼真、生动活泼。课件通过文字、图片、声音、图像、动画、视频等各种媒体信息的综合使用，变无声为有声，变静态为动态，变抽象为具体，可以充分调动学生的视觉、听觉等多种感官功能，激发学生的学习兴趣，从而达到优化课堂教学，提高教学质量、效果和效率的作用。

教师在选择多媒体素材上应该遵循科学、适度的原则。多媒体技术是为特定的教学对象、教学内容和教学目的服务的，应该能够体现具体某一课的教学重点和难点。为此，课件展示的内容要符合学生的视觉心理，画面清新明确、重点突出、结构对称、色彩柔和。一方面，同一画面里对象

不要过多，以免混淆信息的主体，分散学生的注意。还要考虑把相关的内容尽量放在同一画面中，延长画面保留的时间，方便学生思考和记录。另一方面，前景与背景的色彩对比、线条的粗细、字符的大小都是设计课件时必须考虑的因素，文字的大小适中，文字的数量和字体的种类适度。

课件制作完成以后，教师要对照教案演示一遍，温习课件的模块设置、呈现内容，对一些动画的前后顺序、录入和排版的错误进行校对，还要在教案中标明课件的操作程序，何时行进、何时停止，做到胸有成竹。

总之，多媒体教学课件在语言教学中的应用越来越普及，国际汉语教师应该学会制作多媒体课件，并且学会有效、合理地使用这一教学辅助手段，营造一个师生共同参与、灵活有趣的学习环境，使课堂教学效果更好，教学质量更高。

**本章小结：**

本章主要讲了三个问题：

1. 如何备课；

2. 如何设计教案；

3. 如何准备和制作教具。

以上三个问题是准备阶段的重要教学行为。其中最重要的是设计教案，教案对课堂教学质量有着极大的影响。

# 附　录

## 一、B班[①]综合课教案

课　　型：初级汉语综合课

教　　材：《速成汉语初级教程：综合课本3》第46课

教　　师：杨惠元

教学对象：日本、韩国、印尼学生

课文标题：第46课《你的衣服扣子少了两个》

教学步骤与课时分工：本课6课时完成

第1—2课时：教授18个生词，课文的前一半；

第3—4课时：教授14个生词，课文的后一半；

第5—6课时：教授13个生词，语法和练习。

第1—2课时：

时　　间：上午10：10—12：00

教学目的与要求：

1. 本课教授18个生词，其中8个领会性，8个一般应用性，2个重点应用性。应用性生词要求学生会造句。

2. 学习课文的前半部分（从开头到"他们又开始往车门口挤"）。要求学生比较流利地复述课文，并用课文的句式表达自己的思想。

教学重点与难点：

1. 重点生词："好像……似的"和"一……也不/没有……"，还有"整个、猛地、声音、递、让座儿、充满、快活、气氛"，要求会造句。

2. 课文重点：复述和活用课文做模仿练习。

3. 难点：

（1）生词"猛地"和"充满""快活""气氛"。

---

① 北京语言大学的速成B班，学生的汉语水平介于初级与中级之间，HSK三至四级的水平。

(2) 句子:“挤成相片了。”

教学过程:

一、复习(15 分钟)

(一) 听写(4 句 60 个字,4 分钟,平均每分钟 15 个字),两个学生在黑板上写,其他人写在本子上

① 艾米登上了长城,她的梦想终于实现了。(16 字)

② 长城好像一条正在腾飞的长龙。(13 字)

③ 远处好像是一幅美丽的山水画儿。(14 字)

④ 他们一定能用双手创造出更伟大的奇迹。(17 字)

两个学生写完以后纠正错误(4 分钟);

学生读黑板上的句子(先集体、后个人,4 分钟)。

(二) 提问第 45 课的课文内容(机动)

① 长城有多长?

② 东起什么地方?西到什么地方?穿越中国几个省区?

③ 长城是秦朝开始修建的吗?是什么时候开始修建的?

④ 秦始皇统一中国以后,用了几年时间把一段一段的城墙连接起来?

⑤ 你去过长城吗?登上长城了吗?到达长城最高处了吗?

二、生词(28 分钟)

(一) 利用投影仪,领读(学生哪个词不明白,读后提问),讲解

(二) 利用投影仪,出示生词,学生读(先集体、后个人)

(三) 领会性生词和一般应用性生词的讲练

1. 扣子:一个扣子,大扣子,小扣子,黑扣子,白扣子,买扣子,丢了一个扣子;

你的衣服有扣子吗?有几个扣子?

2. 整个:整个班,整个学校,整个国家,整个汽车里;整个上午,整个下午,整个晚上

问答:

① 昨天你整个上午在做什么?

② 昨天你整个下午在做什么?

③ 昨天你整个晚上在做什么?

④ 你坐过公共汽车吗?整个汽车里有没有空隙?

3. 沙丁鱼:吃沙丁鱼,买沙丁鱼

4. 罐头:水果罐头,牛肉罐头,猪肉罐头,沙丁鱼罐头,吃罐头

来北京以后你吃过罐头吗?吃过什么罐头?吃过沙丁鱼罐头吗?你喜欢吃罐头吗?

5. 空隙:有空隙,没有空隙,空隙很大,空隙很小

6. 猛地：猛地停住了，汽车猛地停住了，歌声猛地停住了，笑声猛地停住了

教师做动作，先理解“猛地停住了”然后学生说：

① 汽车猛地停住了。

② 歌声猛地停住了。

③ 笑声猛地停住了。

7. 声：歌声、风声、雨声、笑声、一片笑声、读书声，大声、小声，请你大声说

8. 声音：老师的声音，裴真淑的声音，售票员的声音，声音很大，他的声音最大

问答：

① 口语老师说话的声音大吗？

② 听力老师说话的声音大吗？

③ 我们班哪个老师说话的声音最大？

9. 递：递给，把本子递给我，把本子递给他；递给我一本词典，递给售票员十块钱

教师说句子，学生一边做动作一边说：

① 把本子递给我。——→把本子递给你。

② 把本子递给他。——→把本子递给他。

③ 递给我一本词典。——→递给你一本词典。

④ 他是售票员，递给他十块钱。——→递给售票员十块钱。

10. 老大娘：一位老大娘，一位老大爷

11. 座位：我的座位，他的座位，这是谁的座位？这是小王的座位。

我们的教室里有空的座位吗？有几个空座位？

12. 让座儿：给老大娘让座儿，给老大爷让座儿，给病人让座儿，给小孩子让座儿，给孕妇让座儿，给残疾人让座儿

问答：

① 在公共汽车上你给别人让座儿吗？

② 你给什么人让座儿？

13. 相片：一张相片，我的相片，这是谁的相片？挤成相片了

14. 充满：教室里充满了笑声，充满快活的气氛，公共汽车里充满了快活的气氛

教师做动作，先让学生理解“充满空气”，然后理解“充满快活的气氛”。

15. 快活：很快活，他快活地笑了，他们生活得很快活，孩子们玩儿得非常快活，跟老师在一起我们都感到很快活

16. 气氛：快活的气氛，快乐的气氛，轻松的气氛，紧张的气氛

（出示照片）这谁的相片？你们看像不像我？这是我 40 岁时候的相片。

（问）我们的教室里是不是充满了快活的气氛？我们的教室里充满了什么样的气氛？

学生用“充满”完成句子：

① 教室里……

② 公共汽车里……

（四）重点词语练习讲解、练习

1．跟/像/好像……似的

（1）讲解：表示A跟B相似，A跟B差不多一样。

（2）练习：改句子，用四段练习法，先给学生一个例子，然后让学生改变练习中的句子，教师说正确答案，全体学生模仿。重点是第四句，每人说一遍。

例：阅览室里很安静，跟没有人一样。——→阅览室里很安静，跟没有人似的。

① 这个孩子很有礼貌，跟大人一样。

② 长城弯弯曲曲，好像一条正在腾飞的长龙。

③ 那个地方很漂亮，好像一幅美丽的山水画儿。

④ 整个车里非常挤，好像沙丁鱼罐头。

2．一……也/都＋不/没有

(1)讲解：表示强调否定，意思是“完全没有/完全不”。

(2)练习：改句子，方法同上。重点是第九句，每人说一遍。

例：今天的练习我都不会做。——→今天的练习我一个都不会做。

① 这些东西我都不想吃。

② 今天我们班的同学没有迟到的。

③ 这次考试我们班的同学没有不及格的。

④ 这次去西安旅行我们班的同学没有不参加的。

⑤ 老师讲的语法我都明白了，没有问题。

⑥ 阅览室里很安静，没有声音。

⑦ 阅览室里跟没有人似的，没有声音。

⑧ 公共汽车里很挤，没有空隙。

⑨ 公共汽车里跟沙丁鱼罐头似的，没有空隙。

三、课文(46分钟)

(一) 把课文变成未完成式，制作投影底片(如下)，课上跟学生共同完成课文(使用投影仪)

一天，彼得和艾米________要__________。他们在车站_____________，才____________。艾米看见_________，想________，彼得说：“别等了，下辆车可能________________。”

他们好不容易________，站在_________。整个车里跟_______似的，一点儿___

__都没有。彼得脸上不一会儿就__________了。

突然，车猛地________了。全车人都________________，司机的________最大：“找死啊，不要命了！”彼得看见____________从前边______________。

“下一站，__________，没票的________。”是________的声音。

“两张__________。”彼得递给____________。

“六块，找你__________。谁还买？”

“老大娘，您________，挤我________，您可受不了。”一个年轻人在__________。

“我昨天感冒了，吃了__________都没__________，看来这挤车比____________灵。”车里有人____________。

“哎，别挤了！再挤就成了________！”又是一片__________。

公共汽车里充满________________。

快下车了，他们又开始____________。

（二）问答

① 一天，彼得和艾米去哪儿？

② 他们在车站等了多长时间才来了一辆公共汽车？

③ 艾米看见车上人多，她想什么？

④ 彼得说什么？（比……更/还）

⑤ 他们挤上车了吗？容易不容易？怎么说？（好不容易）

⑥ 整个车里有没有空隙？跟什么似的？（一点儿……都/也）（跟……似的）

⑦ 彼得的脸上怎么样？（不一会儿）

（三）按照提示复述（使用以上投影底片）

（四）模仿（这是活用练习。先给学生两个例子，供他们模仿，学生按照例子说自己想说的话。使用投影底片，如下）

例1：一天，彼得和艾米两个人要进城买东西。他们在车站等了半个小时，才来了一辆公共汽车。

例2：一天，丁兰要去医院看朋友。她在门口等了20分钟，才来了一辆出租车。

学生模仿：

一天，________要去__________________。________在__________等了__________，才________________。

例1：艾米看见车上人太多，想再等一辆，彼得说：“别等了，下辆车可能比这辆车更挤。”

例2：丁兰觉得这个房间太小，想再换一间，于文说：“别换了，别的房间可能比这个房间更小。”

学生模仿：

小王＿＿＿＿＿＿太＿＿＿＿，想再＿＿＿＿＿＿＿，小张说："别＿＿＿＿＿了，＿＿＿＿可能比＿＿＿＿＿更＿＿＿＿。"

四、读课文(5 分钟)

五、总结(5 分钟)

(一) 本课学习了 18 个生词，重点是"好像……似的"和"一……也不/没有……"，还有"整个、猛地、声音、递、让座儿、充满、快活、气氛"要会造句

(二)今天还学习了课文的前边一半，你们已经基本能够复述了，×××同学说得比较流利，×××同学读课文读得比较好

六、作业(2 分钟)

(一) 复习生词和课文，明天有听写

(二) 造句

1. 用"好像……似的"造两个句子。

2. 用"一……也不……"和"一……也没……"各造两个句子。

3. 用"整个""猛地""声音""递""让座儿和充满快活的气氛"各造一个句子。

一共造 12 个句子，写在本子上，明天交给我。

(三) 预习生词 19—32

六、教具

相片、投影仪、投影底片、图片、扣子。

七、教学后记

比较顺利。问题是：

1. 时间掌握得不太好。听写时核对答案、改正错误超过了预定的时间，后边显得紧张。

2. 模仿练习学生练得不太充分。如果压缩完成课文的时间可能会好一些。

第 3—4 课时：

时　　间：上午 8：00—9：50

教学目的与要求：

1. 本课教授 14 个生词，其中 8 个领会性的，6 个应用性的。应用性生词要求学生会造句。

2. 学习课文的后半部分(从"终于到站了"到结尾)。要求学生比较流利地复述课文，并用课文的句式表达自己的思想。

3. 学习两个语法点：倍数和分数。

4. 学习阅读课文，练习快速阅读。

教学重点与难点：

1. 重点生词："估计""锻炼""减少""愉快"，要求会造句。

2. 语法重点：倍数和分数的表达法。

3. 难点：A 是 B 的 N 倍＝A 比 B 多 N－1 倍

教学过程：

一、复习（15 分钟）

（一）问答

① 一天彼得和艾米两个人要做什么？

② 他们在车站等了多长时间才来了一辆公共汽车？

③ 艾米看见什么？她想什么？

④ 彼得说什么？

⑤ 他们上汽车容易吗？

⑥ 汽车里怎么样？

⑦ 突然发生了什么？

⑧ 一个年轻人在车上做什么？

⑨ 车上的人为什么笑？

⑩ 公共汽车里充满了什么？

⑪ 快下车的时候，彼得和艾米做什么？

（二）复述课文前一半

二、生词（19—32）（25 分钟）

（一）利用投影仪，领读（学生哪个词不明白，读后提问），讲解

（二）利用投影仪，出示生词，学生读（先集体、后个人）

（三）组词组句

1. 滋味：菜的滋味，挤车的滋味，丢东西的滋味，受骗的滋味

2. 估计：你估计明天会下雨吗？你估计这次考试难不难？你估计艾米什么时候回国？

3. 平方：1 平方米、10 平方米、45 平方米，每平方米

4. 锻炼：锻炼身体，每天锻炼身体，每天下午锻炼身体，这是一种锻炼

5. 倍：1 倍、2 倍、3 倍，A 是 B 的……倍，A 比 B 多……倍

6. 减：2－1＝1，减肥，减衣服

7. 减少：减少百分之一，减少百分之一的体重，100 斤（99 斤）

8. 放假：什么时候放假，1 月 31 号放假，放假以后

9. 开学：什么时候开学，3 月 25 号开学，开学以前

10. 硕士：硕士研究生

11. 博士：博士研究生

12. 礼堂：在礼堂，去礼堂，去礼堂看卡拉 OK 比赛

13. 面积：教室的面积，学校的面积，北京市的面积

14. 愉快:很愉快,生活愉快,祝你生日愉快,祝你们旅行愉快

三、课文(35 分钟)

(一) 叙述两遍,学生听

(二) 逐句问答,帮助学生记忆

(三) 学生复述

(四) 一人艾米,一人彼得,练习对话

(五) 学生读课文(先后半,然后读全文)

四、语法(12 分钟)

(一) 倍数

1. 讲解:A 是 B 的两倍。A 比 B 多/少一倍。

2. 练习:改句子。例:

他们学校有 1000 个学生,我们学校有 500 个学生。

他们学校的人数是我们学校的两倍。

他们学校的人数比我们学校多一倍。

3. 学生做练习:

① 我们学校有 3000 个学生,他们学校有 1000 个学生。

② A 市有 30 万人口,B 市有 60 万人口。

③ A 市面积 4000 平方千米,B 市面积 12000 平方千米。

④ A 市有 5 所大学,B 市有 20 所大学。

⑤ A 市有 12 座立交桥,B 市有 24 座。

⑥ A 市每年生产汽车 40 万辆,B 市每年生产汽车 80 万辆。

(二) 分数的表达法:1/2,1/3,1/5,1/10,1/100,9/100

1. A 是 B 的二分之一。

2. A 增加了二分之一。

3. A 减少了二分之一。

五、阅读课文(学生快速读,做练习,朗读)第 109 页(6 分钟)

六、总结(5 分钟)

(一) 今天学习了 14 个生词,其中"估计、锻炼、减少、放假、开学、愉快"是重点,要会造句

(二) 今天学习了课文的后半部分

(三) 今天还学习了两个语法点,一个是倍数的表达方法,一个是分数的表达方法

七、作业(2 分钟)

(一) 复习生词和整个课文,明天有听写

(二) 复习阅读课文,明天朗读

（三）造句

1. 用“估计”“锻炼”“减少”“放假”“开学”“愉快”这8个词各造一个句子；

2. 用“A是B的……倍”和“A比B……倍”各造两个句子。

一共12个句子，写在本子上，明天交给我。

（四）预习生词33—45

八、教学后记

比较顺利。问题是：

1. 倍数的练习不够充分，有的学生掌握得不太好。

2. 阅读的练习没做完，没有时间朗读了，只好留作业课下读。

第5—6课时：

时　　间：上午8：00—9：50

教学目的与要求：

1. 本课教授13个生词，其中7个领会性的，6个一般应用性的。应用性生词要求学生会造句。

2. 学习语法，一共3个语法点。第一个“比较句”是重点。要求学生熟悉句子的结构，并且能够造句。

教学过程：

一、复习（15分钟）

（一）问答练习

（二）复述课文

（三）学生朗读课文

二、生词（25分钟）

（一）利用投影仪，领读（学生哪个词不明白，读后提问），讲解

（二）利用投影仪，出示生词，学生读（先集体、后个人）

（三）组词组句

1. 据：据统计，据天气预报，据不完全统计

2. 根据：根据天气预报，有根据，没有根据

3. 统计：统计一下

4. 道路：北京的道路，道路的长度，道路的宽度

5. 长度：教室的长度，桌子的长度，课文的长度

6. 改善：改善生活，改善条件，改善交通状况

7. 状况：学习状况，工作状况，交通状况

8. 拥挤：拥挤的交通，很拥挤，交通拥挤的状况

9. 立交桥：一座立交桥，北京的立交桥很多

10. 生动：很生动，生动的课文，说得很生动

11. 适合：适合我，这个工作适合我

12. 人口：北京的人口，中国的人口

13. 老实：老实人，很老实

（四）用本课的生词填空（第 103 页）

三、语法（40 分钟）

（一）利用投影仪，讲解比较句（4）：A 比 B 更/还＋形

1. 复习以前学过的比字句：

A 比 B 高。

A 比 B 高 5 厘米。

A 比 B 高一点儿。

A 比 B 高多了/得多。

2. 引出语法点：

陈俊城很高，李钟般比陈俊城更/还高。

这辆车很挤，下辆车可能比这辆更挤。

吃药很灵，挤车比吃药还灵。

3. 机械练习：完成句子（一共 20 个句子）

我哥哥很聪明，我……

我姐姐很漂亮，我……

我弟弟很精神，我……

我妹妹的身体好，我……

杨老师的爱好很多，我……

贝拉的朋友很多，我……

艾米的发音很好，我……

大内的口语很好，我……

山本的听力很好，我……

艾米的爸爸汉语水平高，艾米……

小王很爱打扮，小张……

王欢爱吹牛，赵林……

售票员的声音很大，司机……

艾米的座位很好，贝拉……

老大爷的相片很大，老大娘……

他们学校的环境很好，我们学校……

B10 班的气氛很快活,我们班……

B10 班的学生很努力,我们班……

B10 班的教室很干净,我们班……

B10 班的学生考试成绩很好,我们班……

4. 活用练习:学生两人一组完成会话。先分组准备,然后挑选两个小组表演。

会话(1)例:(用投影出示以下例子)

A:你有哥哥吗?

B:有。

A:你哥哥聪明吗?

B:很聪明。

A:你呢?

B:我比他更聪明。/我跟他一样聪明。/我没有他聪明。

学生做练习:(用投影出示以下结构)

A:你有……吗?

B:有。

A:你××……吗?

B:很……。

A:你呢?

B:……。

会话(2)例:(用投影出示以下例子)

情景:在商店。

A:你看这件衬衫很便宜。

B:那件更便宜。

学生做练习:(用投影出示以下结构)

A:你看这××很……。

B:那××更……。

(二) 好容易和好不容易(意思都是不容易,都在动词前边做状语,好不容易比好容易程度更高)

他们好不容易挤上了车。=他们好容易挤上了车。

我好不容易做完了练习。=我好容易做完了练习。

他们好不容易才爬上了山顶。=他们好容易才爬上了山顶。

(三) 一会儿和不一会儿

1. "一会儿"和"不一会儿"都表示时间很短。都可以表示已经发生的事。

彼得的脸上一会儿就出汗了。

彼得的脸上不一会儿就出汗了。

“不一会儿”可以说“不大一会儿”：

彼得的脸上不大一会儿就出汗了。

不可以说：“彼得脸上大一会儿就出汗了。”

2. “一会儿”可以表示还没有发生的事，“不一会儿”不能表示还没有发生的事。

我一会儿就去。

我一会儿就来。

你等我一会儿。

四、练习(13 分钟)

(一) 第 104—106 页

(二) 第 109 页完成会话

五、总结(5 分钟)

(一) 今天学习了 13 个生词，其中“据、根据、统计、改善、拥挤、适合”是重点，要会造句

(二) 今天还学习了 3 个语法点。其中“A 比 B 更/还＋形容词”是重点

六、作业(2 分钟)

(一) 复习本课的语法

(二) 第 106 页完成句子，写在书上

(三) 造句

1. A 比 B 更/还＋形容词(4 个)。

2. “一会儿”和“不一会儿”(各两个)。

3. “好容易”和“好不容易”(各两个)。

4. “据”“根据”“统计”“改善”“拥挤”“适合”各造一个句子。

一共 14 个句子，写在本子上，明天交给我。

(四) 预习第 47 课的生词(1—20)

七、教学后记

1. 重点语法学生练得充分，掌握得比较好。特别是活用练习，学生的积极性很高。

2. 学生对“改善”和“改正”的用法有疑问没完全掌握，有时候混淆。原因是自己没有估计到学生对这两个词有问题，讲解得不太清楚。这两个词都是动补结构，但语义指向不一样。“改善”是说改以前“一般”，改以后“更好”了，常常搭配的有“改善关系”“改善环境”“改善交通”等。“改正”表示改以前是“错误”的，改以后“正确”了，常常搭配的有“改正错误”“改正缺点”等。要设计练习，下节课重点复习。

# 二、听力课教案①

## 休闲娱乐

## 任课教师:窦玉荣

一、课型

速成汉语听力课

二、使用教材

《汉语听力速成——基础篇》(毛悦主编,赵秀娟、周悦编著,北京语言大学出版社,2002年7月第1版)

三、教学对象

B班学生,混合班,多为日韩、东南亚学生。

四、教学内容

第八课 《休闲娱乐》

五、教具

多媒体课件、板书

六、具体教学设计

本课共分两讲、四课时,每讲两课时(100分钟)。

### 第一讲

### (第1—2课时,100分钟)

(一) 教学内容

1. 生词

学习生词20个。

2. 格式

(1) 不但……,而且……

(2) 虽然……,但是……

3. 课文

(1) 精听:三段课文,并根据课文内容做练习。

① 该教案选自崔希亮主编的《对外汉语听说课优秀教案集》,由北京语言大学出版社2001年出版。

(2) 泛听：一段课外补充材料。

(二) 教学目标

1. 学生能准确理解生词的意义，并能在听到词语时快速领会词义。

2. 学生能够掌握格式"虽然……但是……""不但……而且……"的用法，并能够恰当使用。

3. 学生能听懂课文大意，并能够正确回答针对课文提出的各个问题。

4. 学生能够根据自己的需要，快速、准确地搜索到自己所需的信息。

(三) 课时安排

共两课时，100 分钟，安排如下：

生词 21 个；格式 2 个；课文 3 段；补充课文 1 段。

(四) 教学环节

1. 组织教学(1 分钟)

师生互相问好。

2. 热身与引入(4 分钟)

学习很累的时候，你都做什么？我们来看看他们学习、工作累的时候都做些什么。(展示 PPT)这些都是人们的休闲娱乐方式，五花八门。今天，我们就来学习有哪些休闲娱乐方式。

3. 生词和句子(25 分钟)

(1) 生词：点心、橄榄球、保龄球、棋、牌、迪厅、湖、钓鱼

展示 PPT 看生词和图片、听生词，学生跟读生词。

(2) 生词：环境、种花、养鱼、球迷、辛苦、轻松、饱、赢

展示 PPT 看生词和图片、听生词，师生问答。

- 环境：这个咖啡厅环境不错.下课以后我常常去那儿。
  这个咖啡厅怎么样？
- 种花、养鱼：很多老人退了休，就喜欢在家种花、养鱼。
  老人退了休喜欢做什么？
- 辛苦：爬长城辛苦不辛苦？
  学习汉语辛苦不辛苦？
- 轻松：她做什么的时候很轻松？
  你做什么的时候很轻松？
- 饱：他刚吃饱，吃不下去了。
  他吃饱了吗？还吃得下去吗？
- 赢：菲尔普斯游泳游得最快，所以他赢了。
  菲尔普斯怎么样？

没有赢的人怎么了？——输了。

(3) 生词及句子练习

① 听录音，指出听到的生词。

展示PPT 保龄球、橄榄球、点心、轻松、辛苦、迪厅的图片

② 听句子，说出句子中的生词。

文本：我朋友家养了一只狗和两只猫。

同学们的问题真是五花八门。

他没事的时候喜欢去钓鱼。

要是我赢了，你请我吃饭，行不行？

刚吃饱，还吃得下去吗？

展示PPT 通过句子成分的显示顺序来教学生怎么听记句子。

③ 听教师说句子，学生选出正确的图片。

文本：大卫写了半天汉字了，手都酸了。(4)

西郊宾馆的咖啡厅环境不错。(6)

同学们在老舍茶馆一边喝茶，一边吃点心。(9)

我对京剧很感兴趣。(3)

很多老人退了休就喜欢在家种花。(8)

圆明园有个很大的湖，可漂亮了！(2)

小王是个球迷，电视里的球赛他每场都要看。(5)

她们一到周末就在一起玩儿牌。(7)

我常常看见有人在路边上下棋。(1)

4. 课文

- 课文一(20分钟)

(1) 用插图介绍背景

大卫和彼得在宿舍里写汉字，大卫写累了，想和彼得出去活动活动。

(2) 导入

你们学习累的时候做什么？(提示：散步、打球、游泳)

(3) 听前提问

① 大卫写了多长时间汉字？现在觉得怎么样？

② 大卫想做什么运动？彼得想去吗？

③ 他们说了哪几种运动？

④ 最后他们决定去哪儿、做什么？

参考答案：

① 写了半天汉字，手都酸了。(半天：很长时间；酸：累)

② 大卫想出去打球。彼得不想去。

③ 散步、打球、游泳。

④ 去学校旁边的宾馆游泳。

听第一遍课文，回答上面的问题。

(4)补充提问

⑤ 他们为什么不去散步？

⑥ 他们为什么不去打球？

⑦ 他们为什么决定去游泳？

⑧ 他们游完泳去哪儿做什么？那儿怎么样？

参考答案：

⑤ 彼得不喜欢散步。

⑥ 天儿太热。

⑦ 游泳可以锻炼身体，还能凉快凉快。

⑧ 去咖啡厅喝点儿东西。那儿环境不错。

听第二遍课文，回答补充问题。

(5) 根据课文内容填空

大卫写了半天汉字了，他想出去打球，但是彼得不想去，因为天儿太热。彼得也不喜欢散步，他想去游泳，因为不但可以锻炼身体，而且能凉快凉快。他们决定去学校旁边的宾馆游泳，游完泳去宾馆的咖啡厅喝点儿东西，那儿环境不错。

(6) 练习格式“不但……，而且……”

先根据提示造句，听前产生预期，然后再听录音，看看有何异同。

展示 PPT　他不但爱吃中国菜，而且爱吃日本菜。(而且)

他不但会说汉语，而且会说法语。(而且)

抽烟不但对自己的身体不好，而且对身边人的身体也不好。(而且)

不但中国人喜欢喝茶，而且很多外国人也喜欢喝茶。(而且)

不但我听不懂上海话，而且很多中国人也听不懂上海话。(而且)

(7)最后再听一遍课文

- 课文二(15 分钟)

(1) 导入

这个周末你们打算做什么？我们一起出去轻松一下好不好？我们做什么？

老师有几个建议：去看电影、去老舍茶馆、去打保龄球。

大家想一想，明天告诉我去哪儿。

(2) 介绍背景

大卫和玛丽周末也要出去轻松一下。我们来听听他们要去哪儿。

(3) 听第一遍课文,选择正确答案,并回答教师的问题

① 大卫好久没做什么了?

A. 看电影　B. 喝茶　C. 比赛

教师提问:所以他想去看电影。玛丽想去吗?

② 玛丽想去哪儿?

A. 老舍茶馆　B. 电影院　C. 保龄球馆　D. 咖啡厅

教师提问:为什么不去电影院看电影? /为什么不去老舍茶馆?

③ 在老舍茶馆不能做什么?

A. 喝茶　B. 吃点心　C. 看京剧　D. 看电影

教师提问:在老舍茶馆可以做什么?

(4) 听第二遍课文,判断正误,并说明原因

① 玛丽对京剧不感兴趣,所以不想去老舍茶馆。(F)

"虽然她对京剧很感兴趣,但是他们刚吃饱,吃不下去了。"

展示PPT 看图片,根据"虽然……但是……"的意思补充句子,然后听录音,复述句子。

录音文本:虽然他已经八十岁了,但是他还能爬山。

虽然这个菜不好看,但是这个菜很好吃。

虽然这个足球队的水平不高,但是球迷很多。

② 他们比赛以后,谁赢了谁请客。(F)

"谁输了谁请客。"

③ 大卫和玛丽比赛,大卫觉得自己一定能赢。(T)

"你就等着请我吧。"

(5) 再完整地听一遍课文

- 课文三(20分钟)

(1) 导入

休闲娱乐方式五花八门,但是年轻人和老人的休闲娱乐方式一样吗?

在你的国家,老人有什么休闲娱乐方式?年轻人呢?周末人们都做什么?

现在我们来听课文三。大卫和他的中国朋友聊中国人的休闲娱乐方式。

我们先看几个生词。

(2) 补充生词:锻炼、退休、音乐会、演出、郊外

图片讲解:他们在锻炼身体。

老人退了休就喜欢在家种花、养鱼。

听音乐会

看演出

去郊外玩儿

(3) 听前提问并给出表格

① 老年人的休闲娱乐方式是什么？

② 年轻人的休闲娱乐方式是什么？

③ 周末人们都做什么？

| 老年人的休闲娱乐方式 | 年轻人的休闲娱乐方式 | 周末人们都做什么 |
|---|---|---|
| 1. 种花<br>2. 养鱼<br>3. 跳舞 锻炼身体<br>4. 唱京剧 | 1. 运动 打球 游泳<br>2. 唱卡拉 OK<br>3. 去迪厅跳舞<br>4. 玩儿牌<br>5. 下棋 | 1. 听音乐会<br>2. 看演出或比赛<br>3. 去郊外玩儿<br>骑自行车去圆明园<br>又大又漂亮的湖 |

听第一遍课文，回答问题并填写表格。没填出的地方空着，听第二遍时再填。

(4) 补充问题

④ 老年人跳舞是为了什么？

⑤ 年轻人喜欢运动，课文中说了什么运动？

⑥ 大卫和小王要去哪儿？怎么去？那儿有什么？

听第二遍课文，完成表格并回答补充问题。

(5) 根据课文内容填空

中国人的休闲娱乐方式多种多样。

很多老人退了休，就喜欢在家种花、养鱼；也有些老人喜欢去公园跳舞、唱京剧什么的。

要说年轻人的休闲娱乐方式，那可就多了。比如运动、跟朋友去唱卡拉 OK、去迪厅跳舞、玩儿牌、下棋等等。

周末，有的人去听音乐会，有的人去看演出或比赛，还有的人去郊外玩儿。

(6) 最后再听一遍课文

5. 补充课文(10 分钟)

内容：介绍各国不同的休闲娱乐方式。

要求：学生 2—3 人一组，听录音，找到需要的信息，写在表格中。

表格：

| 国　家 | 休闲娱乐方式 |
|---|---|
| 韩　国 | 唱卡拉 OK，爬山 |
| 德　国 | 去酒吧喝啤酒，聊天儿 |
| 菲律宾 | 去迪厅，逛商场 |
| 日　本 | 看演出，看电影 |
| 意大利 | 去公园、海边旅游 |

6. 总结及布置作业（5 分钟）

（1）总结

- 各种休闲娱乐方式的名称。
- 中国人的休闲娱乐方式。
- 各国不同的休闲娱乐方式。

（2）作业

采访三个人并录音。

参考问题：你叫什么名字？

你喜欢什么休闲娱乐方式？

你的国家流行什么休闲娱乐方式？

## 第二讲

**（第 3—4 课时，100 分钟）**

（一）复习生词并检查作业（20 分钟）

1. 看图片，说生词。

2. 看图片，用生词回答老师的问题。

3. 检查作业：播放采访录音，说说采访结果。

（二）新课：综合练习

1. 听词语（5 分钟）

要求：听录音，把左边的汉字与右边相搭配的图片连接起来。

展示 PPT

| （汉字） | （图片） |
| --- | --- |
| 听 | 保龄球 |
| 打 | 鱼 |
| 养 | 山 |
| 种 | 树 |
| 看 | 演出 |
| 下 | 棋 |
| 爬 | 音乐会 |

2. 听句子（25 分钟）

（1）听后判断下列句子是不是与休闲娱乐有关。有关的画“√”，无关的画“×”

文本：昨天晚上他一边听 CD，一边看杂志。（√ ）

他骑自行车来教室上课。（×）

王大爷养了几千条鱼，卖了不少钱。（×）

小王明天要参加游泳比赛。（×）

吃完饭，我和同屋喜欢出去走走。（√）

小王今天晚上有演出。（×）

我现在没事，咱俩下会儿棋吧。（√）

他没事的时候，喜欢去钓鱼。（√）

判断后说明画“×”的句子哪里表现出了与休闲娱乐无关。（用下划线表示）

（2）听录音后完成句子，再复述句子

文本：游泳好是好，可是我不会。

游泳我会是会，可是游得不太好。

除了打球以外，我还喜欢唱歌、跳舞。

冬天快来了，天气倒越来越暖和了。

这个难的句子你说对了，容易的倒说错了。

（3）听录音，复述句子

文本：我对种花很感兴趣。

我想出去活动活动，你去不去？

我不会跳舞，要不然我们去唱卡拉 OK 吧。

东方人和西方人的生活方式不同。

我没事的时候，就喜欢听听音乐、看看电视什么的。

3. 泛听课文(补充课文)

• 课文一(25 分钟)

(1)导入

不同国家流行的休闲娱乐方式不同,你们知道哪些新的休闲娱乐方式?

(2)听前提问

① 以前,人们去哪儿度假?

② 新的娱乐方式是什么?

③ 这种娱乐方式怎么样?

听第一遍录音,听后回答问题。

参考答案:

① 去海边。

② 潜水。

③ 时尚、健康、费用高。

(3)补充提问

④ 去海边可以做什么?

⑤ 潜水爱好者是什么样的人?

听第二遍录音,听后回答补充问题。

参考答案:

④ 游泳、吃海鲜、晒太阳。

⑤ 多从事经济、文化等高薪职业,男性多,在 28 岁到 35 岁之间。

(4) 最后再听一遍录音

• 课文二(20 分钟)

(1)导入

潜水是年轻人的新休闲娱乐方式,那么老人有什么新的休闲娱乐呢?

(2)听前提问

① 请用一句话概括文章的内容。

听第一遍课文,然后概括文章内容。

参考答案:

① 老人的新休闲娱乐方式是电脑游戏。

(3)补充提问

② 文中说了哪几种电脑游戏?

③ 为什么说电脑游戏受老人欢迎?

听第二遍课文，然后回答问题。

参考答案：

② PopCap 和 Zuma

③ 下载游戏的人中一半都是 50 岁以上的人。

（4）最后再听一遍录音

4. 总结及布置作业（5 分钟）

（1）总结

- 复习各国的休闲娱乐方式。
- 学习年轻人和老人的新休闲娱乐方式。

（2）作业

- 上网搜索你们国家有哪些新的休闲娱乐方式。
- 预习下一课生词。

七、主要教学思路和心得

1. 培养学生课前预习生词的好习惯。听力课不是综合课，不能在课上花费太多的时间去讲解生词，但是生词的不熟练又可能成为听力理解的巨大障碍，因此，需要学生在课前预习生词，理解词义即可。

2. 启发学生对话题进行思考。课前在预习生词的基础上，教师要启发学生对要学习的话题进行思考。这种听前思考不但可以引发学生听的兴趣，而且也会降低听力理解的难度。

3. 自然地引入学习内容。课上教师要自然地引导学生进入要学习的内容。在生词学习上，主要是建立词语音、形、义的联系。因此，我们多采取图片、生词、录音三者相结合的方式展示生词，让学生同时从听、看、说三方面理解掌握生词. 而不是具体讲解生词。对有些单凭图片难以说明的生词来说，再进一步结合师生问答的方式让学生理解生词的含义。然后通过一些练习来测试学生对生词的理解是否达到了可以进入课文环节的程度。

4. 重视听前导入和提问。在课文学习中，教师需要注意的是听前导入和提问，这看似简单的环节却对听的效果有非常重要的作用。我们在交谈中，无论是说还是听，之所以进行得顺利，一个重要原因就是我们知道谈论的话题是什么，知道对方下一句可能要说哪一方面的内容。如果我们是半路加入别人的对话中，可能也是听了半天却不知所云。因此，听前导入和提问很重要，可以让学生对课文要谈论的话题产生一个预期，然后通过听来判断课文内容是不是符合自己的预期，这样，课文就不会显得那么难听懂了。

5. 适当补充相关内容。除了书上的课文以外，教师还可以补充一些相关的文章，给学生一点儿新鲜的感觉，也可以帮助学生打开思路，这无论是对学生的听、说发展还是对学生在文化方面的培养都有好处。

6. 鼓励学生学以致用。课后要鼓励学生根据课文引出的话题对自己的经历进行思考，并和朋友们，特别是中国朋友，讨论这些话题，学以致用。

7. 辅以相关技能训练。听力课使用多媒体，主要是为了提高学习效率、增强学习的形象性和生动性。但是为了避免学生只听、说、读而不写的问题，教师专门为学生设计了学习笔记，需要学生做一些简单的记录，这也是一种有助于听的手段。

**附：**

1. 生词

| | | | | | | |
|---|---|---|---|---|---|---|
| 1. 环境 | 2. 轻松 | 3. 辛苦 | 4. 点心 | 5. 饱 | 6. 保龄球 | 7. 赢 |
| 8. 种 | 9. 养 | 10. 爱好 | 11. 迪厅 | 12. 牌 | 13. 棋 | 14. 湖 |
| 15. 休闲 | 16. 娱乐 | 17. 方式 | 18. 橄榄球 | 19. 五花八门 | 20. 球迷 | 21. 钓鱼 |

2. 课文

**第一讲**

- 课文一

大卫：我写了半天汉字了，手都酸了。我想出去活动活动，你去不去？

彼得：我可不喜欢散步。

大卫：我不是说散步，我是说打球什么的。

彼得：这么热的天儿，打球不是更热吗？

大卫：那你说干什么？

彼得：我看还是去游泳好。不但可以锻炼身体，而且还能凉快凉快。

大卫：游泳好是好，可是去哪儿游啊？

彼得：咱们学校旁边的宾馆里可以游。

大卫：那我们现在就去吧。

彼得：好。游完了泳，顺便去那儿的咖啡厅喝点儿东西。那儿的环境不错。

大卫：你等我两分钟，我准备一下。

- 课文二

玛丽：辛苦了一个星期了，今天我们要好好儿轻松一下。

大卫：我好久没看电影了。最近有什么好电影吗？

玛丽：有好电影我们也看不懂啊。

大卫：是啊。哎，我们去尝尝中国的小吃，晚上再去老舍茶馆坐坐怎么样？
老师告诉我那儿可以一边喝茶、吃小点心，一边看京剧什么的。

玛丽：我对京剧也很感兴趣。可是我们刚吃饱，还吃得下去吗？

玛丽：要不然，我们去打保龄球吧。

大卫：你会打保龄球吗？

玛丽：当然了。这样吧，我们俩比赛。要是我赢了，你请我吃饭，行不行？

大卫：没问题。不过要是我赢了呢？

玛丽：当然是我请你吃饭了。

大卫：那你就等着请我吧。

- 课文三

大卫：王建，我想问你一个问题。

小王：什么问题？

大卫：我看见很多老人在路边或者公园里跳舞。他们是在——

小王：他们在锻炼身体呢。很多老人退了休，在家里没什么事，就喜欢种花、养鱼。也有些老人喜欢去公园跳舞、唱京剧什么的。

大卫：那年轻人怎么让自己轻松一下呢？

小王：年轻人喜欢运动啊。比如打球、游泳。我就很喜欢游泳。

大卫：除了运动以外呢？

小王：要说爱好，那可就多了。比如跟朋友去唱卡拉OK、去迪厅跳舞、玩牌、下棋等等。

大卫：周末人们都做些什么呀？

小王：听音乐会，看演出或比赛，还有些人去郊外玩儿。对了，今天是周末，咱们俩骑自行车去公园吧。

大卫：太好了，离学校不远的圆明园，我还没去过呢。

小王：那我们就一起去圆明园吧。那儿有一个很大的湖，可漂亮了。

- 补充课文

现在人们的学习和工作都很紧张，这就需要休闲娱乐活动来轻松一下。不同的国家，人们的休闲娱乐方式也各不相同。热情浪漫的意大利人每到周末和节假日，常常会跟朋友或家人去公园、海边等地方旅游，呼吸新鲜的空气。德国人可能愿意去酒吧喝杯啤酒，跟朋友聊聊天儿。在日本，人们工作压力很大，所以周末常常跟家人去看看演出或电影什么的，轻松一下。而很多韩国人喜欢去唱卡拉OK或者周末去爬山。在菲律宾，有的人喜欢去迪厅，有的人喜欢逛商店。总之，休闲娱乐对身体很有好处，有时间别忘了让自己轻松一下啊！

### 第二讲

• 补充课文一

在炎热的夏天，不少白领都打算休假去海边度过一段美好的时光：游泳、吃海鲜、晒太阳。但是，最近，很多人迷上了一种新的休闲娱乐项目，那就是“潜水”。2006 年，在上海举办了中国国际潜水展，马来西亚、菲律宾、泰国、印度尼西亚和中国海南岛等潜水胜地共同提出了“潜水旅游”的概念。现在，越来越多的人觉得潜水是一种时尚、健康的休闲娱乐方式，特别是对那些生活、工作压力比较大的人来说，潜水是一种很有效的减压运动。然而，潜水运动的费用比较高，因此，目前中国的潜水爱好者多从事经济、文化等高薪职业，男性占大部分，年龄在 28 岁到 35 岁之间。

• 补充课文二

很多人觉得，退休以后的生活也许很无聊。但是现在人们却发现，有更多的老年人在退休后像年轻人一样玩儿电脑游戏。电脑游戏开发商表示会开发更多适合老年人的电脑游戏。在美国，一种叫 PopCap 的电脑游戏很受老年人欢迎。据统计，从网上下载这个游戏的人中一半都是 50 岁以上的人。此外，以前从来没有玩儿过电脑游戏的老年女性一般都对 Zuma 感兴趣。

3. 学生的学习笔记

### 第八课　休闲娱乐(第一讲)

姓名：______

[练习一] 听录音，指出听到的生词

______、______、______、______、______、______

[练习二] 听句子，写出句子中的生词

1. ______　2. ______　3. ______　4. ______　5. ______

[练习三]听句子，找到正确的图片

1. ______　2. ______　3. ______

4. ______　5. ______　6. ______

7. ______　8. ______　9. ______

[课文一] 回答问题

1. ______　5. ______

2. ______　6. ______

3. ______　7. ______

4. ______　8. ______

[课文二]

选择正确答案

(1)______　(2)______　(3)______

听后判断对错

(1)______　(2)______　(3)______

[课文三]

| 老年人的休闲娱乐方式 | 年轻人的休闲娱乐方式 | 周末人们都做什么 |
|---|---|---|
| 1.<br>2.<br>3.<br>4. | 1.<br>2.<br>3.<br>4.<br>5. | 1.<br>2.<br>3. |

[补充课文]

听录音，找到你需要的信息，写在表格中。

| 国　家 | 休闲娱乐方式 |
|---|---|
| 韩　国 | |
| 德　国 | |
| 菲律宾 | |
| 日　本 | |
| 意大利 | |

## 第八课　休闲娱乐（第二讲）

姓名：________

[练习一] 把左边的汉字与右边相搭配的图片连接起来

| (汉字) | (图片略) |
|---|---|
| 听 | 保龄球 |
| 打 | 鱼 |
| 养 | 山 |
| 种 | 树 |
| 看 | 演出 |
| 下 | 棋 |
| 爬 | 音乐会 |

[练习二] 判断下列句子是不是与休闲娱乐有关。有关的画"√"，无关的画"×"

1.（　　　）　2.（　　　）　3.（　　　）　4.（　　　）

5.（　　　）　6.（　　　）　7.（　　　）　8.（　　　）

[练习三]听录音后完成句子，再复述句子

1. ________________。　2. ________________。

3. ________________。　4. ________________。

5. ________________。

[课文一]回答问题

1. ________________。 2. ________________。

3. ________________。 4. ________________。

5. ________________。

[课文二]回答问题

1. ________________。

2. ________________。

3. ________________。

**教师简介**

窦玉荣，女，1982年2月出生，讲师职称，文学硕士学位。2008年7月参加工作，主要从事初级汉语教学工作，研究方向为现代汉语语法，已发表成果有论文《“A—X，B—Y”对举格式的量性特征》《谈“爱的教育”的实现途径》等。

## 教案点评

崔永华

（北京语言大学，教授）

听力课是一门不太好上的课，经常看到学生上完头两节课（如综合课、阅读课），后两节该上听力课了，就悄悄溜了。原因何在？主要是在很多听力课上，教师和学生都在做键盘的奴隶。这样的听力课跟汉语水平考试差不多：老师说“注意听”，老师按键，录音机说“听下面的短文，听后选择正确答案”，学生听，选答案，对答案；以同样的方式做下一题。听力课等于听力考试，学生总是“被试”，当考生，其焦虑、厌烦情绪，确实值得同情。当然，上面说的是一种为数不少的极端情况，很多老师也都会在中间穿插一些其他活动。

我听了窦玉荣老师的课，跟上面说的完全不同。她的课气氛活跃，学生积极参与，从练习效果看，学生在听力和其他方面确有收获。

结合教案看，此课得以成功的核心之处是，学生没有成为键盘的奴隶，而是聆听理解活动的主体。学生在老师的引导下一起参与听力活动，听前有思考、预设，听中、听后有活动、有讨论，不是简单地听录音、对答案。课堂上话声不断，笑声不断。

如何做到让学生成为聆听理解活动的主体？窦老师在教学过程、方法和媒体的设计上，都给我们提供了启发。

一、过程设计，让学生全程参与

例如在教案和课堂教学中，“听课文”活动大都遵循下面的过程：(1)用插图介绍背景；(2)导入（你们学习累的时候做什么？提示：散步、打球、游泳）；(3)听前提问：听第一遍课文，回答上面的问题；(4)补充提问：听第二遍课文，回答补充问题；(5)根据课文内容填空；(6)练习格式；(7)最后再听一遍课文。

这种听力活动，让学生在想中听，说中听，做中听，而不是被动地听、紧张地答。学生参与听力过程，在活动中有准备、有思考，不但是在主动地听，而且因此而容易正确理解所听的内容，提高了答对率，增加了成就感，提高了学习动机。

二、方法设计，体现互动特点

听力课除听完整的课文或对话外，常常会有一些生词和句式的学习。如何在这种容易使人感到枯燥的听力活动中，让学生"动起来"？窦老师给我们展示了以下几种注重词语听觉训练的方式。(1)生词(理解)练习。①展示 PPT：看生词和图片、听生词，学生跟读生词；②展示 PPT：看生词和图片、听生词，师生问答；③听录音，指出听到的生词。(2)句子(理解)练习：①听句子，说出句子中的生词；②听教师说句子，学生选出正确的图片。这些活动方式也把听力课的词语句式学习方式跟综合课的词语句式学习区别开来。

三、媒体设计，让学生身临其境

听力练习当然应当是以听的活动为主，但是这并不意味着只限于单纯呈现声音。其中的一个理由是，在现代社会中，"听广播"的机会已经远远少于伴随其他媒体的聆听活动。我们的日常交际、听讲座、听课等等，总是伴随着环境、表情、体态、幻灯、视频等等。即使是听广播，我们也会选择跟自己有联系的内容(即在一定的语境、背景中去理解)。所以听力课上孤立的听辨练习，除为特殊目的(如入门阶段的语音训练，及以后为训练区分在听辨上易混淆的音、音节、词语)外，由于不真实，所以不需要。相反，在听力练习时辅以相应的其他媒体、环境，不但可以减轻理解的难度，提高成功率，而且让所听的内容跟环境、用法、实物、实情相联系，更容易让学生学会在听觉上"使用"这些词语、语句。窦老师在教案中使用大量的图片、文字提示创造聆听理解环境，既降低了理解难度，又调动了学生参与的积极性，活跃了课堂气氛。

这份教案的不足主要是以下两点：

第一，对聆听理解策略的训练强调不足。这份教案所设定的教学目标是：1. 学生能准确理解生词的意义，并能在听到词语时快速地领会词义。2. 学生能够掌握格式"虽然……但是……""不但……而且……"的用法，并能够恰当使用。3. 学生听懂课文大意，并能够正确回答针对课文提出的各个问题。4. 学生能够根据自己的需要，快速、准确地搜索到自己所需的信息。这里的"听懂课文大意"和"快速、准确地搜索到自己所需的信息"都涉及听力理解策略的训练，但教案中语焉不详，且在教学中也没有强调出来。笔者以为，听力训练不应止于"听懂""找到"，不应止于学会了新的词语和句式；通过"听懂""找到"的过程，训练"听懂""找到"的策略，也是听力训练重要的内容之一。

第二，教案"听课文"练习的最后一项都是"最后再听一遍课文"，不像前面各次听课文一样，带有明确的目的。笔者建议，这一遍还是应当像前面一样，带着问题听，而不应是盲目地听。原因是这种盲目地听学生容易走神，特别是在已经听了两三遍之后。如果没有新的任务要完成，这个环节可能形同虚设，只有每遍都有新收获、新发现，才能吸引住学生。

以上评论供窦老师和同行参考指正。

## 三、口语课教案①

### 职业选择

### 任课教师：赵雷

一、课型

中级汉语口语课

二、使用教材

《沟通——任务型中级汉语口语（下册）》（试用教材）第十一单元

三、教学对象

汉语学院二年级（下）的 19 名本科生，分别来自韩国、俄罗斯、哈萨克斯坦、泰国、乌克兰、印尼、越南等七个国家。

四、教学内容

1. 话题：职业选择

2. 结构：与职业、工作职责、职业意向及调查报告等内容相关的语句

3. 功能：表示偏爱的功能句式

4. 文化点：汉语中给老师的祝愿语

五、教学目标

本单元将指导学生完成下列任务：

1. 熟练地说出多种职业的名称及某些职业的主要职责及利弊；

2. 流利地讲述与工作主题相关的图片故事；

3. 进行留学生职业选择情况的小调查并据此报告调查结果；

4. 流利地谈论个人的职业意向及理由；

5. 就工资收入与选择职业的关系问题进行小辩论。

在完成上述 5 项任务的过程中，全面训练和提高学生口头表达的流利性、准确性、得体性和多样性。

---

① 该教案选自崔希亮主编的《对外汉语听说课优秀教案集》，由北京语言大学出版社 2011 年出版。

六、教学方法

1. 以任务型教学法为主，充分体现“用中学”的核心理念，围绕口头表达的两个侧面——对话和独白，设计与学生现实学习、生活或未来工作相关的具有推理差、信息差、意见差、解决问题等特点的多种任务活动，将有意义的交际活动贯穿于课堂教学的各个环节。同时，努力博采众长，固本求新，注意保持内容与形式的平衡。

2. 坚持以教师为主导，学生为中心；以双人、小组、全班互动、合作为主要活动形式，课内、课外学习活动相结合；以多媒体技术为手段，通过视觉、听觉和动态的音、像、图、文等多种输入形式，提供激发学生兴趣的任务，并为学生完成任务提供工具箱、资源包和脚手架。总之，充分调动学生的学习积极性、主动性和自主性，发挥学生的多元智能，增强学生的责任感、团队精神，让学生在自然、愉快地使用语言的过程中“体验⟶感悟⟶学习⟶反思⟶进步”。

3. 为全面提高口语课的课堂教学效率，要努力做到以下“四让”：

(1) 让学生直接参与课堂学习的时间达到最大限度；

(2) 让学生直接参与课堂学习的覆盖面达到最大限度；

(3) 让学生的交际真实性达到最大限度；

(4) 让学生相互之间的学习机会达到最大限度。

七、教学手段

利用语言实验室 Newclass 教学系统，使用 PPT 课件、学习演练部分的音频、电视剧《我的青春谁做主》的视频、音频片段以及系统录音软件。

八、课时安排

六课时。

九、教学步骤

| 第十一单元　职业选择 | |
|---|---|
| 第1—2课时（100分钟）<br>学习：（一）工作职责 | 第3—4课时（100分钟）<br>学习：（二）职业意向 |
| 第1课时 50分钟<br>一、组织教学及导入（约8分钟）<br>二、热身（约5分钟）<br>三、学习演练（约10分钟）<br>1. 听两遍：5分钟<br>2. 回答：5分钟<br>四、真实交际1——模拟角色（约27分钟）<br>1. 布置任务：约5分钟<br>2. 采访练习：约8分钟<br>3. 表演：约10分钟<br>4. 集体讲评：约4分钟 | 第3课时 50分钟<br>一、组织教学及复习导入（约9分钟）<br>1. 故事复述复习：3分钟<br>2. 故事录音：约4分钟<br>3. 小结：约2分钟<br>二、热身（约8分钟）<br>三、学习演练（约16分钟）<br>1. 边听边回答：约11分钟<br>2. 两人对话：约5分钟<br>四、真实交际1——模拟角色（约17分钟）<br>1. 配对练习准备：约5分钟<br>2. 表演对话：约10分钟<br>3. 集体讲评：约2分钟 |

| 第十一单元 职业选择 | |
|---|---|
| 第2课时 50分钟<br>五、真实交际2——调查报告（约30分钟）<br>1. 小组调查汇总分析、准备（约20分钟）<br>2. 报告调查结果（约10分钟）<br>（1）同期报告录音：4分钟<br>（2）选听报告录音：听4分钟<br>（3）集体讲评：约2分钟<br>六、真实交际3——故事会（约17分钟）<br>1. 布置任务：1分钟<br>2. 讲第一遍3分钟（各讲1.5分钟）<br>3. 讲第二遍：4分钟（各讲2分钟）<br>4. 录音第三遍；3分钟<br>5. 听录音：3分钟<br>6. 集体讲评：3分钟<br>七、布置作业（约3分钟） | 第4课时 50分钟<br>五、真实交际2——小辩论（约50分钟）<br>1. 布置任务、分组：约5分钟<br>2. 准备10分钟<br>3. 第一次辩论：10分钟<br>4. 第二次辩论：20分钟<br>5. 集体讲评：约4分钟<br>六、布置作业（约1分钟） |

续表

| 第 5—6 课时（100 分钟） | 学习（三）语言提升、（四）自我评价 |
| --- | --- |
| **第 5 课时** 50 分钟<br>一、语音语调训练：视听说（约 25 分钟）<br>1. 看视频 2 遍：约 5 分钟<br>2. 就所看内容进行问答：约 3 分钟<br>3. 分角色朗读对白：约 5 分钟<br>4. 配音练习：约 5 分钟<br>5. 配音表演：约 5 分钟<br>6. 集体正音正调：约 2 分钟<br>二、口头表达提升与训练<br>检查讲练（一）（二）的语言聚焦部分（约 25 分钟） | **第 6 课时** 50 分钟<br>三、综合讲练（根据学生课堂表现、课堂学生录音，从流利、准确、得体、多样四方面进行分析，并补充针对性练习）（约 30 分钟）<br>四、学生填写"我的备忘录"（约 10 分钟）<br>五、学生进行自我评价，填写"我的进步记录表"（约 5 分钟）<br>六、布置预习和作业（约 5 分钟）<br>注：第六课时可根据情况灵活处理，如课时紧张，可布置学生课下完成四、五等。 |

【本教案为第十一单元的第 1—2 课时】

## 第一讲

**（第 1—2 课时，100 分钟）**

**第 1 课时** 50 分钟

一、组织教学及导入（约 8 分钟）

1. 展示 PPT(1)，问：图中的三个人是谁？

2. 展示 PPT(2)，问：发生了什么事？

3. 展示 PPT(3)，请根据讲述提示，相互讲讲这个故事。

4. 导入：这是一个"找工作"的幽默故事。"找工作"是大家十分关心的问题，因此，围绕"找工作"这个主题，我们将要学习第十一单元职业选择和第十二单元工作面试，希望通过这两个单元的学习，能对大家将来找工作有实实在在的帮助。好，下面我们进入第十一单元的学习。

5. 展示 PPT(两张)，明确本单元和本次课的任务。

说明：今天这两节课，我们将要学习(一)工作职责，完成任务 1—3。

二、集体热身(约 5 分钟)

逐一展示 PPT 上的图片(图略)，要求学生依次说出图片上人物的职业。对于难点，可请学生根据提示猜出来。最后领说一遍．正音正调，强化记忆。

| 第十一单元（一）工作职责 | |
|---|---|
| 第一部分 热身 | 他们的职业是？ |
| 记者、摄像师、翻译、外交官、公司经理（老板）、公司职员、导游、花样滑冰运动员、空姐、时装模特、厨师、新闻播音员（主持人）、调酒师、同声传译员、京剧演员、航天员、联合国秘书长、国际维和警察 | |
| （宇航员） | （国际公务员） |

1. 学生难点预测

1摄像师、6花样滑冰运动员、11调酒师、12同声传译员（同传）、15联合国秘书长（潘基文）和国际维和警察（头戴蓝色贝雷帽。为联合国工作，去一些有地区冲突或形势紧张的国家，帮助维持和平，保障有关国家或地区的政府和人民维持正常的工作生活）

2. 导入

有些同学毕业后要做记者，做记者一定要能完成采访任务。今天，我们就先来体验一下如何进行采访吧！

三、学习演练（约10分钟）

任务：展示PPT

先请听一段电话采访录音，共听两遍。请边听录音，边根据提示问题记录采访录音要点。最后集体核对答案（可请学生回答，也可师生互动说出）。

| 学习演练<br>任务：你能说出一些职业应该具备的基本条件、主要工作职责及利弊吗？请听记者金珍珠的电话采访录音，边听边记录要点。 | |
|---|---|
| 提示 | 1. 记者金珍珠采访了谁？被采访人的职业是？<br>2. 金珍珠为什么要进行这次采访？<br>3. 这个职业的主要工作职责是什么？<br>4. 这项工作需要具备什么条件？<br>5. 被采访人工作的乐趣、苦恼是什么？<br>6. 金珍珠是怎么结束自己的采访的？她是怎么说的？（百忙之中） |

【记者金珍珠采访同声传译员刘明女士的电话录音文本】

记者：刘老师，您好！

刘明：你好！

记者：我是北京语言大学电视台的记者，叫金珍珠。很高兴您能抽出时间来接受我的电话采访。您现在从事的同声传译工作，被称为高收入的金领职业，很多同学都非常羡慕，但是对这个工作呢，还不十分了解，您能给我们简单地介绍一下您的主要工作职责吗？

刘明：噢，好的，我的工作啊，主要是在一些国际会议和商务谈判中做英—汉同声传译。

记者：哦，那当一名英—汉同声传译员要具备哪些基本条件呢？

刘明：首先，要有很高的英语—汉语水平；其次，要有广博的知识；此外，还要有稳定的心理素质，任何情况下，都能用平静的心态去集中注意力。当然，要记忆力好，反应快，发音清楚、准确。总之啊，要能一心多用，准确、完整、迅速地翻译说话人的意思。

记者：那您觉得做这个工作有什么乐趣呢？

刘明：能发挥自己的外语专业优势，工资也比较高，嗯……这些我都挺满足的。

记者：您有什么苦恼吗？

刘明：苦恼？当然有啊，比如，翻译出了点差错，可已经来不及改了，很遗憾。而且，压力相当大，这些，嗯……，一般人是难以想象的。

记者：看来，做一名合格的同声传译员也很不容易啊！好，刘老师，非常感谢您在百忙之中接受我们的采访，谢谢您！祝您工作顺利！

刘明：啊，谢谢！不客气！再见！

记者：再见！

导入：听完了上面的电话采访录音，相信大家一定很清楚自己该怎么采访了。好，下面，我们就来分组完成人物采访的任务吧！

四、真实交际 1——模拟角色（约 27 分钟）

1. 布置任务：约 5 分钟

任务：A、B 两人一组。自定角色：A 为北语电视台记者，负责采访 B；B 为下面 1－3 图片中的人物。（边说明任务，边展示 PPT）

真实交际 1——人物专访　　　　第十一单元(一)工作职责

任务:A、B 两人一组。自定角色:A 为北语电视台记者,负责采访 B;B 为下面 1—3 图片中的人物。

步骤:全班随机分成 3 大组,每大组负责完成下面 1—3 中的一个采访。采访完毕要在“北语电视台”选播“采访录像”。

采访主题:

(1) 主要工作职责(如:你/您每天的主要工作是什么?)

(2) 该职业应具备的基本条件如:(你/您觉得怎样才能做一名合格的……?)

(3) 这项工作的意义或乐趣(如:你/您的最大乐趣是什么?)

(4) 做这项工作的困难或烦恼(如:你/您的最大烦恼或困难是什么?)

要求:

(1) 开始,A 要简单自我介绍,说明采访目的;采访结束时,A 要表示感谢,并说一句祝愿的话。

(2) A 要注意 B 的身份,礼貌提问。

(3) 采访时请参考选用提示词语。

1.汉语教师

2.导游

3.驻华外交官

步骤:全班随机分成三大组,每大组负责完成其中的一个采访。

采访完毕,要在“北语电视台”选播“采访录像”。

采访主题:

(1) 主要工作职责(如:你/您每天的主要工作是什么?)

(2) 该职业应具备的基本条件(如:你/您觉得怎样才能做一名合格的……?)

(3) 这项工作的意义或乐趣(如:这项工作带给你/您的最大乐趣是什么?)

(4) 做这项工作的困难或烦恼(如:你/您的最大烦恼或困难是什么?)

要求:

(1) 开始,A 要简单自我介绍,说明采访目的;采访结束时,A 要表示感谢,并说一句祝愿的话。

(2) A 要注意 B 的身份,礼貌提问。

(3) 采访时请参考选用提示词语。(当然,这只是采访者可能需要用的部分词语,其他要靠你自己)。

**第十一单元　　　　(一)工作职责**

真实交际 1 模拟角色——人物专访

采访主题:

(1) 主要工作职责(如:你/您每天的主要工作是什么?)

(2) 该职业应具备的基本条件(如:你/您觉得怎样才能做一名合格的……?)

(3) 这项工作的意义或乐趣(如:你/您的最大乐趣是什么?)

(4) 做这项工作的困难或烦恼(如:你/您的最大烦恼或困难是什么?)

1. 汉语教师:北京语言大学汉语学院刘广徽(huī)老师

备课、上课、听说读写、发音声调、汉字、批改作业、历史文化……

祝老师桃李满天下!

2. 导游:叶青

接待、游客、带领、浏览、参观、名胜古迹、讲解、开阔眼界、辛苦

3. 驻华外交官:罗马尼亚驻华大使 V. 伊斯蒂乔亚先生

代表、保护、公民

加强、与……合作交流、发展、双边关系、增进、友谊

2. 采访练习:约 8 分钟

3. 表演:每个大组抽选一个采访,约 10 分钟

4. 集体讲评:约 4 分钟

讲评要点:

内容——采访任务是否圆满完成?

形式——是否流利?是否准确(语音、词汇、语法)?是否得体?

速记:

(略。说明:此部分根据课堂学生采访活动表演或录音,快速记录,为讲评做好准备)

采访外交官:

______________________________

______________________________

采访老师(随机补充:祝老师桃李满天下)

______________________________

______________________________

采访导游

---

---

相关链接：展示 PPT，提供榜样，激励学生努力学习，将来像图中的几位外交官一样，为加强中国和世界各国人民的友谊、合作和交流做出自己的贡献。

课间休息

**第 2 课时** 50 分钟

五、真实交际 2——调查报告（约 30 分钟）

1. 布置任务：边说边展示 PPT，布置进行小组调查汇总分析、准备。约 20 分钟

• 课前要求根据“个人调查任务单”（见后），调查自己周围的各国留学生，每人调查 6—8 人，填好调查表，并思考其中反映的问题。

• 课上 4—5 人一组，组内选出：组长、统计员。

① 根据“小组调查汇总、分析单”（见后），组长组织汇总小组调查结果（数据等），统计员进行结果统计。每人据此记录小组各项调查结果。

② 根据调查数据等，共同分析、讨论其中反映的问题，并根据上述问题，提出给……的几点建议（见后“小组调查报告单”）。

注意参考使用提示词语。

③ 共同讨论，完成“小组调查报告单”。

2. 报告调查结果（约 8 分钟）

① 集体同期录音，每人代表小组报告小组调查结果。（4 分钟）

② 集体选听 1—2 位同学的报告录音。(约 4 分钟)

3. 小结:集体讲评(约 2 分钟)

讲评要点:

内容——调查报告是否完成?

形式——是否流利? 是否准确(语音、词汇、语法)? 是否得体?

速记

(略。说明:此部分根据学生调查报告的录音记录要点,为讲评做好准备)

六、真实交际 3——故事会(约 17 分钟)

1. 布置任务:1 分钟

看图编故事。两人一组,仔细看看下面的图片,先猜猜图片中主要人物的身份,再看看室内的物品及人物的神情、动作等,想想发生了什么事。

(展示 PPT1)

2. 一起讲讲这个故事(展示 PPT2)

讲第一遍:3 分钟(各讲 1.5 分钟)

3. 根据提示,再次讲讲这个故事(展示 PPT3)

讲第二遍:4 分钟(各讲 2 分钟)

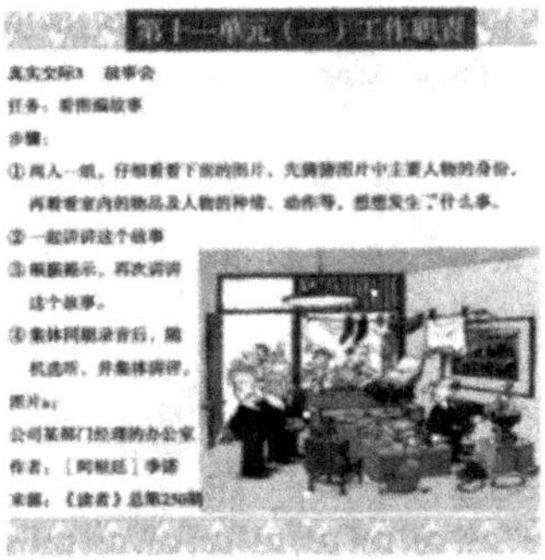

PPT1

PPT2

PPT3

4. 集体同期录音。

讲第三遍:3 分钟(各讲 3 分钟)。

5. 随机选听录音:3 分钟

6. 集体讲评:3 分钟

讲评要点

内容——讲述是否符合图片内容?是否完整?

形式——讲述是否流利?是否准确(语音、词汇、语法)?

速记

(略。说明:此部分根据学生讲故事的录音记录要点,为讲评做好准备)

7. 展示 PPT4,要求课下根据这张图片,不看提示,再具体、详细地讲一遍这个故事,4—5 分钟

下次课给大家录音,记入平时成绩。(即作业 1)

PPT4

七、布置作业(约 3 分钟)

1. 不看提示,再次具体、详细地讲一遍图片故事,4—5 分钟

2. 完成教材第 7 页“语言聚焦”(一)和(二)

| 第十一单元　(一)工作职责 |
|---|
| 语言聚焦<br>一、请根据每个人描述的工作职责,快速说出他们的职业: |
| 提示<br>A. 联合国秘书长 B. 导游 C. 空姐 D. 翻译 E. 律师 F. 记者 G. 外交官 H. 公司经理<br>I. 教师<br>(1) 我的工作是教书育人,把自己的知识传授给学生,同时我自己也需要不断地学习。<br>(2) 我管理着一个公司,为公司的发展制定计划,这要求我不仅要有商业头脑,还要懂得与员工交流沟通。我的权利比别人大,但我的责任也比别人重。<br>(3) 我从小就喜欢到各地区旅游,参观博物馆,游览名胜古迹。以后,我想给更多的游客介绍旅游景点和其中的历史文化,为他们安排好食宿,让他们不虚此行。<br>(4) 我的工作要求我在第一时间到达事件发生现场,了解情况,并真实地报道出来。<br>(5) 我代表我的国家到另外一个国家去,作为沟通两国的使者。我不仅要为在外国的我国公民服务,还要尽全力加强两国人民的友谊,促进经济、文化的交流与合作。<br>(6) 有了我,两个语言不通的人就可以顺利地进行交流了。另外,我也要懂得不同语言国家的文化和传统,这样才能更好地传达两位谈话者的真实意思。<br>(7) 我们的工作是代表联合国,调解国际争端,维护世界和平,为穷人和弱势群体仗义执言、提供各种帮助。虽然非常辛苦,但我心甘情愿。<br>(8) 我的工作不仅要求我有很好的口才,更重要的是要懂法,依法合情合理地为当事人辩护。<br>(9) 每天我都要在天上飞来飞去,为旅客提供餐饮服务,提醒旅客注意飞行安全。 |

| 第十一单元　(一)工作职责 |
|---|
| 语言聚焦<br>二、请选用下列语句填空 |
| 1. 调查数据显示、各占 50%、近半数、多数、不到/不足、占/约占、共有、总计<br>(1)______今天参加招聘的男女人数几乎______(相等)，______160 人。<br>(2)______(80%)留学生认为现在学好汉语将来才能找到好工作。<br>2. 做/当、从事、职责、乐趣、苦恼、开阔眼界、具备、加强、与……合作交流、发展、增进、友谊<br>(1) 无论将来______什么工作，都要______很高的语言水平和深厚的知识功底。<br>(2) ______一名合格的外交官，就要履行自己的工作______，努力______与______双边关系，______两国人民的______。<br>(3) 谁没有工作中的______和______呢？从事导游工作，辛苦是辛苦，但可以______，让你乐在其中。<br>3. 我们很想了解……，您能给我们……吗？<br>……桃李满天下！(比喻老师培养的学生很多，遍布天下)<br>感谢您在百忙之中……！<br>(1) 杨教授您好！______________汉字的历史，______________？<br>(2) 您的报告让我们对中国的历史文化有了更加深入的了解，非常______给我们做的精彩报告！<br>(3) 刘老师，非常感谢您接受我的采访，衷心地祝福您__________！ |

3. 请下载公共邮箱中的《我的青春谁做主》的视频、音频片段，模仿练习，注意剧中人物的语气、语调。

| 第十一单元　(三)语言提升 |
|---|
| 第一部分：语音语调训练——视听说<br>步骤 1：看电视剧《我的青春谁做主》第 5 集(3 分 27 秒—4 分 19 秒)<br>步骤 2：就所看内容进行问答<br>步骤 3：分角色朗读情景对白并做配音表演<br><br>词语提示：<br>有谱(yǒupǔ，有把握)、基本点(基本的思想)、物色(寻找)、转行(zhuǎnháng，换工作)、潜力(qiánlì，潜在的能力和力量)、占优势、社区、专业面儿(宽)、均等、预备 |

**第十一单元 （三）语言提升**

对白节选

（在姥姥家里）

姥　姥：小样，明天你去招聘会，要找什么类型的工作，心里有谱没谱？

钱小样：有，我早就想好了。目标明确！

姥　姥：什么目标？

钱小样：原则就是什么挣钱干什么。基本点呢，一个是在专业特长内物色高收入，另外一个就是即便我要转行，也要找有发展潜力的热门职业，比如说旅游、房地产什么的。

姥　姥：你的目标是不是得高了点儿？现在你找工作，不是工作找你。

钱小样：那您觉得我该干什么？

姥　姥：中专学历不占优势，好在你的专业面还比较宽，比如说医院护士，社区医生都挺适合你的。

钱小样：我在家就当护士，出来还干这个，那我为什么来北京？不就是因为北京机会多，对每个人都均等吗？

姥　姥：再均等，机会也是给有准备的人预备的。

下课，展示 PPT。

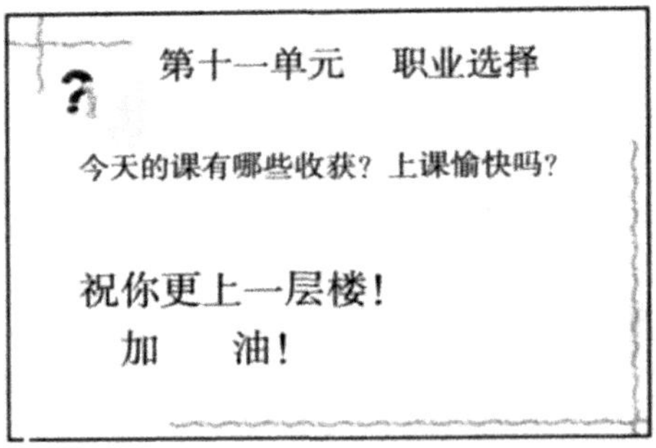


十、板书设计

**第十一单元　职业选择**

（一）工作职责

人物专访　　　　职业选择的小调查　　　　故事会

十一、课后反思

这两节任务型中级口语教学实验课基本上圆满完成了教学任务1—3。

从课堂情况看，体现了“用中学”的核心理念，充分调动了学生的积极性，无论是师生互动还是双人、多人小组活动，基本能够做到“四让”，即：①让学生直接参与课堂学习的时间达到最大限度；②让学生直接参与课堂学习的覆盖面达到最大限度；③让学生的交际真实性达到最大限度；④让学生相互之间的学习机会达到最大限度。

第一节课上，完成采访任务时，乌克兰学生金安娜突然提出想真实采访现场的听课老师，虽很突然，答应她有些冒险，不知后面会出现什么局面，但当时亦无理由拒绝。而且，她的要求完全符合“任务法”的“用中学”的核心理念以及强调“真实性”的特点。望着坐在后面听课的老师们，我看到了与教材中的刘广徽老师年纪相仿的刘希明老师，于是，就向刘老师“求救”，刘老师立刻接受了这个没有提前预约的突然采访。真是非常感谢刘老师，如果当时他稍有犹豫，自己都会很尴尬。而金安娜竟也表现得非常出色，虽发音还有些问题，出了一个“小错”，但基本按照要求圆满完成了采访任务。这个小插曲，让我看到了“用中学”“学以致用”的真实教学效果，很受鼓舞。

语言实验室先进的设备，为我们提供了提高教学效率的条件。如许多任务活动的完成，都采用全体同期录音的方式。这既便于据此分析学生“输出”中的问题，便于集体讲评，进行“语言提升”；也是督促全体学生共同进步的有效措施，因为任何人都无法利用小组活动之机“搭便车”了，任何人的任务成果都可能成为公开展出的“范例”或细致解剖的“样本”。这就改变了传统教学中总是一人“示范”，很多人似听非听，无精打采地“混时间”的低效率状况。实践证明，这项活动很受学生重视，有效提高了教学效率。同时，也为我们深入细致地研究中介语提供了大量鲜活的样本，从而有望采取科学有效的手段，编写教材、改进教学。

这次观摩课的不足之处是：

课堂任务活动安排得略多，有些任务来不及让学生在课上展示成果，显得有些仓促。

1. 对学生小组调查任务活动的完成情况估计不足。本以为学生能很快统计出调查数据，并据此迅速进行分析并报告，但实际上学生统计、分析花了较长时间，自己在这部分给学生留出的时间略显不足。

2. 第一次看图片讲故事，就正好排在了紧张的“观摩课”上，让学生感到压力大了些。

总之，由于顾及“观摩课”的特点，安排活动偏多，影响了某些任务活动的完成效果。而“赶工期”的行动致使后面的“活”的质量受到了一定的影响，而且还留了个“尾巴”。

教材编写改进设想：

1. 学生活动安排的时间应再充裕一些。

2. 看图讲故事，可先不给任何提示，鼓励学生发挥自己的想象，猜猜图片的故事内容,然后再按给出提示的方式进行,这样,信息差、意见差的效果会更好些。

3. 考虑到图片故事1和2,难易度有些不均衡,另外,也为消除学生紧张,“引人入胜”“首尾呼应”,快速把学生带入本课主题,本次课把图片故事2放在开始的“导入”部分了,但这样处理,跟图片故事1的讲述进行信息差的交流的意图也无法实现了。如何安排?删除故事2?这需根据其他班实验情况权衡定夺。

4. 热身部分的一些职业,还需斟酌。

**附**

一、教材(节选)

## 第十一单元　职业选择

本单元目标:

在这一单元里,你将要完成下列任务:

1. 熟练地说出多种职业的名称及某些职业的主要职责及利弊
2. 流利地讲述与工作主题相关的图片故事
3. 进行留学生职业选择情况的小调查并据此报告调查结果
4. 流利地谈论个人的职业意向及理由
5. 就工资收入与选择职业的关系问题进行小辩论

(一) 工作职责

### 第一部分　热身

**头脑风暴**　与同伴一起想一想、说一说:他们的职业是什么?

> **提示**
>
> 记者、摄像师、翻译、外交官、公司经理(老板)、公司职员、导游、花样滑冰运动员、空姐、时装模特、厨师、新闻播音员(主持人)、调酒师、同声传译员、京剧演员、航天员(宇航员)、联合国秘书长、国际维和警察(国际公务员)

### 第二部分　学习演练

**学习演练**

任务:你能说出一些职业应该具备的基本条件、主要工作职责及利弊吗?

请听记者金珍珠的电话采访录音,边听边记录要点。

| | |
|---|---|
| 提示 | ① 记者金珍珠采访了谁？被采访人的职业是？<br>② 金珍珠为什么要进行这次采访？<br>③ 这个职业的主要工作职责是什么？<br>④ 这项工作需要具备什么条件？<br>⑤ 被采访人工作的乐趣、苦恼是什么？<br>⑥ 金珍珠是怎么结束自己的采访的？她是怎么说的？(百忙之中) |

## 第三部分　真实交际

**真实交际 1**　模拟角色——人物专访

**任务**

A、B 两人一组。自定角色：A 为北语电视台记者，负责采访 B；B 为下面 1—3 图片中的人物。

**步骤**

全班随机分成 3 大组，每大组负责完成下面 1—3 中的一个采访。采访完毕，要在"北语电视台"选播"采访录像"。

**采访主题**

(1) 具体工作职责(如：你/您每天的主要工作是什么？)

(2) 该职业应具备的基本条件(如：你/您觉得怎样才能做一名合格的……？)

(3) 这项工作的意义或乐趣(如：这项工作带给你/您的最大乐趣是什么？)

(4) 做这项工作的困难或烦恼(如：你/您的最大烦恼或困难是什么？)

**要求**

① (1)和(2)是采访的核心任务。

② 开始，A 要简单自我介绍，说明采访目的；采访结束时，A 要表示感谢。

③ A 要注意 B 的身份，礼貌提问。采访时请参考选用提示词语！

1. 汉语教师：北京语言大学汉语学院刘广徽(huī)老师

备课、上课、听说读写、发音声调、汉字、批改作业、历史文化

2. 导游：叶青是广西桂林的一名女导游

接待、游客、带领、游览、参观、名胜古迹、讲解、开阔眼界、辛苦

3. 驻华外交官：罗马尼亚驻华大使 V. 伊斯蒂乔亚先生

代表、保护、公民；

加强、与……合作交流、发展、双边关系、增进、友谊

**真实交际 2**　北语留学生未来职业选择的小调查

**任务**

小调查——北语留学生未来职业选择的情况

**步骤**

1. 课前根据“个人调查任务单”，课下调查自己周围的各国留学生，每人调查 6－8 人，填好调查表，并思考其中反映的问题。根据“小组调查报告单”，思考、准备调查报告。

2. 课上 4－5 人一组，组内选出：组长、统计员。

① 根据“小组调查汇总、分析单”，组长组织汇总小组调查结果（数据等），统计员进行结果统计。每人据此记录小组各项调查结果。

② 根据调查数据等，共同分析、讨论其中反映的问题，并根据上述问题，提出给……的几点建议（参见“报告单”）。

③ 共同讨论，完成“小组调查报告单”。

3. 小组代表向全班报告调查结果。（集体同期录音，每人代表小组报告小组调查结果），集体选听 1－2 位同学的报告。

4. 小结：集体讲评。

北语留学生未来职业选择情况的小调查

## 个人调查任务单

调查者：________，调查人数：________人（亚洲同学________名、非洲同学________名、欧洲________名、美洲________名、大洋洲________名）。时间：2010年11月

1. 毕业后，你会留在中国工作吗？

A. 很可能（ 人） B. 不会（ 人） C. 还没想好（ 人）

2. 你准备选择什么职业？为什么？（提示：外交官、公司职员、老板/公司经理、公务员、老师、翻译、空姐、导游等）

________（ 人）、________（ 人）、________（ 人）、________（ 人）、________（ 人）、________（ 人）。

理由是________________________________________________。

3. 选择工作时你要考虑的最重要的三个方面是什么？最不重要的1—2个方面及理由是什么？

工资收入（ 人）、社会地位（ 人）、工作地点（ 人）、工作时间（ 人）、工作压力（ 人）、感兴趣（ 人）、自己的专业（ 人）、自己的能力（ 人）、和父母同行（ 人）、未来发展（ 人）等。

最不重要的是______________________，因为__________________。

4. 为了能找到理想的工作，并能很好地完成你的工作任务，你认为自己最该提高哪方面的汉语技能和其他专业知识、技能？

汉语：听力（ 人）、口语（ 人）、阅读（ 人）、写作（ 人）、翻译（ 人）

其他（如计算机、经贸知识、教学法等）：__________________________。

5. 给留学生同学的建议：________________________________________。

给学校、老师的建议：________________________________________。

北语留学生未来职业选择情况的小调查

## 小组调查汇总、分析单

小组调查总人数：________人（亚洲同学________名、非洲同学________名、欧洲________名、美洲________名、大洋洲________名）。

1. 毕业后是否会留在中国工作：A. 很可能（　人）　B. 不会（　人）　C. 还没想好（　人）

分析：据此，可以看出：________________________________。

2. 毕业后准备选择的职业：

统计　排在前三位的是：____（　人）、____（　人）、____（　人）。

分析　（提示：这些工作是否要用汉语？）____________________。

3. 被调查者认为选择工作时要考虑的最重要的三个方面：

统计　第一重要：________，________人。第二重要：________，________人。第三重要：________，________人。

分析　调查表明，近半数同学在选择职业时更重视____________，因为____________，而不太重视____________，认为____________。

4. 为了能找到理想的工作，认为自己最该提高的汉语技能和其他专业知识、技能是：

统计　汉语（听力、口语、阅读、写作、翻译，按照选择人数从多到少排序）：________占________%、________占________%、________占________%、________占________%、________占________%。

专业知识、技能（如计算机、经贸知识、教学法等）主要有：____________________。

分析　多数同学觉得最该提高的是________，其次是________，还有就是________，而目前我们的情况是____________，因此，我们向学校和老师提出如下建议：第一，________；第二，________；……第N，________。

提示　调查结果显示、调查中发现、调查数据显示、调查表明
近半数、多数、占/约占、占%、不到/不足、共有、总计

北语留学生未来职业选择情况的小调查

## 小组调查报告单

________年________月，为了了解各国留学生的________，我们小组在北语汉语学院留学生中进行了调查，本次共调查了________名各国留学生，其中亚洲同学________名、非洲同学________名、欧洲________名、美洲________名、大洋洲________名。

通过调查，我们了解到：

1. ________________________________
2. ________________________________
3. ________________________________
4. ________________________________
5. ________________________________

根据上述调查结果，我们向学校、老师提出如下几点建议：

第一，________________________________。

第二，________________________________。

……

第N，________________________________。

总之，通过____________，我们了解了____________，希望我们的调查结果和建议能对大家有所帮助。

**参考提示：**

调查结果显示、调查中发现、调查数据显示、调查表明、近半数、多数、

占/约占、占×%、不到/不足、共有、总计

**真实交际3** 故事会

任务方式1：看图编故事，讲给对方听

**步骤1** 小组图标全班学生分为A、B两大组，分别看两张不同的图片a、b。准备几分钟后，各自给对方讲故事。（可采用4人一组，以4/3/2的方式练习，即：（① A1－A2、B1－B2；② A1－B1、A2－B2；③ A1－B2、A2－Bl。互相给对方讲，每人讲3次，时间分别为4分钟、3分钟、2分钟）

**步骤 2** 推荐出两位故事讲得好的同学，在全班同学面前讲故事 a、b。

集体讲评。

图片 a：公司某部门经理的办公室

作者：[阿根廷]季诺

来源：《读者》

总第 250 期

讲述提示：

1. 有一天，两位总经理到这个办公室来做什么？

【词语】视察（上级到下级部门检查工作）

2. 两位总经理看到了什么？

· 描述办公室内的物品情况：

【词语】房间：乱七八糟；办公桌上：餐具、盘子、叉子、水杯、纸、笔、文件；窗台上：堆着、衣物、牙具；窗户一墙上：拴（shuān）着（根）绳子、晾、内衣、内裤、袜子；地上：方台、炉子、炒菜锅、冒着热气、垃圾桶、电话机

· 描述室内人员情况：

【词语】部门经理：忙着做……；隔壁员工：紧张、忙碌（lù）、有的……，有的……

3. 看到这种情景，总经理说了什么？部门经理是怎么解释的？后来，可能发生什么事？

【词语】吃惊、委婉、批评、解雇/提升

4. 如果你是这家公司的总经理，你会怎么处理这件事？你觉得一个部门经理的主要职责是什么？

图片 b：自荐 来源：《读者》总第 243 期

讲述提示：

1. 有一天，一位律师在哪儿看到了什么？

【词语】拼命、奔跑、警察、警棍、追赶

2. 他马上想到了什么？于是，他是怎么做的？他对那个……说了什么？

【词语】机会、追上去、边……边……、为……辩护(biànhù，站在某一方，提出理由或事实为其辩解)

3. 你觉得这位律师怎么样？

## 第四部分　语言聚焦

(一) 请先说出“提示”中每个职业的主要职责；然后快速阅读(1)—(9)根据每个人描述的工作职责，快速说出他/她的职业

提示

A. 联合国秘书长　B. 导游　C. 空姐　D. 翻译　E. 律师　F. 记者　G. 外交官　H. 公司经理　I. 教师

(1) 我的工作是教书育人，把自己的知识传授给学生，同时我自己也需要不断地学习。

(2) 我管理着一个公司，为公司的发展制定计划。这要求我不仅要有商业头脑，还要懂得与员工交流沟通。我的权力比别人大，但我的责任也比别人重。

(3) 我从小就喜欢到各地区旅游，参观博物馆，游览名胜古迹。以后，我想给更多的游客介绍旅游景点和其中的历史文化，为他们安排好食宿，让他们不虚此行。

(4) 我的工作要求我在第一时间到达事件发生现场，了解情况，并真实地报道出来。

(5) 我代表我的国家到另外一个国家去，作为沟通两国的使者。我不仅要为在外国的我国公民服务，还要尽全力加强两国人民的友谊，促进经济、文化的交流与合作。

(6) 有了我，两个语言不通的人就可以顺利地进行交流了。另外，我也要懂得不同语言国家的文化和传统，这样才能更好地传达两位谈话者的真实意思。

(7) 我们的工作是代表联合国，调解国际争端，维护世界和平，为穷人和弱势群体仗义执言、提供各种帮助。虽然非常辛苦，但我心甘情愿。

(8) 我的工作不仅要求我有很好的口才，更重要的是要懂法，依法合情合理地为当事人辩护。

(9) 每天我都要在天上飞来飞去，为旅客提供餐饮服务，提醒旅客注意飞行安全。

(二) 请选用合适的语句，完整说出下面的句子

1. 调查数据显示、各占50%、近半数、多数、不到/不足、占/约占、共有、总计

(1) ________，今天参加招聘的男女人数几乎________(相等)，________160人。

(2) ________(80%以上)留学生认为现在学好汉语将来才能找到好工作。

2. 做/当、从事、职责、乐趣、苦恼、开阔眼界、具备、广博、加强、与……合作交流、发展、增进、友谊

(1) 无论将来________什么工作,都要________很高的语言水平和知识。

(2) ________一名合格的外交官,就要履行自己的工作________,努力加强与________,________双边关系,______两国人民的________。

(3) 谁没有工作的______和______呢?从事导游工作,辛苦是辛苦,但可以______,让你乐在其中。

3. 我们很想了解……,您能给我们……吗?……桃李满天下!感谢您在百忙之中……!

(1)杨教授,您好!____________汉字的历史,________________?

(2)您的报告让我们对中国的历史文化有了更加深入的了解,非常________给我们做的精彩报告!

(3)刘老师,非常感谢您接受我的采访,衷心地祝愿您__________!

二、视听说

**对白节选**

电视剧《我的青春谁做主》第5集(3分27秒—4分19秒)

(在姥姥家里)

姥　姥:小样,明天你去招聘会,要找什么类型的工作,心里有谱没谱?

钱小样:有,我早就想好了。目标明确!

姥　姥:什么目标?

钱小样:原则就是什么挣钱干什么。基本点呢,一个是在专业特长内物色高收入,另外一个就是即便我要转行,也要找有发展潜力的热门职业,比如说旅游、房地产什么的。

姥　姥:你的目标是不是得高了点儿?现在你找工作,不是工作找你。

钱小样:那您觉得我该干什么?

姥　姥:中专学历不占优势,好在你的专业面还比较宽,比如说医院护士,社区医生都挺适合你的。

钱小样:我在家就当护士,出来还干这个,那我为什么来北京?不就是因为北京机会多,对每个人都均等吗?

姥　姥:再均等,机会也是给有准备的人预备的。

三、背景介绍

> 罗马尼亚驻华大使V.伊斯蒂乔亚先生和夫人达迪亚娜
>
> 罗明先生曾经担任罗马尼亚驻华大使，是北语最早的学生之一，曾受到过毛泽东主席、周恩来总理的称赞。罗明的夫人安娜，曾任外交官，汉学家，出版了多部介绍中国历史文化的著作。
>
> 罗明夫妇的女儿(现任大使的夫人)、儿子分别毕业于北大和北语。
>
> 罗明夫妇的外孙——现任大使夫妇的儿子，也是北语毕业生。

**教师简介**

赵雷，女，1963年生，汉语学院教授，硕士。1986年参加工作，研究方向为对外汉语教学。教授汉语听力口语、技能课教学法等课程。合作编写了《中级汉语——听和说》《国际商务汉语》《汉字教程》《口语习用语功能词典》等教材和工具书，发表《谈反问句教学》《建立任务对外汉语口语教学系统的思考》等论文多篇。曾荣获北京市高校哲学社会科学中青年优秀成果奖、国家汉办全国对外汉语优秀教材奖、北京语言大学优秀教学奖等。

## 教案点评

杨惠元

(北京语言大学，教授)

这是一份按照“任务型教学法”组织教学的教案，是一份课型特点非常突出的教案，也是一份有很多创新的图文并茂的教案。赵雷老师和她的同事自己进行教学设计、自己动手编写教材、自己进行教学实施，充分体现了他们对第二语言教学口语课的理解和教学理念。有以下几个方面值得学习和借鉴：

一、任务型教学法以任务组织教学，学生在完成各种任务的过程中，通过参与、体验、互动、交流、合作的学习方式，充分发挥自身的认知能力和学习的积极性主动性，在“干”中学，在“用”中学，体现了较为先进的教学理念。任务型教学法吸收了以往多种教学法的优点，是一种值得推广的有效的语言教学方法。

任务型教学法往往通过三个教学步骤来完成一个教学环节：布置任务、学生完成任务、教师讲评。这三个步骤在赵雷的教案中都有充分的体现。

比如在第一讲中“真实交际1——模拟角色”(约27分钟)，赵雷是这样设计的(见教案)：1.布置任务：约5分钟，包括任务、步骤、采访主题、要求。2.采访练习：约8分钟。3.表演：每大组抽选一个采访，约10分钟。4.集体讲评：约4分钟。从以上设计可以看出：

(一)任务型教学法重视“布置任务”。一共27分钟的教学环节，赵雷用了5分钟布置任务，约占五分之一的时间。这是因为，布置任务越具体，学生完成任务才会越顺利。

教案中有：1. 具体的任务（确定角色）；2. 完成任务的步骤；3. 完成任务的重点（采访主题）；4. 提出要求（注意的事项）。通过布置任务让学生明确做什么和怎样做。

（二）体现学生为中心、教师为主导的教学理念。这一教学环节的四个步骤，重点是"采访练习"和"表演"。这是学生的活动，用 18 分钟，占时三分之二。教师的主导作用主要体现在"讲评"中，包括"讲评要点"和"速记"，对速记应该记什么都进行了明确的标示。

（三）教案详细具体，既为自己上课，也为读者着想。教案既有对学生活动的具体要求，也有对教师活动的具体描写。比如教案中有"学生难点预测""讲述提示"等，对读者都是有帮助的。

二、教案体现学生"愉快学习""自主学习"的教学理念。教师注重激发学生的学习兴趣，调动他们的学习积极性，增强他们的责任感和团队精神，在自然、愉快地使用语言的过程中"体验—感悟—学习—反思—进步"。教师对学生课前做什么，课后做什么都有具体的设计和指导，把课上和课下有机地结合起来，让学生自主学习。比如教案中有"北语留学生未来职业选择情况小调查个人调查任务单""小组调查汇总、分析单""小组调查报告单"等。与以往作业不同的是，任务非常具体，可操作性很强。

三、教案突出了口语课的课型特点——学生以说为主、先听后说、先读后说、先输入再输出。

四、使用现代化教学手段，制作音频、视频和 PPT 课件，调动学生的多种感官，提高学习兴趣。教学手段有创新，教案图文并茂。

不足之处是教学成本过高，推广有难度。这样的教学需要教师全身心地投入，花大量时间进行课前准备和课后分析总结，一般的教师难以做到。当然，如果能够像赵雷老师这样做．教学效果会非常令人满意。

# 四、阅读课教案①

## 闲话中国茶

## 任课教师:朱彤

一、课型

初级汉语阅读

二、使用教材

《汉语阅读教程》第三册第 84 课

(彭志平、赵冬梅编著,北京语言大学出版社,2001 年第 1 版)

三、教学对象

汉语学院一年级下学期本科生,掌握了大约 1500 词。全班共 21 人,来自韩国、马来西亚、日本、法国、哈萨克斯坦、伊朗、葡萄牙、泰国、汤加等 9 个国家。

四、教学内容

1. 课文《闲话中国茶》。

2. 与课文相关的练习。

3. 限时阅读 4 篇课外补充文章。

4. 阅读技能:跳越障碍(在阅读时还应注意运用学习过的"根据上下文猜测词义""找出段落主题句"等阅读技能。)

五、教学目标

1. 认知领域

通过对课文的通读、分段阅读及完成相关练习,要求学生理解文章内容,巩固语言知识,扩大词汇量。

2. 技能领域

(1) 通读速度达到每分钟 220 字左右,能够了解文章主旨,整体上理解文章。

(2) 在通读文章的基础上,分段阅读,运用相关的阅读技能,理解文中信息,捕捉文

① 该教案选自崔希亮主编的《对外汉语读写课优秀教案集》,由北京语言大学出版社 2016 年出版。

中细节，速度每分钟 200 字左右，正确理解率为 85%以上。

(3) 快速阅读速度每分钟 200～400 字，能够捕捉文中重要信息，正确理解率在 70%以上。

3. 情感领域

使学生对茶文化感兴趣，有进一步了解中国文化的愿望。

4. 学习策略

培养和提高学生在阅读过程中的阅读策略，主要是忽略策略（跳越障碍），还包括结构策略、语境策略、标题策略、联想策略、推理策略、概括策略等。

六、教学重点和难点

1. 整体阅读训练，通读文章，掌握文章主要观点和内容。

2. 略读，快速查阅相关信息。

3. 语言要素：

较难的词语：好(hào)、名茶、相继、问世、佳、公认

重点句式：到……为止　除了……(以)外，还……

(能够理解这些词语和句式的意义，不要求会运用)

4. 阅读技能：跳越障碍（了解在什么情况下可以跳越障碍，如何跳越障碍）。

七、教学方法

1. 教师导读、提问、讲解、答疑与学生阅读、回答问题、讨论相结合，突出阅读理解能力的培养与阅读技能的训练。

2. 以教师为主导、学生为中心的启发式教学：教师通过图片、例句等引导学生理解字、词、句的含义，帮助学生建立同一语义场的联想图示，尽量少做讲解。

3. 结合学生小组活动的任务式教学：一些题目由学生合作完成，以有效减轻语言水平较低的学生的焦虑，促进学生和学生以及师生之间的互动，活跃课堂气氛。

八、教学时间

全课共 2 学时，约 100 分钟完成。

九、教具

多媒体课件

十、教学步骤

| 教学内容 | 教学行为 | 教学说明 |
|---|---|---|
| **组织教学(1 分钟)** | | |
| 问候，宣布上课，点名。 | 问候，点名。 | 向学生传达上课讯息，集中学生的注意力，进入教学状态。 |
| **复习旧课、检查作业(6 分钟)** | | |
| 检查第 82 课课后四段短文的阅读情况。 | 这是上次课布置的课后作业，要求学生在课下完成。教师分别让不同学生读题目并说出答案，如果学生回答正确并且其他同学也没有异议，就继续进行下一题。如果学生回答错误或其他同学有异议，再带领学生回到课文，启发学生思考，找出正确答案。 | 通过检查作业的方式，复习上次课所学内容。 |
| **学习新课(约 90 分钟)** | | |
| 阅读前的准备。（6 分钟） | 教师行为：演示 PPT，引入本课内容。<br>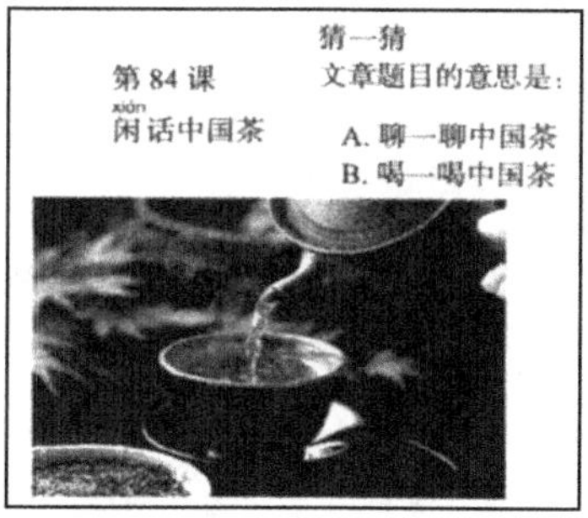<br><br>教师引导语：<br>请同学们猜一猜，今天的课文讲的是什么？<br>文章题目的意思是什么？<br>“闲话中国茶”意思是：<br>A. 聊一聊中国茶<br>B. 喝一喝中国茶 | 演示与课文相关的词语图片，引入本课话题。<br>根据题目猜测文章内容。 |

续表

<table>
<tr><th>教学内容</th><th>教学行为</th><th>教学说明</th></tr>
<tr><td></td><td>
导入语：<br>
你喜欢喝茶吗？喜欢喝哪种茶？<br>

</td><td>演示图片，让学生对于茶叶的种类有一个初步了解，为后面的阅读做铺垫。</td></tr>
<tr><td></td><td>
教师行为：<br>
演示 PPT，引出相关的重要词语。先出图片，让学生说出相应的词语，再显示文字，验证正确与否。词语演示完毕，教师领读，学生齐读，再由学生每人一次轮流读一遍。<br>

看 PPT 图画，说出相应的词语。隐去文字，只留下图片，推选一名同学指图片，其他学生说出词语。
</td><td>这些阅读前期准备活动的目的，一是可以帮助学生了解相关的背景知识和主要内容，激活学生的语言文化知识储备，为正式的阅读活动扫清障碍、做好铺垫；二是集中学生的注意力，激发他们的阅读兴趣，引导他们积极参与完成阅读任务。</td></tr>
</table>

续表

| 教学内容 | 教学行为 | 教学说明 |
| --- | --- | --- |
| 根据提示，快速通读全文。（7 分钟） | 教师行为：要求学生读课文并回答问题。<br>全文约 900 字，4 分钟之内读完。读之前先让学生看 PPT 上的阅读提示。<br>阅读提示：<br>(1)中国人喜欢在什么时候喝茶？<br>(2)茶叶可以分为哪几类？<br>(3)哪一段介绍了中国的名茶？<br>(4)第几段讲到喝茶的好处？<br>通读之后，回答前面提示的问题。如果学生回答正确并且其他同学也没有异议，就继续进行下一题。如果学生回答错误或其他同学有异议，再带领学生回到课文，启发学生思考，找出正确答案。 | 阅读教学中的任务可以分为两个层次。第一层次的任务为把握文章主旨，即在学生对文章的内容、语言和结构都不熟悉的情况下，为学生快速浏览阅读文章、了解文章相关信息而设计相应的任务。这一层次的任务，侧重于对阅读材料的整体理解，不宜过多、过细、过深。 |
| 分段阅读课文。（50 分钟）<br>1. 阅读课文第一段，完成练习。（约 4 分钟） | 1. 读第一段<br>提问：<br>(1)为什么说中国是茶叶的故乡？<br>(2)这一段提到的《茶经》《茶录》《茶谱》《茶史》是什么？<br>注意：书名号——书或文章的名字<br>(临时板书：书名号)<br>(3)这些书里面写的是什么？ | 在快速浏览文章之后，教师布置第二层次的任务。这一层次的任务可以概括为对文章的深入理解， |

续表

<table>
<tr><th>教学内容</th><th>教学行为</th><th>教学说明</th></tr>
<tr>
<td>2. 阅读课文第二段，完成练习。（约 11 分钟）</td>
<td>
2. 读第二段<br>
提问：<br>
(1)为什么说中国人最爱喝茶？表现在哪些方面？<br>
(2)中国人在什么地方喝茶？什么时候喝茶？<br>
填写表格：<br>
中国人喝茶的习惯影响了哪些国家？（由学生发言，填写表格内容。）
<table>
<tr><th>时间</th><th>国家</th><th>习俗</th></tr>
<tr><td>17 世纪中叶</td><td>美国</td><td>冰茶</td></tr>
<tr><td>18 世纪初</td><td>英国</td><td>午后茶</td></tr>
<tr><td>1780 年</td><td>印度</td><td></td></tr>
<tr><td>1841 年</td><td>斯里兰卡</td><td></td></tr>
<tr><td>1893 年</td><td>俄国</td><td></td></tr>
</table>
提问：<br>
现在有多少个国家和地区的人饮茶，多少个地方产茶？<br>
PPT 演示重点词句：<br>
<table><tr><td>到目前为止，饮茶习惯已经流传到 100 多个国家和地区，产茶的国家和地区也已达到近 50 个。</td></tr></table>
看下面的例句，回答问题：<br>
(1)到目前为止，你学了多长时间汉语了？<br>
(2)到今天为止，你交了多少个中国朋友？<br>
(3)到上个月为止，你去过北京的公园吗？<br>
重点词的理解：<br>
<table><tr><td>美国人好冷饮，尤其喜欢将茶泡水后冷却。</td></tr></table>
（通过对照法，引导学生自己说出："好"和"喜欢"在此是近义词。）<br>
反义词：冷饮—热饮<br>
<table><tr><td>选择上句中"将"字的正确解释：<br>A. 将来　B. 将要　C. 把　D. 即将</td></tr></table>
</td>
<td>
包括对文中重要事实和细节的理解，要求学生在通读文章的基础上，运用相关的阅读技能，理解文中信息，捕捉文中细节。<br><br>
阅读课中重点词和句式的教学以理解为主，只要理解词义即可，不要求会使用，因此，不宜过多讲解，也不宜采用造句、替换练习等训练方法，而是让学生通过读例句的方式，老师提问检查理解情况，以阅读带动阅读。<br>
在教学中重视词语的拓展，包括近义词和反义词的联想。
</td>
</tr>
</table>

续表

| 教学内容 | 教学行为 | 教学说明 |
|---|---|---|
| 3.阅读第三段，完成练习。<br>（约2分钟） | 3. 读第三段<br>提问：<br>中国茶叶分为几类？（对照PPT图片，让学生对每一类茶有一个直观感受） | |
| 4.阅读第四段，完成练习。<br>（约 12 分钟） | 4. 读第四段<br>提问：这段话中哪个词最重要？<br>导入语：什么是名茶？那么有名的老师怎样称呼？有名的学校呢？<br>词语拓展：<br>名人　名师　名校　名医　名著<br>名言　名山　名城　名牌　名车<br>名品　名表　名菜　名烟　名酒<br>导入语：这一段中哪句话最重要？<br>（引导学生找到主题句，这一阅读技能已经学习过）<br>教师行为：演示PPT，引入本课要学习的阅读技能。<br>阅读技能：跳跃障碍<br><br>跨栏<br>导入语：阅读中遇到障碍——一些很长或者有很多生词的句子时，如果我们只需要了解大概的意思，并不需要说出每个句子精确的意义时，就可以采用跳越障碍的方法，即对文章中不重要的部分跳过去不看。这段话中列举了很多名茶的例子，有很多不认识的字词，我们只需知道这些都是地名和茶叶的名 | 拓展词语、扩大词汇量的一个重要方式，就是按语素归纳已经学过的和即将学习的词语。这个工作也可以作为预习的作业，在课前由学生来完成。 |

续表

| 教学内容 | 教学行为 | 教学说明 |
| --- | --- | --- |
|  | 称就可以了,可以直接跳过去,不用细读,也不必查字典。<br>演示 PPT,具体体会跳越障碍的方法。<br>下面哪些语句可以跳过去?<br>绿茶有名的是:杭州的西湖龙井、江苏太湖的碧螺春、安徽黄山的黄山毛峰、安徽六安的六安瓜片、河南信阳的信阳毛尖等。红茶有名的是:安徽祁门的祁门红茶、云南的滇红等。乌龙茶的名茶有:福建武夷山的武夷岩茶、福建安溪的铁观音、台湾南投县台湾乌龙茶。花茶有名的是:福州的茉莉烘青、杭州茉莉烘青和苏州茉莉烘青。紧压茶有:云南思茅和西双版纳的普洱茶、广西苍梧县的六堡茶。 |  |
| 5. 阅读第五段,完成练习。<br>(约 12 分钟) | 5. 读第五段<br>导入语:这一段的主题句是哪一句?<br>(答:茶除了饮用外,还具有药用价值。)<br>重点句式:除了……(以)外,还……<br>阅读下列句子:<br>(1)今天来听课的除了学生,还有老师。<br>(2)除了故宫以外,阿里还去过颐和园。<br>(3)除了绿茶,红茶、乌龙茶对身体也很有好处。<br>(4)山本现在除了学汉语以外,还在学习英语。<br>教师行为:教师通过提问的方式,帮助学生理解句义。<br>导入语:<br>(1)今天来听课的有哪些人?<br>(2)阿里去过北京的哪些地方?<br>(3)哪种茶对身体有好处?<br>(4)山本在学习什么?<br>教师行为:提问,要求学生回答。<br>导入语:茶有什么药用价值?<br>教师行为:演示 PPT 内容 |  |

续表

| 教学内容 | 教学行为 | 教学说明 |
| --- | --- | --- |
|  | 茶可以祛痰止渴、防治癌症、预防“电视病”、抗衰老、减肥等等。<br>导入语：这个句子中也有很多生词，应该怎么办？<br>阅读技能：跳越障碍<br>不影响句子意思的并列近义词语，即顿号之间的并列词语只要理解其中一个的意思就够了，其他的可以跳越过去。<br>词语联想：<br>电视病——空调病<br>PPT演示难词：<br>问世：<br>(1)世界上第一台电脑是1946年问世的。<br>(2)电灯问世以后，对人们的生活产生了很大的影响。<br>(3)苹果的新产品不断问世，很受年轻人的喜爱。<br>相继<br>(1)新学期第一节课，同学们相继做了自我介绍。<br>(2)下课了，大家相继走出教室。<br>(3)苹果公司相继推出了iPhone、iPad等产品。<br>教师行为：教师可以用提问的方式，帮助学生理解词义。<br>阅读技能：跳越障碍<br>导入语：下面的句子中，哪些地方可以跳越？<br>许多新的茶叶制品相继问世，有液体茶饮料，如茶叶汽水、可可牛奶红茶；有固体茶叶制品，如速溶茶晶、柠檬红茶糖果等；还有用茶叶制成的名菜，如茶叶粉蒸肉、潮州茶香鸡等。 |  |

续表

| 教学内容 | 教学行为 | 教学说明 |
| --- | --- | --- |
| | 教师行为：<br>提问：近年来还有哪些茶叶制品出现？（答：液体饮料茶、固体茶叶制品、用茶叶制成的名菜）<br>提问：哪些是液体茶饮料？<br>（答：茶叶汽水、可可牛奶红茶）<br>（引导学生通过“汽水和茶”猜测“液体”的意思）<br>固体茶叶制品：速溶茶品、柠檬红茶糖果<br>（引导学生通过“茶晶和糖果”猜测“固体”的意思）<br>词语拓展：液体、固体、气体 | |
| 6. 阅读第六段，完成练习。（约3分钟） | 6. 读第六段<br>提问：<br>这一段主要写的是什么？<br>词语拓展：<br>渔具　工具　玩具　文具　教具<br>雨具　餐具　酒具　水具　刀具<br>提问：宜兴紫砂壶为什么出名？ | |
| 7. 阅读第七段，完成练习。（约6分钟） | 7. 读第七段<br>问题：<br>(1) 世界著名的三大饮料是什么？<br>猜测词语：<br>可可　世界著名的“三大饮料”——通过饮料一词，让学生猜测“咖啡、可可”可能是什么。<br>(2) 哪一种饮料会成为21世纪最受欢迎的饮料？<br>重点词语：<br>公认<br>(1) 阿里是全班公认的好学生。<br>(2) 熊猫在中国被公认为国宝。<br>(3) 北京语言大学被大家公认为“小联合国”。 | |

续表

| 教学内容 | 教学行为 | 教学说明 |
| --- | --- | --- |
| | 佳<br>(1) 这次综合课考试年级最佳成绩是98分。<br>(2) 姚明曾经当选中国“十佳运动员”。<br>(3) 老师希望同学们期末考试能够取得佳绩。<br>教师用提问的方式帮助学生理解词义。 | |
| 完成书后练习。(7分钟) | 根据课文内容判断正误<br>(1)茶叶的故乡在中国。 (  )<br>(2)中国人饮茶的习惯影响了许多国家。 (  )<br>(3)英国人的“午后茶”就是在午饭后喝茶。 (  )<br>(4)印度本来就有茶。 (  )<br>(5)中国人曾到俄国做过种茶技术顾问。 (  )<br>(6)现在生产茶叶的国家和地区有50多个。 (  )<br>(7)茶叶可以用来做菜。 (  )<br>(8)用宜兴紫砂壶泡出的茶跟用别的茶具泡出的茶不一样。 (  )<br><br>完成书后练习163页第3题:选择对下列画线词语的正确解释。 | 分别让不同学生读一遍题目,然后给出答案(“对”或“错”)。如果学生判断正确,可以不讲或略讲;如果学生判断错误,再带领学生回到课文,让学生自己更正。<br><br>分别让不同学生读题目并给出答案,如果学生判断正确,并且其他同学也没有异议,就继续进行下一题。如果没做对,举例解释该词的用法。 |

续表

| 教学内容 | 教学行为 | 教学说明 |
| --- | --- | --- |
| 限时阅读练习。（约 20 分钟） | 课外补充材料限时阅读（5 篇文章，共约 2600 字）<br>教师行为：<br>（1）提出阅读技能训练要求：找出文中的中心词、主题句。<br>（2）让学生先看问题，在规定时间内完成阅读。<br>（3）要求学生回答问题并说出答案。如果学生回答正确，其他学生没有异议，可以不讲或略讲；如果学生回答错误，再回到课文，让学生自己更正。<br>（4）根据学生回答情况做出补充讲解。<br>（5）结合本节课学习的跳越障碍的技能，找出文章中可以跳越的部分。<br>（每篇文章的要求和问题，请见后） | 在限时阅读过程中，除了解决阅读理解问题外，还要结合本课阅读技能训练的重点——跳越障碍以及以前学过的根据上下文猜测词义、找主题句等阅读技能，将快速阅读的方法传授给学生。 |
| **总结（约 2 分钟）** | | |
| | 词语：好、中叶、名茶、相继、问世、公认、佳<br>句式：到目前为止；除了……还……<br>阅读技能：跳越障碍 | |
| **布置作业（约 1 分钟）** | | |
| 布置作业，宣布下课。 | 布置作业，展示 PPT 辅助说明<br>（1）课本 164 页第 4 题限时阅读文章四篇；<br>（2）请你找一个关于名山（中国或国外的都可以）的文章，介绍一下这座山的位置、高度、特点。文章字数在 100 字以上，电子版、复印、打印、手写都可以，如果有图片更好。下周上课时带来，在全班传阅或用 PPT 展示给同学们。 | 课后的四篇文章都与本课内容相关，对于本课的重点词语、句式和阅读技能起到巩固和强化的作用。<br>布置查阅资料的任务，让学生为下次课的学习做好准备，也扩大了学生的课外阅读量。 |

续表

| 教学内容 | 教学行为 | 教学说明 |
| --- | --- | --- |
| | | 适当布置一些写的任务，在通过阅读提高语言输入能力的基础上，提高输出能力；而一定量的语言输出反过来又可以强化所学的语言知识和阅读技能，让语言真正成为有效的交际工具。 |

十一、板书设计

| 第 84 课　闲话中国茶 | |
| --- | --- |
| **知识点板书区** | 好　名茶　相继　问世<br>公认　佳<br>到了……为止<br>除了……(以)外，还……<br>阅读技能：跳越障碍 |
| PPT **展示区** | (展示 PPT 内容) |
| **临时板书区** | 书名号《　　》<br>电视病、空调病<br>液体、固体、气体<br>(本部分主要记录课文阅读过程中联想补充的词语，或者学生听课过程中有疑问或者需要注意的词语，可以随时擦去) |

十二、教学思路和心得

1. 采用以学生为中心的启发式教学法

教师通过图片、例句等引导学生理解字、词、句的含义，帮助学生建立同一语义场的联想图示。阅读课中重点词语和句式的教学以理解为主，只要理解词义即可，不要求会使用，因此，不宜过多讲解，也不宜采用造句、替换练习等训练方法，而是让学生通过阅读多个例句后自己思考总结语义，以阅读带动阅读。

2. 培养学生好的阅读习惯

教师一开始就应向学生强调在阅读过程中不要出声，不要用手指、笔尖或尺子指着一个字一个字地读，不要查字典，也不要看课文后的生词翻译。

3. 对阅读应该有时间限定

为了提高阅读效率，在阅读前应该根据文章长短和难易度限定时间，不能超时，时间一到，立即要求学生停止，绝不拖延。阅读时遇到的生字、生词、难句及其他问题，要求学生尽量运用有关的阅读技能加以解决。对于自己解决不了的问题，用笔画出，可以在阅读结束后提出，由同学讨论或老师引导来解决。

4. 重视阅读前的准备活动

根据阅读课文话题的不同，设计不同形式的读前准备活动，包括语言准备和心理准备，如演示与课文相关的实物、图片、视频等，阅读介绍课文背景的浅显易懂的材料、根据文章题目猜测文章内容等。这些前期准备活动的目的，一是可以帮助学生了解相关的背景知识和主要内容，激活学生的语言文化知识储备，为正式的阅读活动扫清障碍、做好铺垫；二是可以集中学生的注意力，激发他们的阅读兴趣，引导他们积极参与阅读。

5. 补充相关内容

除了教材上的阅读文章之外，教师可以适当补充一些相关的文章，复习巩固学生课上所学内容，提高课堂上所学语言形式的复现率，扩大词汇量和阅读量，也可以开阔学生的视野，增进对于中国文化和社会的了解。

6. 将阅读延伸到课外，将课堂上的任务与课前的预习、课后的作业结合起来

第二语言学习者的阅读熟练程度，很大程度上取决于阅读数量的积累，没有一定量的积累，就难以提高阅读理解能力和阅读技能。我们可以将阅读行为延伸到课外，将课堂上的任务与课前的预习、课后的作业结合起来。课前对预习提出具体的要求，可以是语言方面的准备，如下次课要讲的是关于茶的内容，预先让学生搜集跟茶有关的词语，下次上课时组织一个词语竞赛；也可以是对于内容的准备，将下一课的教学任务预先告知学生，布置学生在报刊书籍和网络上查阅搜集相关的信息，包括图片、新闻、评论等。如下次课的内容是关于黄山的，可以让学生找一个关于名山的文章，介绍一下这座山的位置、高度、特点，也可以让学生查一查去黄山旅游应该怎么走、有哪些景点可以看，等等。为了完成任务，学生必须提前做准备，如翻阅书刊或到网上查找资料，下一次上课时与同

学分享，从而有效地提高学生参与阅读活动的迫切性，有利于培养学生的课外阅读习惯，提高阅读理解的能力。

不足：由于时间和场地的限制，本次观摩课中，学生小组合作活动较少，是不足之处。在今后的阅读教学实践中，我将不断对教学方法加以调整和完善，保证教学获得最佳的效果。

**附 1 课文**

## 闲话中国茶

中国是茶叶的故乡，中国人是世界上最先认识并且种植制作茶叶的人。中国历史上有不少有关茶的书，如《茶经》《茶录》《茶谱》《茶史》等。这些书对种茶、采茶和饮茶都做了研究和总结。

“中国人最爱品茶，在家中喝茶，上茶馆也要喝茶；开会时喝茶，朋友一起谈话要喝茶，甚至打架讲理时也要喝茶；早饭前喝茶，午饭后也要喝茶。”中国人喝茶的习惯，影响了不少国家。17 世纪中叶，中国茶开始传入美国。美国人好冷饮，尤其喜欢将茶泡水后冷却，去掉茶叶，倒在有冰块的杯子里，再加入少量的糖或果汁，制成“冰茶”饮用。18 世纪初，中国茶进入伦敦市场。饮茶逐渐在英国流行起来，并且形成了午后四五点钟饮“午后茶”的礼仪。印度在 1780 年首次引进中国茶；斯里兰卡在 1841 年开始引种中国茶树；俄国于 1893 年聘请中国人去做种茶技术顾问，茶叶生产得到了发展。到目前为止，饮茶习惯已经流传到 100 多个国家和地区，产茶的国家和地区也已达到近 50 个。

中国茶叶品种很多，习惯上可分为五类：绿茶、红茶、乌龙茶、花茶、紧压茶。

各类茶叶中都有名茶。绿茶有名的是：杭州的西湖龙井、江苏太湖的碧螺春、安徽黄山的黄山毛峰、安徽六安的六安瓜片、河南信阳的信阳毛尖等；红茶有名的是：安徽祁门的祁红、云南的滇红等；乌龙茶的名茶有：福建武夷山的武夷岩茶、福建安溪的铁观音、台湾南投县的台湾乌龙茶；花茶中有名的是：福州茉莉烘青、杭州茉莉烘青和苏州茉莉烘青；紧压茶有：云南思茅和西双版纳的普洱茶、广西苍梧县六堡茶。

茶除了可饮用外，还具有药用价值。茶可以祛痰止咳、防治癌症、预防“电视病”、抗衰老、减肥等等。近年来，许多新的茶叶制品相继问世，有液体饮料茶，如茶叶汽水、可可牛奶红茶；有固体茶叶制品，如速溶茶晶、柠檬红茶糖果等；还有用茶叶制成的名菜，如茶叶粉蒸肉、潮州茶香鸡等。

喝茶少不了茶具。说到茶具，不能不提到宜兴紫砂壶。紫砂壶是江苏省宜兴县生产的茶具，造型与装饰都具有明显的民族风格。用宜兴紫砂壶泡出的茶独具特色，深受人们的喜爱。

茶，咖啡，可可是世界著名的“三大饮料”。有报道说，21世纪茶叶将成为世界“饮料之王”。茶叶已被世界医学界公认为“当代最佳健康饮料”。

**附2 补充的限时阅读材料**

• 短文一

**中国人与茶**

**（约340字，2分钟）**

茶的故乡在中国。由于茶的种类和制作的方法不同，味道也不同。不同的地区，不同的民族，饮茶的习俗也不一样。一般来说，北方人喜欢喝红茶，南方人喜欢喝绿茶。北京人爱喝茉莉花茶，上海人、杭州人爱喝龙井茶，广东、福建一带的人喜欢喝乌龙茶，边疆一些少数民族大都爱喝紧压茶，蒙古族喜爱奶茶，藏族喜爱酥油茶……近几年，市场上又出现了减肥茶、保健茶等，很受人们欢迎。

中国人喜爱茶就像西方人喜爱咖啡一样，茶已经成为人们生活中的一部分了。在中国，人们常用茶招待客人，有客人来访，端上一杯清香的热茶，表达了主人的一片热情；举行婚礼的时候，新娘一定要给长辈和亲友们敬茶；许多餐馆在上菜之前，也会先给客人送来一壶茶水。

人们喜欢喝茶，但在喝茶时也有一些忌讳，比如不喝凉茶、不喝隔夜茶、睡前不喝浓茶等。

选择正确答案：

1. 第一段的主要意思是什么？

A. 茶的故乡在中国　　B. 茶的味道不一样

C. 地区、民族不同，饮茶习俗也不同　　D. 人们喜欢减肥茶和保健茶

2. 第二段谈到中国人什么时候喝茶？

A. 在餐馆吃饭　　B. 招待客人

C. 婚礼　　D. 以上三项

3. 第三段中的“忌讳”是什么意思？

A. 应该做的事　　B. 不该做的事

C. 喜欢做的事　　D. 忘记做的事

• 短文二

## 有关茶的传说

**（约460字，2分钟）**

中国人是怎样开始饮茶的呢？关于茶的来历，有两个传说。

一个故事跟神农有关。神农是一位远古时的首领，传说农业和医药就是他发明的。为了给人们找到食物和药物，他常常亲自去品尝各种植物。有一次，神农吃了一种毒蘑菇，肚子很痛。这时旁边有一棵植物，闻起来有一股香味儿，神农就吃下了它的叶子。没想到，不一会儿，肚子就不疼了，感觉很舒服。神农记住了这种叶子，给它起了个名字叫"茶"。以后，每当人们不小心吃进有毒的东西时，立即喝点儿茶，毒就消失了。最初，人们把茶当作药来使用，后来，人们逐渐认识到，茶不仅可以治病，而且还是一种很好的饮料，饮茶的习惯就传开了。

另一个传说是这样的，中国古时候有一个皇帝到树林里去打猎。在路上他觉得口渴了，侍从就在树林里给他烧水喝。水快开的时候，忽然从树上掉下几片树叶，落到了水里。这时人们都不知道锅里的水还能不能喝。有一个侍从走到锅旁，尝了尝，觉得水的味道很香，就告诉了皇帝。皇帝尝了尝，也很喜欢它的味道。从此，人们就把这种树叶叫茶叶。人们用茶叶煮水喝，发现喝茶对人的身体有好处。渐渐地，人们就有了喝茶的习惯。

选择正确答案：

1. 根据第一个故事，最早人们把茶看作是一种：

A. 药　　B. 食物

C. 饮料　　D. 毒品

2. 根据第二个故事，谁最先发现茶水好喝？

A. 皇帝　　B. 神人

C. 侍从　　D. 文章没有说

3. 第二个故事中的"侍从"指的是：

A. 皇帝　　B. 皇帝的妻子

C. 皇帝身边照顾他的人　　D. 皇帝的马

• 短文三

## 老北京的茶馆

**（约500字，2分钟）**

北京茶馆的发展兴盛大约在清朝中叶。当时作为都城的北京，人口数量急剧增加，南北茶商也纷纷进京开茶馆。北京茶馆不但数量多,而且种类全。有大茶馆、清茶馆、书茶馆、棋茶馆、季节性临时茶馆等。

大茶馆一般规模较大,这里除了茶以外,也卖酒、菜和小吃。它是高官贵族、有钱人聚会的地方。很多茶客一早进来,喝茶聊天,到吃饭时点上酒菜,边吃边聊,很是方便。不过这类大茶馆在20世纪初渐渐衰落了。那时清茶馆是京城大街小巷最普通的茶馆。清茶馆只以卖茶为主,不卖吃食。

清朝末年,北京还出现了很多书茶馆。在书茶馆中除了喝茶外,还可以听评书。书茶馆一般早上接待饮茶的客人,下午和晚上请说评书、唱鼓词的艺人来说唱。茶客们边饮茶边听书,除付茶资外,还要付听书费。

老北京也有很多棋茶馆,就是卖茶连带下棋,顾客多为普通市民和无业者,多集中在天桥一带。这里设备简陋,进门是一排一排的长条桌,桌子两边是长条凳。柜台上还有免费提供的棋具。茶客一般下午来,晚饭时分离去。

此外,老北京还有一种季节性茶棚,最有名的是什刹海的荷花市场。荷花市场形成于清末,每年从端午到中秋,什刹海沿岸就搭起许多茶棚,人们在这里纳凉、品茗、观荷、赏莲,大有江南水乡之风味儿。

回答问题:

1. 文中介绍了老北京的哪几种茶馆?
2. 大茶馆里卖什么?价格怎样?
3. 在清茶馆可以吃饭吗?
4. 什么是“书茶馆”,在书茶馆可以做什么?
5. 去棋茶馆的一般是什么人?
6. 一年当中的什么时候,在什刹海有临时茶馆?

- 短文四

### 老舍茶馆

**(约480字,2分钟)**

京城的大小茶馆有五六百家,最著名的要数老舍茶馆了。为什么老舍茶馆那么有名?一是因为它是改革开放以后,京城开的第一家新式茶馆;二是因为茶馆是用老舍先生的名字命名的,老舍先生是生在北京、长在北京的著名作家,他的作品有很高的知名度;三是因为老舍茶馆有浓厚的京味儿,人们进茶馆不仅可以品茶,还能品到其中的京味文化。

老舍茶馆位于前门西侧,走进这古香古色的茶馆,您仿佛进入了一座北京的民俗博物馆。在这里,您可以品尝到各类名茶、北京传统风味小吃和京味茶宴。这里每晚都有一场汇聚京剧、曲艺、杂技、变脸等优秀民族艺术的精彩演出。如果您有兴趣,也可以上台表演。

到目前为止,老舍茶馆已经接待了近47位外国元首、众多社会名流和200多万中外游客,美国前总统布什、前国务卿基辛格,俄罗斯前总理普里马科夫,日本前首相海部俊树、中曾根,泰国公主诗琳通等,都曾是这里的座上客。虽然老舍茶馆的历史并不长,但这里已经成了外国友人了解中国传统文化的一个窗口。到北京的人去老舍茶馆、天桥茶馆品茶,已成为中外游客们旅游中不可缺少的一项活动了。

回答问题:

1. 老舍茶馆为什么有名?文中说了哪几个原因?
2. "老舍茶馆"的名字是怎么来的?
3. 在老舍茶馆,游客可以做什么?
4. 从开业到现在,老舍茶馆接待了多少游客?

• 短文五

## 广东早茶

**(约800字,4分钟)**

最早知道"广东早茶"这个名词是在学生时代,那时以为广东的早茶就是"早上喝茶"。心里不明白,广东人为什么那么无聊,一大早就去喝茶呢?

去了广东,才知道"早茶"不只是我小时印象中的茶水,还有糕点。茶有乌龙茶、铁观音、普洱茶等。糕点做得很精致,有饺子、粉果、酥点等,有粥类如皮蛋瘦肉粥、生滚鱼片粥等,配上不同肉鱼蛋类,还有香脆虾片、青嫩葱花,香味浓郁。

早茶的环境可根据自己的喜好或实力选择,可选择大茶楼,或是小酒楼,也可以选择有特色的酒楼,比如"小桥流水"边,或"风花雪月"楼。上了桌子不分男女老少、富贵贫贱,茶钱少到几元钱,多到上千元,所以广东早茶是大众的,并不是只有有钱人才喝得上的。

如果选择在酒店的大堂里,许多人一起吃吃喝喝,说说笑笑,很是热闹。喝着茶,吃着点心,观着风景,听着音乐,和朋友们聊着天,开心极了。不过多数平民百姓更愿选择经济实惠的小茶馆,虽然环境比不上大茶馆,可味道也不比大酒楼的差多少。

我曾和三五个朋友到热闹的大堂里一起喝早茶。一进茶楼,就有一位穿着旗袍的女孩子迎上来,把我们带到空位上,然后就有服务员上来询问要点什么茶水。茶水上来了,酒楼的点心都是做好的,有时候放在一个固定的位置,自己去挑选,或者是酒楼的服务员推到客人桌边供客人选择……热闹的大堂,让人感到一股浓浓的南方气息。

我一直不明白,都说广东人的生活节奏最快,可为什么早上茶楼经常都是满座呢?

朋友告诉我，广东喝早茶的人一般分几批。最早的一批早晨六七点钟到来，是一帮约好的老人家。他们总是去同一座茶楼坐同一个茶桌，每天喝同样的茶，他们看报纸、聊天儿，谈国事、天下事……几十年下来，这些同一桌的老人家先后离去，又有新的面孔加入。走了几个人，又来了几个人，茶楼的生意常年兴旺。第二批是中年人，他们八点左右到来，或是谈生意，或是聚会。第三批在九点以后到，客人是那些贪睡的年轻人，有的十点才到，虽然迟了些，也叫早茶。到了周末，全家老小围坐一桌，谈笑风生，共享天伦之乐……

回答问题：

1. 喝早茶时人们可以干什么？
2. 只有有钱人才喝早茶吗？
3. 小茶馆在价格、环境、味道方面怎么样？
4. 去喝早茶的有几批客人？分别是什么人？

**教师简介**

朱彤，女，1970年出生，博士，讲师。教学专长为对外汉语阅读、写作教学，研究方向为对外汉语、比较文学。代表性成果有论文《新感觉派小说的主题研究》《左翼文学叙述模式的流变》《多媒体技术在汉语教学中的应用》等；编有教材《汉语普通话教程》《汉语阅读教程》《高级经贸汉语教程》等。

## 教案点评

陈田顺

（北京语言大学，教学督导组专家）

2013年学校把读写课作为教学研讨的重点，我有幸听了二十多位老师的汉语阅读课。

尽管学生的汉语水平不同、班级层级不同，但不容忽视的一个较为普遍的问题是，不少老师没有准确把握住课型特点，把阅读课混同于综合课、复练课。朱彤老师的初级汉语阅读课获得听课同仁的一致好评，原因就在于她的课准确把握住了课型特点，这从她的教案里就可以看出来。

朱彤老师的初级汉语阅读第84课《闲话中国茶》，教案目标明确、内容翔实、环节清晰、重点突出、方法得当，板书设计醒目简约，具有较强的可操作性，是一份值得推荐的教案。

总体来看，朱老师的教案有以下几个特点：

一、教案突出了阅读课的课型特点

1. 整个教案紧紧围绕提高学生汉语阅读能力、阅读技能，一环扣一环，层层展开。每个环节不但有明确目的和具体要求，而且能指导学生运用不同的阅读方法阅读。第一层次通读全文（每分钟 220 字），侧重对阅读材料的整体理解，不宜过多、过细。第二个层次是分段细读（每分钟 200 字），要求学生在通读的基础上，运用相关的阅读技能，理解文中信息，捕捉文中细节。第三个层次是快速阅读（每分钟 200～400 字），要求学生在限定的时间内找出中心词、主题句。这部分主要训练学生跳越障碍、根据上下文猜测词义等阅读技巧。

2. 阅读前准备充分，注意激发学生的阅读兴趣。阅读前准备环节安排得当，通过根据课文题目猜测文章内容，引入主课文，又通过 PPT 画面进入有关词语的学习。短短 6 分钟，既引导学生学习了词语，激发了学生对茶文化的兴趣，又把大家的兴趣引入对课文的阅读中。

3. 阅读量大是朱老师这两节课的突出特点，我们知道，要提高学生的阅读水平，离开大量阅读实践是不可能的。朱老师的两节课，学生的阅读总量约为 3500 字（主课文 1 篇约 900 字，5 篇短文约 2600 字）。特别值得一提的是，朱老师选的 5 篇补充材料，其难易度、内容、趣味都与主课文配合得相得益彰。

4. 教案对生词的处理也很符合阅读课的特点，朱老师只要求学生能读能领会词义，不要求学生读得字正腔圆会造句。她没有把过多的时间用在生词上，从而保证了课堂上学生阅读量的大幅度提高。重点词语和句式处理意在理解为主，只要求学生理解词义，不要求会用，并把读例句也看作是对学生阅读能力的培养。

5. 在阅读过程中自始至终穿插着阅读技能的培养。教案中重点训练学生找主题句、中心词和跳越障碍、根据上下文猜测词义。

二、PPT 课件设计使用合理、适当，很好地起到教学辅助作用

朱老师的教案也设计使用了 PPT 课件，她设计的课件精准、形象、到位，体现了阅读课的特点。比如，在引入课本内容时，PPT 课件展示出课文标题“闲话中国茶”，接下来是一道简要的选择题“‘闲话中国茶’的意思是：A. 聊一聊中国茶；B. 喝一喝中国茶。”通过一道简要的选择题，学生一下子就领会了“闲话中国茶”写的是什么了，课件起到画龙点睛的作用。接着问学生“你喜欢喝哪种茶”，PPT 展示出图文并茂的“绿茶、红茶、花茶、乌龙茶、紧压茶”画面，一下子就把学生吸引住了。这样朱老师的教学自然地进入词语环节，这个环节时间短、节奏快，又为阅读课文打下了基础。

在后面的课文阅读过程中 PPT 只展示简要的问题或提示，学生大部分时间都用在阅读文章上，避免了长时间盯着屏幕的现象。

三、板书设计简要、合理、醒目

板书是教学艺术的体现，教案中板书分知识点板书区、PPT 展示区、临时板书区三个板块，内容少而精，突出要点重点，值得提倡。

当然，朱老师的教案也有值得推敲和改进的地方，比如：

1. 处理得有些匆忙。限时阅读部分显得有些简单了。这部分只用 20 分钟，要快速阅读 5 篇短文 2600 字，处理得有些匆忙。从教案看这个环节是训练学生快速阅读的，如何指导学生快速阅读、如何跳越障碍、如何捕捉主要信息，都应有不同的方法。

2. 总结环节也略显简单了。这部分是对所学内容的总结和提升，不宜简单用 PPT 展示，让学生读一遍就结束。不妨启发学生回顾所学的重点词语、句式和阅读技能，而后教师加以说明强调。

## 五、写作课教案①

### 介绍一个熟悉的城市或乡村

### 任课教师：高典

一、课型

中级汉语写作

二、教材

《汉语写作教程》第 8 课

（赵建华、祝秉耀编著，北京语言大学出版社，2003 年第 1 版）

三、教学对象

北京语言大学汉语学院二年级上学期留学生，共 18 人，来自韩国、朝鲜、日本、伊拉克、德国、沙特阿拉伯、津巴布韦等国家。

四、教学内容

1. 复习时间词语、处所词语。

2. 范文两篇讲解与练习（连接词语、书面语句式、文章结构模式）。

3. 口头作文。

五、教学目标

1. 熟悉"处所词语"和"时间词语"在写作中的连接作用，并能熟练运用。

2. 理解例文的书面语体特点，并学会运用相关句式。

3. 掌握该类文章的常用结构，并尝试运用。

4. 熟悉该类文章的写作内容，并能运用所学结构，当堂形成口头作文或书面作文。

---

① 该教案选自崔希亮主编的《对外汉语读写课文优秀教案集》，由北京语言大学出版社 2016 年出版。

（也鼓励学生尝试新的结构方法，写出自己的风格）

六、教学重点和难点

1. 正确使用处所词语、时间词语，理解其在写作中的连接作用。

2. 书面词语、句式的运用。

3. 文章的结构方法（总说与分述），段落衔接方式。

4. 突出“地方”的特色，突出中心句（总说），分述层次清晰，详略得当。

七、教学方法

1. 以任务型教学法为原则，强调从写的角度阅读，即了解文章如何连句成段、组段成篇，明了总说与分述的关系，训练学生汉语思维；给定任务，让学生用不同形式的汉语书面语表达。

2. 通过具有明确针对性的任务，激发学生运用两类连接词、重点句式、中心句、文章的典型结构形成口头作文或书面作文。

八、教学时间

全课共 6 学时，分三讲。每讲两课时，约 100 分钟。本教案仅针对前两课时。

九、教具

多媒体类：PPT、本校导航图。

实物类：一根细线、凹凸版中国地形图。

十、教学步骤

**第一讲**

**（第 1—2 课时，100 分钟）**

一、复习和导入（约 8 分钟）

复习时间词语和处所词语：（涵盖范文中出现的两类连接词语）

1. 常用时间连接词语（展示 PPT）：注意时间表达是“从大到小”（年月日）的规则

具体时间：2013 年 5 月 2 号星期一　上午八点　昨天　今天

～前：上课前　几年前　不久前　两千多年前

～时/（的）时候：古时候　那时候　开始的时候　唐朝时　当时　大约 15 世纪时

从……到……：从古代到现代　从古至今　从三点到五点　从那时候一直到现在

从……起：从我到中国的第一天起　从我记事时起　从我认识他那天起

每到……：每到冬天　每到周末　每到下雪的时候

～以来/以后：自古以来　入夏以来　从此以后　此后

直到……：直到今天…… 直到我毕业…… 直到分手的那一天

2. 常用处所连接词语(展示 PPT)

学校四周 五道口一带 天地之间 周围 附近 这里 那儿

东北边 东南边 西北边 韩国西南部

中国 美国 北京 首尔

桥下 河边 马路两旁 山上 天上

检查作业：

3. 利用电脑上的本校导航图，请学生介绍北京语言大学，注意使用处所词语和时间词语

根据学生练习情况，总结：

(1)地名、国名后不加“里”：他在中国留学；他在上海工作。

(2)单位机构兼职处所词语时，“里”等方位词可加可不加：他在学校工作；他在学校里读书呢。

(3)一般名词要加上方位词或代词才能表示处所：从汽车里出来；到老师这儿来。

二、学习范文，并用相应的连接词语、句式、结构进行口头训练(约 46 分钟)

## 范文一 《小小的灵光村》

1. 第一段

学生读，教师提问、启发。

第一段讲的是什么？答案：位置

语言(长短句)练习：

我的家乡是位于韩国西南部的一个叫灵光的小小的乡村。

改写成短句：

我的家乡是一个小小的乡村，叫灵光，位于韩国西南部。

我的家乡——灵光，位于韩国西南部，是一个小小的乡村。

请学生用以上任一句式说说自己的家乡。

2. 第二段

本段中心句是什么？后面分别讲了什么？

答案：

灵光地方不大，可是名声不小。自古以来，它就以“三白”远近闻名。

讲风物：两种白色产品(米、盐)，一种白色景观(雪)。

提示总结：写风物的同时，还写到了什么？

答案：地理环境、气候、风光，即“三白”的原因，使内容更加丰满、生动。

本段哪句话是总说，提示词是什么？

答案：总说，所谓“三白”，就是……；分说，第一……第二……第三……

语言：

请学生找该段的处所短语：灵光四周　靠海　灵光一带　天地之间

请找时间短语：自古以来　每到冬天

（书面语）句式（拓展）练习：

自古以来，它就以“……”远近闻名。

从古至今，它都因“……”而闻名世界。

从过去到现在，它都因“……”而出名。

与同桌口头表达：加上位置，用该句式总说自己的家乡。

3. 第三段

这一段写了什么？连接词是什么？

答案：另一种特产——干黄鱼

语言：

段落连接词：除了……还……，（那）就是……

时间连接词：大约 15 世纪的时候，此后，直到今天。

4. 第四段

这一段写了什么？为什么写这个？

答案：原子能发电站、老虎；重要、闻名

5. 总结

从文章的长短看哪一段重要？

答案：第二段和第三段，主要写物产。

提示：重要的详写；次要的略写。详略分明。

文章结构（PPT）：

我的家乡是位于……的一个叫……的乡村。

……地方不大，可是名声不小。自古以来，它就以“……”远近闻名。第一是……第二是……第三是……

除了“……”，……还有……，（那）就是……。

此外，……还有……

（请学生大致按这个结构说说自己的家乡）

## 范文二　《波恩》

该篇以学生自学为主，分组讨论相关问题。共分 4 组，每组重点回答所读段落的问题。

1. 第一组重点回答第一段问题

这一段写了什么？（位置　历史变迁）

怎么写的（连接词是什么）？（按城市变迁的时间顺序写的）

时间连接词语：在两千多年前　最早　后来

地点连接词语：那里

关联词语：只是　但是　所以

提醒注意：位置的又一种表达方法——处所短语做定语，中心词在后。位于……的波恩，是……（练习一下）

2. 第二组重点回答第二段问题

本段哪句话是"总说"？（波恩小，但很重要）

从哪几方面写的？（重要：边城、主教住地、文化中心、有名人物、首都）

怎么写的（时间连接词是什么）？（以时间为序，写它在不同时代的重要性：罗马帝国的时候、19 世纪、当时、很早、曾、第二次世界大战以后、当时）

提示：关联词语连接、代词连接，但不重点讲。

3. 第三组重点回答第三段问题

这一段写了什么？（知名大学及学生的活动。照应前面——"城小"，所以学生去郊野活动）

段落连接词语有什么？（除了……以外，还有……那就是……而且……）

处所连接词语：市区、在郊野、在优美的环境中、在莱茵河畔

4. 第四组重点回答第四段问题

这一段写了什么？（从另一个角度写波恩很"小"，但别有韵味）

语言有什么特点？（对称、对比句、排比句）

提示：对称、排比是汉语常用的一种表达方法。从内容来说，可以从不同角度延展；从形式来说，整齐漂亮，容易给人留下深刻印象。鼓励学生多多使用。

5. 提问总结

两篇范文内容方面的异同？语言（连接词）、写法的特点？

内容方面：

与范文一同中有异，同：位置、重要。不同：没写景物，写它"小"，但因历史、大学、名人而重要；因自然风光而让人流连。

结构：

与例文一差不多：先详后略，从最重要的写起……，至"除了……还……"，至最后的总结。

文章结构（PPT）：

位于……的波恩，在两千多年前……最早……后来……

"小"好像是波恩最突出的特点。不过，"小"不是说不重要。罗马帝国时候……19 世

纪……当时……很早……第二次世界大战以后……

除了小以外……，波恩还有……特点，那就是……

谁喜欢……，喜欢……，喜欢……，谁就不喜欢波恩；谁喜欢……，喜欢……，谁就一定会喜欢波恩。

三、练习，进一步熟悉排比句、连接词、处所词的用法（约 44 分钟）

**练习一**

用处所词语和时间词语填空：（下边　山顶　日本坪山顶　晚上　白天）

日本坪是一座小山，因为（　）很平坦，所以叫日本坪。站在（　），能看见日本坪的全貌：南边有大海，东边和北边有高山，（　）有很多像一颗颗豆子大小的房子。（　）看这些房子不好看，（　）看很美，所以很多人去那里看夜景。

答案：山顶、日本坪山顶、下边、白天、晚上

进一步利用教具（一根线）总结：两类关联词语像是串珠子的线，如果线断了，珠子就散了。

**练习二**

修改病句：

1. 我的家乡在法国的东南，叫里昂。（　）不是我出生的城市，我也没有一直住在那里，但是这个城市慢慢地变成了我的家乡。（　）是我上小学，中学，高中和大学的地方。（　）是我得到驾驶执照的地方。（　）是我找到我最好的朋友的地方。最重要的是，里昂是我父母居住的地方，也是全家人聚会的地方。

2. 村子的南方是不高的山，山有很多树，这儿也有各种各样的鸟。

3. 在首尔里，一共有四个地方：江东、江西、江南、江北。

答案：

1. 我的家乡在法国的东南，叫里昂。（那儿）不是我出生的城市，我也没有一直住在那里，但是这个城市慢慢地变成了我的家乡。（因为那里）是我上小学，中学、高中和大学的地方，（省略连接，同一个话题链）是我得到驾驶执照的地方，（省略连接，同一个话题链）是我找到我最好的朋友的地方。最重要的是，（那里）是我父母居住的地方，也是全家人聚会的地方。

2. 村子的（南部）是不高的山，山（上）有很多树，（省略连接）也有各种各样的鸟。

3. 在首尔（地名，不加“里”），一共有四个地方：江东、江西、江南、江北。

**练习三**

学习、练习一种新的结构方式。（完不成的话，下课做）

用“旧瓶装新酒”法，练习排比表达。“文无定法”，以下也是一种结构法。

（练习前，PPT 展示常用词语及北京的风物图片；凹凸版中国地形图展示北京的方位及周围地貌）

常用词语：

名胜古迹：天坛　长城　圆明园　颐和园

运动爱好：打太极拳　舞太极扇　抖空竹　跳老年舞　划船　滑冰　滑雪

美味的食品：风味小吃　糖葫芦　烤羊肉串　烤鸭　糖炒栗子

漂亮的四季：风景如画　春暖花开　温暖　蓝蓝的天空　五颜六色　炎热　干燥
秋高气爽　黄叶纷飞　寒冷　大雪纷飞　白茫茫

著名的大学：一流　闻名中外　北大　清华　北师大

**美丽的古城**

在中国，有这样一个美丽的地方，它西北面是高山，东南面是平原。

在这里，有风景如画的四季……

在这里，有闻名中外的名胜古迹……

在这里，有中国一流的大学……

在这里，有各种各样美味的小吃……

在这里，有令人怀念的……

这就是美丽的古城——北京。

四、作业（约 2 分钟）

1. 自学范文三，找出处所、时间连接词，思考其连接作用。对比范文一、二，看写作内容有何异同。

2. 课后练习一：连接词语填空。

3. 请参照班级公共邮箱中的常用词语，把课上“练习三”写成不低于 500 字的小作文，发给老师。

五、下次课写作训练

用两课时的时间，写一个自己熟悉的城市或乡村。

**参考题目**

1. 我的故乡——AA

2. 我的故乡

3. 小城 AA

4. 山城 AA

5. AA（城市或乡村名字）

写作要求：

1. 假设有人给你写了一封信，请你介绍自己的家乡或某个地方，请你写信回复，注意运用上次课学过的书信格式，注意话题的自然过渡。

2. 内容可以考虑：位置、特产、文化、环境与风光、历史变化、经济发展、生活变化等，突出重点，注意详略，不能面面俱到。

3. 注意运用时间词语、处所词语连接语句。字数在600字以上。

十一、教学后记

本次课基本上圆满地完成了既定教学任务，但也有以下两个方面的不足：

1. 为了体现教学的真实性，教师没有提前告诉学生本次观摩课，学生没怎么准备；加之本人第一次讲这种课，不那么得心应手，因而课堂互动不是很理想。

2. 对于本班学生的程度而言，教学内容略多，有的环节练习不够充分。

**附**

• 介绍一个地方常用词语

位置：

位于　在　背山面海　东北部　西南部　……有……　靠近……

……是……西北部是……东南部是……

活动：

打太极拳　舞太极扇　抖空竹　跳舞　跳街舞　爬山　划船　滑雪　滑冰

气候季节：

温暖　湿润　春暖花开　柳絮飘飞　蓝蓝的天空　五颜六色　百花齐放　风和日丽

风沙满天　炎热　干燥　秋高气爽　黄叶纷飞　色彩斑斓　大雪纷飞　寒冷

白茫茫

风物：

名胜古迹　圆明园　颐和园　长城　天安门广场　旅游城市　风景区　乡间的小路　田野　景色　风景秀丽　小吃　烤鸭　糖葫芦　烤串　四合院　胡同

历史：

古都　古老而年轻的城市　历史悠久　以前　现在　古代　现代　唐代的时候

很久以前　19世纪　300年前

地理环境：

盆地　大海　半岛　高山　平原　草原　沙漠　森林

经济生活：

王府井　西单　闹市　商品一条街　秀水街　繁荣　发达　发展迅速　热闹

富裕　商品丰富　逛街

- **范文一 《小小的灵光村》**

我的家乡是位于韩国西南部的一个叫灵光的小小的乡村。

灵光地方不大，可是名声不小。自古以来，它就以“三白”远近闻名。所谓“三白”，就是两种白色的产品，一种白色的景观。第一是大米。灵光四周都是平原，适于种植水稻，是全国著名的优质稻米产地。第二是盐。灵光靠海，而且日照量非常丰富，对生产食盐具有非常有利的条件，是全国主要的海盐产地之一。第三是雪。每到冬天，灵光一带大雪纷飞，天地之间一片纯白，这天然的白色景观令人赞叹。

除了“三白”，灵光还有一种特产，就是干黄鱼。大约15世纪的时候，灵光人就把当地出产的干黄鱼奉献给国王。此后，干黄鱼就成了宫廷御膳中不可缺少的食品了。直到今天，大部分人家祭祀祖先时还以干黄鱼为祭品。

此外，灵光附近还建有原子能发电站。20世纪60年代末，韩国最后一只老虎也是在那里被捕杀的。

- **范文二 《波恩》**

位于莱茵河畔的波恩，在两千多年前是罗马帝国的边城。最早，那里只是罗马军营，但是哪儿有军队，哪儿就有商人，所以后来就慢慢地变成了一个小城。

“小”好像是波恩最突出的特点。不过，“小”不是说不重要。罗马帝国的时候重要，因为它是边城；19世纪，它是大主教的住地，当时也是文化中心，很早就设立了大学。波恩大学最有名的学生该是马克思，尽管他在那儿学习的时间还不到一年。波恩“最有名的孩子”当数贝多芬了。许多人不知道波恩，却听过贝多芬的音乐。波恩曾是联邦德国的首都。第二次世界大战以后，虽然原来的首都不可能做首都，但人们都希望在不久的将来两个德国能重新统一。当时政治家们之所以选择波恩做首都，就是因为它既小又不繁华，完全不像个首都的样子。这样，人们就会把它看作是临时的首都。

除了“小”以外，波恩还有另一个特点，那就是大学有名，而且学生很多。波恩大学仅次于慕尼黑大学。不少学生认为在波恩无聊，没有什么意思，不过也有好处：因为城小，用不了多少时间就能走出市区。在郊野，人们可以在优美的环境中散步，可以坐在莱茵河畔，看着过往的船只聊天儿。

谁喜欢看戏，喜欢参观博物馆，喜欢白天夜里都热闹，谁就不喜欢波恩；谁喜欢大自然，喜欢恬静的生活，谁就一定会喜欢波恩。

**教师简介**

高典，女，1970 年 10 月出生，讲师职称，文学硕士学位，研究方向为现代汉语修辞。1995 年 7 月参加工作，主要从事对外汉语阅读教学工作，已发表论文《思维模式对两种报刊文章的影响》。

## 教案点评

杨惠元

（北京语言大学，教授）

该教案是一份典型的“详细教案”，其特点是：

1. 项目齐全

高典老师的这份教案包含 11 个大的项目，还有一个附录。

阅读此教案的 11 个项目使读者对该课教学有一个完整清晰的了解，帮助读者思考任课教师做了什么，为什么这样做，既知其然又知其所以然，从中受益。

11 个项目有详有略，详略得当。“教学步骤”是展示教师在课上“做什么”和“怎么做”的项目，是教学行为体现教学意识的项目，因此写得非常详细。高典老师虽然不是刚参加工作的新教师，可是她仍然把在课上要说的、要做的都写在了教案上，包括练习的内容和问什么问题以及答案。可见她为上好课所付出的艰辛，这种敬业精神值得学习。

为了方便读者，高典老师还设计了一个附录，包括给学生的常用词语和两篇范文。

2. 课型特点突出

这次观摩教学是“中级汉语写作课”，本教案既体现了写作课的特点，也体现了中级的特点。

先说“中级”，高典老师的学生是来自韩国、朝鲜、日本、伊拉克、德国、沙特阿拉伯、津巴布韦等国家 18 个二年级上学期的留学生。这些学生已经学了一年多汉语，基本语法都已经学过，教师对他们不需要“手把手”地教，更多的是采取启发式教学。教师提问，引起他们的回忆和思考，激活储存在大脑记忆库中的语言信息，从而完成教师给定的各种任务。纵观整个教案，学生在教师的引导下活动，这些引导恰到好处，既不同于初级班也不同于高级班。只有对学生的情况了如指掌，设计的教案才能符合实际，具有可操作性；只有对学生的情况了如指掌，设计的练习难易度才能恰到好处，使学生喜欢做，并且能够做。

再说说，我对写作课的认识：

1. 学生写作是通过书面表达思想，属于输出的范畴，但是，要输出必须先输入。只有学生的大脑中储存大量汉语的词语和表达方式，才能正确地输出。按照规律，输入要先于输出，输入要大于输出。高典老师的课体现了这一点。从复习开始就给学生输入大量表示时间和处所的词语，到学习范文，都是给学生输入大量的词语、表达方式和交际的模式，便于学生模仿。

2. 口头表达和书面表达的关系是：口头表达是第一性的，书面表达是第二性的。要提高学生书面表达的能力，先要提高口头表达能力。高典老师的写作课也体现了这一点。在课上给学生的主要任务是说——口头作文，这样既可以活跃课堂气氛，还可以使学生互相启发，体现师生互动、生生互动的教学理念。

3. 写作课必须课上和课下相结合。课堂教学的时间有限，光靠课上学生不可能提高写作能力。课上教师给学生输入表达所需要的材料和交际的模式，学生课下先要消化课上的"输入"，把老师"所教"变成自己"所学"，然后把自己"所学"应用到写作实践中去，使课下活动成为课堂教学的延伸，学生的写作主要是在课下。课下学生有充裕的时间思考，便于他们写出高水平的作文。为此，教师的指导非常重要。高典老师给学生的作业很具体，提出的要求很明确，这是值得提倡的。

4. 写作课是语言技能课，任何技能的获得都必须经过大量的实践活动，因此练习必须充分。从高典老师的教案可以看出，她的教学目标非常明确，教学重点、难点的练习非常充分。她自始至终紧紧抓住给学生输入"处所词语"和"时间词语"及其在写作中如何起连接作用，反复练习达到熟练运用。教学跟打仗有共同之处，"伤其十指不如断其一指"。要想让学生掌握什么，就必须充分地练习什么。学生在教师的指导下积极活动，有读有说，读词语、说词语，读句子、说句子，读语段、说语段，进行口头作文。

除了文字版的教案，高典还制作了精美的 PPT。里面有很多图片和照片，给学生直观的印象，帮助和启发学生思考，对训练学生用汉语思维的能力起到辅助作用。

最后提两点建议。

高典在教学后记中写道：一个是学生没怎么准备，课堂互动不太理想；一个是教学内容略多，有的环节练习不够充分。

我给她的建议是：

1. 加强布置作业的环节。学生在课前准备得越充分，课上的活动越顺利。而学生课前准备是否充分跟教师布置作业时的指导直接相关。"学生没怎么准备"可能是上节课布置作业有欠缺，指导得不够具体。教师的指导越具体越好，要使学生知道为什么做、做什么和怎么做。让学生知道"为什么做"的目的是激发学生的学习积极性，使他们愿意做、喜欢做。这一点非常重要，兴趣是最好的老师。这是完成作业的基础和前提。让学生知道"做什么"和"怎么做"的目的是减轻作业的难度，使学生能够顺利完成，以达到练习的目的。布置作业要注意两点：使学生喜欢做、能够做。

2. 教学内容多跟练习不充分没有直接关系。准备的练习内容多是好事，关键是教师心中要有数，哪些内容重要应该多练习，哪些内容不太重要可以少练，不能平均使用力量。有的内容还可以备用，课上不一定练习。我的体会是，不管新教师还是老教师，都要重视提高课堂应变能力。为此,教案中的时间安排,可以更细。不但大的教学环节有时间安排,小的教学环节也应该有时间安椺。这样可以帮助教师根据课堂上的实际情况灵活处理。比如设计教案时,哪个练习安排的时间多,练习就要充分,安排时间最少的练习可以甩掉。另外,因为教案是给自己看的,最好不用时段(46 分钟),改用时点,如8：00—8：10。

以上所写,个人管见,仅供参考。

# 参考文献


蔡整莹.对外汉语教学中的板书设计[J].暨南大学华文学院学报,2001(2).

陈贤纯.外语阅读教学与心理学[M].北京:北京语言文化大学出版社,1998.

陈贤纯.对外汉语中级阶段教学改革构想——词语的集中强化教学[J].世界汉语教学,1999(4).

程美珍主编.汉语病句辨析九百例[M].北京:华语教学出版社,2009.

崔含鼎,罗　红.现代教学艺术理论与实践[M].合肥:安徽大学出版社,1998.

崔永华.语言课的课堂教学意识略说[J].世界汉语教学,1990(3).

崔永华,杨寄洲.对外汉语课堂教学技巧[M].北京:北京语言文化大学出版社,1997.

韩孝平.试论对外汉语教学工作的评估[J].语言教学与研究,1986(4).

李秉德.教学论[M].北京:人民教育出版社,2001.

李如密.教学艺术论[M].济南:山东教育出版社,1995.

刘清平.初级阶段口语教学中的纠错策略[J].暨南大学华文学院学报,2001(3).

陆俭明."对外汉语教学"中的语法教学[J].语言教学与研究,2000(3).

吕必松.对外汉语教学研究[M].北京:北京语言学院出版社,1993.

吕必松.对外汉语教学发展史·上编[M].北京:北京语言大学出版社,2017.

罗少茜.英语课堂教学形成性评价研究[M].北京:外语教学与研究出版社,2003.

田慧生,李如密.教学论[M].石家庄:河北教育出版社,1996.

王笃勤.英语教学策略论[M].北京:外语教学与研究出版社,2002.

王国俊.讲授艺术论[M].西安:陕西师范大学出版社,1992.

王绍新.超单句偏误引发的几点思考[J].语言教学与研究,1996(4).

王祖嫘.对外汉语课堂教学语言中词语和句子的使用情况探究[D].北京:北京语言大学硕士学位论文,2003.

徐子亮.汉语作为外语教学的认知理论研究[M].北京:华语教学出版社,2000.

许高厚.课堂教学技艺[M].北京:北京师范大学出版社,1997.

阎德早,佟慧君.对外汉语教学中的板书艺术[J].语言教学与研究,1986(2).

杨惠元.汉语听力说话教学法[M].北京:北京语言文化大学出版社,1996.

杨惠元.论速成教学的四个基本要素[J].语言教学与研究,1999(2).

张红蕴.从隐性课程的视角看师生关系及对留学生汉语学习的影响[D].北京:北京语言

大学硕士学位论文,2006.
张　婧.对外汉语课堂教学语言的词句特点[J].语言文字应用,2005(9).
张朋朋.语文分开,集中识字的思路和具体做法[A].汉语速成教学研究(第2集)[C].北京:华语教学出版社,1999.
张亚军.对外汉语教法学[M].北京:现代出版社,1990.
赵金铭.教外国人汉语语法的一些原则问题[J].语言教学与研究,1994(2).
赵金铭.对外汉语语法教学的三个阶段及其教学主旨[J].世界汉语教学,1996(3).
周　健.汉语课堂教学技巧与游戏[M].北京:北京语言文化大学出版社,1998.
周　健,彭小川,张军.汉语教学法研修教程[M].北京:人民教育出版社,2004.
祝秉耀.留学生写作指导[M].北京:华语教学出版社,1997.